■ 中南财经政法大学公共管理文库

Public Administration

本书为教育部人文项目"风险样态转换情境下地方政府信息公开的模式分类、驱动因素及传播效应研究"（项目编号：23YJC630108）的研究成果

数字时代下政府信息公开机制研究

——以地方政务微博平台为例

凌双 著

Research on the Mechanism of Government Information Disclosure in the Digital Age: A Case Study of Local Government Weibo Platforms

WUHAN UNIVERSITY PRESS
武汉大学出版社

图书在版编目(CIP)数据

数字时代下政府信息公开机制研究：以地方政务微博平台为例／
凌双著 . -- 武汉：武汉大学出版社，2024. 12. -- 中南财经政法大学
公共管理文库 . -- ISBN 978-7-307-24632-4

Ⅰ. D630.1

中国国家版本馆 CIP 数据核字第 2024B722D5 号

责任编辑:郭　静　　　责任校对:汪欣怡　　　版式设计:马　佳

出版发行:**武汉大学出版社**　　(430072　武昌　珞珈山)

（电子邮箱：cbs22@ whu. edu. cn　网址：www. wdp. com. cn）

印刷:武汉邮科印务有限公司

开本:720×1000　1/16　印张:15.5　字数:251 千字　插页:1

版次:2024 年 12 月第 1 版　　2024 年 12 月第 1 次印刷

ISBN 978-7-307-24632-4　　定价:79. 00 元

目 录

第一章 绪 论

第一节 研究背景与问题

一、研究背景

在数字时代，政务新媒体平台作为政务公开、提供服务、政民互动的重要窗口，不仅可以改善公众获取政务信息的效率，而且也有利于提升政府的开放和透明水平(孙宗峰、郑跃平，2021)。我国自 2016 年实施《关于全面推进政务公开工作的意见》以来，以政务微博为代表的政务新媒体平台的信息公开工作在整体上取得了长足进步，但在公开的广度和深度、政策解读引导、网络舆情回应和群众需求回应、信息互通共享等方面与公众期望还有较大差距，制约了政府新媒体平台在信息公开过程中的良性发展以及价值的发挥(向东，2020)，这一现象在突发公共事件中表现尤为明显(王伟进，2020)。面对当前政务新媒体平台在信息公开过程中仍存在的诸多不足，我国政府有必要推动数字政府建设与政务公开互促共进，有效提高政府治理的透明度。为此，习近平总书记在 2022 年 4 月中央全面深化改革委员会第二十五次会议中强调："要把数字技术广泛应用于政府管理服务，推动政府数字化、智能化运行，为推进国家治理体系和治理能力现代化提供有力支撑。"此外，国务院印发的《关于加强数字政府建设的指导意见》也进一步指出："到 2035 年要基本建成与国家治理体系和治理能力现代化相适应的数字政府体系框架，为基本实现社会主义现代化提供有力支撑。"在当前加快推进数字政府建设的战略背景下，如何推进公开平台智能集约发展，提升政务公开水平是值得研究的重要问题(孙友晋、高乐，2020；马亮，2022)。

二、问题提出

目前，学界从法学、传播学、情报学、公共管理学等学科视角对政府信息公开进行了诸多探索性的研究。其中，法学领域的研究主要聚焦于知情权（章剑生，2008）、信息获权（蒋红珍，2010；赵宏，2017）、隐私权（夏淑梅，2004；张晓文，2009）、行政法（肖登辉，2011；陈伯礼、杨道现，2013）、行政诉讼（黄学贤、杨红，2018）等信息公开法理基础及法制化建设条件的研究；传播学的学者主要对政府信息的传播方式（胡远珍、徐皞亮，2016）、传播机制（郭艳、吕高卓，2018）、传播特征（郭淑娟，2016；张爱军，2020）等主题进行分析研究；情报学主要关注的是政府信息的传播载体、公开渠道、实现方式等政府信息资源的管理和使用的问题（周毅，2012；周晓英等，2013；罗贤春，2016；马续补，2021；王芳，2022）；公共管理学科则从公共治理的视角对政府信息公开展开研究，涉及政府信息公开行为模式（肖博、刘宇明，2016）、政府信息公开制度变迁（李函珂、何阳，2021；周付军、胡春艳，2020；谭春辉等，2020）、政府信息公开过程中的公众参与（刘小康，2015；王立华，2018；彭强、陈德敏，2023）和政府信任（芮国强、宋典，2012；陈虹等，2015；刘伯凡等，2023）等研究主题。总体而言，各个学科从不同的视角对政府信息公开问题进行剖析，形成了对政府信息公开问题的多角度认识，但单一学科视角仅关注学科领域内政府信息公开存在的问题，对于跨学科领域的问题却难以全面解答。譬如关于地方政府信息公开背后的行为逻辑研究可能涉及法学、传播学、公共管理学等学科的交叉；地方政府信息公开的传播效应评估研究则需要传播学和公共管理学的交叉研究。因此，本研究试图以地方政府信息公开为核心变量，从多学科视角探究政府信息公开背后的行为逻辑受到哪些因素的影响，同时地方政府信息公开又将产生怎样的传播效应。此外，学界虽然已经关注到政府数字化转型与政府信息公开的关系，但大部分文献仅仅从宏观视角出发将其视为一种"时代背景"或"社会语境"加以理解，很少聚焦于数字时代下某一特定政府组织（如政务新媒体平台）的信息公开行动，因此往往难以对数字时代下地方政府信息公开背后的行为逻辑及其传播效应提供更为深入和细致的解释。

因此，深入剖析数字时代下地方政府的信息公开机制，不仅是数字时代下地方政府提高政务信息公开能力及政务服务水平的实践需要，也能够为数字时代下政府信息公开行为逻辑及其传播效应的解释提供新的理论指导。基于以上考虑，本书立足于数字政府建设的战略背景，着眼于我国地方政务微博的信息公开实践，以组织社会学中的新制度主义理论来整合数字时代下地方政府信息公开行动背后所嵌入的"合法性"和"效率性"因素，试图构建"合法性-效率性"分析框架来理解数字时代下地方政府信息公开背后的行为逻辑及传播效应。具体来说，研究问题可以细化为：

（1）在数字时代下，我国地方政务微博的信息公开现状究竟如何？还存在哪些问题？

（2）数字时代下我国地方政务微博的信息公开效率如何测算？其公开效率存在怎样的时空演变规律？

（3）如何构建数字时代下地方政府信息公开的模式划分标准？不同政务微博信息公开模式之间存在何种差异性？这种差异性的背后有着怎样的驱动逻辑？

（4）在数字时代下，影响地方政府信息公开的核心因素有哪些？这些因素究竟如何共同作用于地方政府的信息公开？

（5）如何定量评估数字时代下政府信息公开的传播效应？公众满意度和粉丝质量对其关系是否存在中介或调节效应？

（6）如何构建数字时代下政府信息公开机制的优化路径？

三、研究意义

（一）学术价值

1. 已有文献较少涉及政务新媒体与政府信息公开关系的研究，深入剖析数字时代下地方政府信息公开背后的行为逻辑，拓展了现有政府信息公开理论的研究情景。

2. 运用三阶段 DEA 模型对各地方政务微博信息公开效率及其时空演变特征进行定量分析，运用"合法性—效率性"分析框架结合 Tobit 回归模型挖掘合法性、效率性层面的因素对于地方政府信息公开效率的影响，能为各地政府提升信息公开效率提供理论参考。

3. 立足于组织社会学视角，依据合法性逻辑和效率性逻辑划分数字时代下地方政府的信息公开模式，并进一步剖析地方政府信息公开的核心影响因素及其驱动路径，有利于加深对数字时代下政府信息公开行为逻辑的理解。

4. 着眼于公众参与视角，运用中介效用模型和调节效应模型定量评估地方政府信息公开的传播效应及其中间机制，有助于为政府信息公开对公众参与的影响机制提供中层理论。

(二) 应用价值

1. 基于我国政务微博平台的信息公开实践，梳理我国政务微博信息公开的相关政策、发展历史，并进一步对地方政务微博信息公开的频率、内容、形式进行时空维度上的对比分析，有利于详细了解数字时代下地方政府信息公开的实践状况。

2. 运用案例追踪法和定性比较分析法呈现数字时代下政府信息公开过程中内外部要素的互动过程，为进一步认识中国科层组织的运行提供了参考和依据。

3. 运用中介效应模型和调节效应模型，从粉丝质量和公众满意度的双重视角来探究"地方政府信息公开—公众传播行为"的作用黑箱，研究结论有助于解决数字时代下政府信息公开工作中的现实问题。

第二节　已有研究述评

本项目立足于数字政府建设的战略背景，对地方政府信息公开的效率测度、模式分类、驱动路径和传播效应进行研究，进而为完善数字时代下政府信息公开机制提供政策建议。围绕上述研究主题，本项目首先对政务微博的扩散和使用、政务微博的功能和运营、政务微博的质量评价和政务微博的传播效应、政府信息公开的影响因素及其治理效应进行文献梳理；其次，对现有文献的不足进行评述，为本书的研究工作奠定基础并指明方向。

一、有关政务微博的研究现状及述评

随着政府数字化转型，以政务微博为代表的政务新媒体已经成为各级政府提供政务信息和公共服务的重要工具。根据对已有研究成果的梳理，本节从政务微博的扩散与使用、政务微博功能与运营、政务微博服务质量评估、政务微博传播效应等方面介绍相关研究成果。

(一)政务微博的扩散与使用研究

随着网民知情权的觉醒，微博的舆论汇聚功能逐渐增强，微博逐渐被政府视为重要的治理工具。一方面，在政务微博发展政策方面，2013 年 10 月，《国务院办公厅关于进一步加强政府信息公开、回应社会关切、提升政府公信力的意见》提出，"积极探索利用政务微博"等新媒体，"确保公众能够及时获得便利的在线服务"等要求。2018 年 12 月，国务院办公厅印发的《国务院办公厅关于推进政务新媒体健康有序发展的意见》也指出，政务新媒体是"建设服务型政府的重要手段"，要充分发挥其传播速度快、受众面广、互动性强等优势，以内容建设为根本，不断强化发布、传播、互动、引导、办事等功能，为企业和群众提供更加便捷实用的移动服务。另一方面，在政务微博使用数量和使用频率方面，截至 2020 年 12 月，新浪平台上的政府微博账号数量已达 177437 个(政府机构和部门 140837 个，政府官员 36600 个)。政务微博发布量从 2019 年的每月约 2000 条增加到 2020 年的平均每月近 7000 条，增长了 3 倍，2022 年第一季度平均超过 13000 条(Li et al.，2022)。

随着政务微博的扩散，政务微博采纳的影响因素也成为学者们关注的焦点，其研究主要遵循技术-组织-环境的研究路径(陈世香、王芮，2022)。首先，技术的客观特征被认为是影响政务微博采纳的因素，包括技术相对优势、兼容性、复杂性、可实验性和可观察性等(陈文波、黄丽华，2006)。有研究发现，技术的复杂性、关键技术的更新速度以及技术与组织目标的匹配程度是影响政府部门在初始阶段采纳社交媒体的主要因素(Mergel & Bretschneider，2013)。第二，在组织因素方面，众多学者指出政府部门规模和范围(陈文波、黄丽华，2006)、政府类型和形式(Reddick，2009；Welch & Pandey，2007)、政府所在位置(王法硕、项佳囡，2021)、组织沟通关系(Coursey & Norris，2008)、组织成员特征(如领导者支持〔Ahn & Bretschneider，2011〕和员工态度〔Coursey & Norris，2008〕)和组织资源(如财政资源、信息化基础〔孙宗锋、郑跃平，2021〕)等组织因素是影响政府部门信息技术采纳的重要因素。第三，在外部环境方面，马亮（2012）认为府际竞争、府际学习、上级政府压力和公众压力是影响中国地级市政务微博的扩散的主要因素。此外，孙宗锋和郑跃平（2021）发现经济发展水平与政务微博的发展呈现倒 U 形关系。

（二）政务微博的功能与运营研究

Web1.0 时代，政务微博的功能主要局限于单向的信息发布和政务公开。进入 Web2.0 时代，社交功能在政务微博中的作用日渐凸显。Web3.0 时代，强调"互联网+"和智慧民生。随着数字技术的发展，微博的功能日益强大，学术界也持续挖掘政务微博的多样化功能，探讨政务微博运营的优化路径。

关于政务微博的职能，众多学者都一致认同信息发布职能是政务微博最基本的功能之一。一个重要原因是微博具有"用户创造内容"、媒体属性以及用户数众多等特征，这使得政府机构将其视为政务信息发布的新平台（白建磊、张梦霞，2017）。进一步地，有学者将政务微博发布政务信息划分为政策性信息、宣传性信息、公共服务信息、关系类信息、危机应对信息、解释说明信息等类型（黄河、刘琳琳，2012）。其次，在政务微博的公众参与功能方面，由于微博平台具备及时性、开放性和互动性等特征，这在一定程度上赋予了政务微博作为数字化管理手段搭建政府与公众直接对话的能力，开创了公众参政议政的新形势（冯小东、张会平，2018；安璐、陈苗苗，2022）。事实上，有学者指出"微博问政"丰富了公众参与主体数量，扩展了公众参与领域，拓宽了公众参与渠道（伊士国，2016），一定程度上能缓解公民制度化的政治参与的不足、分散的社会群体价值融通和情感交流有效渠道的缺失和主流媒体舆论监督的不足等问题（施雪华、孟令轲，2013）。再次，随着公众参与的深入，政务微博的舆论引导功能越发被学者们重视。有学者指出，社交媒体以前所未有的方式改变社会信息传播结构，使得公众在"选择性信息接触"机制和"社会背书"机制双重作用下出现"群体极化"现象（夏倩芳、原永涛，2017），并以舆论的形式威胁社会稳定。而政务微博能够便捷地搜集民意、民情、民绪，时刻关注舆情动态，做好舆论的监测和预警工作（窦小忱，2014），通过及时的政务信息公开和权威新闻发布来化解舆情，以最大的媒介执政诚意来沟通社会，凝聚共识，巩固公信（侯锷，2017）。最后，公共服务功能也被认为是"互联网+政务"发展理念在政务微博领域的体现(荣毅虹、刘乐,2016)。政府机构一方面可以通过政务微博账号的"粉丝服务平台"为网民办理本机构的公共服务,另一方面也可以通过该区域的政务微博矩阵不同账号之间的协同和监督为网民提供公共服务(白建磊、张梦霞,2017)。

在政务微博运营研究方面,姜秀敏和陈华燕(2014)指出目前地方政府的政务微博管理形成了三种代表模式,包括以侧重信息发布与服务提供的北京 Weibo 发布厅模式、整合信息发布,加强对信息审核和分类管理的上海政务微博群模式以及增加解决问题功能,不同微博账号负责不同事务处理,并把微博工作纳入绩效考评的"银川模式"政务微博群模式。但在政务微博运用过程中,胡洪彬(2013)认为政务微博对非主流的网络流行用语缺乏筛选,缺乏原创新内容发布,信息更新频率不均衡。相似地,陈强(2018)也认为政务微博回复性低,管理机制与制度不健全,活跃度低,功能定位不够明确,内容冗杂,部门间联动支持性差,评价考核不完善,部分微博"僵尸化"等。因此,部分学者聚焦于探究如何提高政务微博的运营管理水平,如吴晓菁和郑磊(2012)在分析政务微博运营管理现状的基础上,提出各部门应逐步建立和完善相应的政务微博配套制度和机制(包括日常运行机制、信息采集机制、审核发布机制、舆情监测机制、安全保障机制、绩效评估机制、多账号协同体系等)以规范政务微博的日常管理和运营。此外,王文会和陈显中(2013)提出,应该着力完善政务微博的网上网下协调机制、管理监督机制、信息发布机制、媒体联动机制、征求民意机制、在线答疑机制、满意度调查机制、工作绩效考核机制,以更好地促进服务型政府建设。

(三) 政务微博服务质量评价研究

政府微博以回应民众关切为目的,以满足公众需求为动力,是强有力的政府信息服务工具,政务微博服务质量直接反映了满足公众信息需求的程度(陈岚,2015)。检视已有文献,国内外学者主要从公众体验、公众满意等角度对地方政府微博服务质量进行测度(同杨萍、高洁,2017),以促进政府微博的运营和发展,提高公众对政府电子信息服务的满意度等。

从公众满意度视角出发,邹凯和包明林(2016)借鉴顾客满意度理论,利用结构方程模型来测评政务微博服务水平和服务质量,测评指标主要包括政务微博服务方式、内容、渠道和效能、公众期望、感知价值、感知质量、公众满意、政府形象、公众信赖。宋雪雁等(2019)则从用户满意度出发,对政务新媒体的信息服务能力进行评价,强调知识服务资源的完备性、创新性、响应性、过程顺畅性、方式多样性、效用性、权威性、安全性、关联性、用户知识管理成熟度是衡量政务新媒体信息服务能力的重要指标。此外,严炜炜(2011)在构建微博客服务质量用户满意模型时从便捷性、时效性、个性化、扩展性、交互性、有用性、隐私保障、帮助支持等几个方面入手。

从公众体验视角出发,包明林等学者(2015)根据政务微博发展实际,设计一套用户视角下的政务微博服务质量评价指标体系,包括政务微博关注数量、服务公众满意度、服务可用性、用户交互行为、政务微博便携性、政务微博数量。陈岚(2015)则从服务载体、服务过程、服务结果和信息内容4个方面构建政务微博信息服务质量模型。还有学者如周毅(2014)从安全性、可靠性、响应性和公平性4个方面构建了公共信息服务质量评价体系。此外,胡吉明等人(2019)基于Servqual模型,将感知性、响应性、保证性、移情性和个性化作为政务信息发布服务质量评价的一级指标。

(四) 政务微博的传播效果研究

对于政务微博的传播特点和规律,政务微博传播效应的影响因素等问题,学术界通过案例和理论分析给予了回答。

在政务微博的传播规律和特征方面,学者们认为政务微博具有一些新媒体所共有的特征,如传播方式的多样化和个性化(史丽莉、谢梅,2013),传播内容琐碎而庞杂(孟天广、郑思尧,2017),传播过程的平等性、交互性和裂变性(靖鸣、张孟军,2021)等。但也有学者认为政务微博在政治传播方面表现出其独有的个性特征。如陈晶晶(2019)等人认为政务微博实现了从传播核心节点到新生态行动者、从语言方式变革到线上综合运营、从政民互动到互联网政务平台、从突发事件应急到科学舆情管理的转变。马语欧和杨梅(2020)也认为随着政务新媒体不断完善,其传播特征也显现出新的变化,包括传播地位巩固,形成政务舆论风向标;传播路径多元,实现政务媒体矩阵协同;传播内容革新,社交性互动性的语言表达;传播功能完善,信息发布向综合服务转变。

在政务微博传播效果的影响因素研究方面，学术界形成了微博内容、信息发布方及信息接收者三条研究路径。首先，基于政务微博内容视角，博文的话题类别、@符号的使用、语言风格、微博的原创性和微博长度等、微博的发布时间（发布日期是否为节假日无显著影响）、粉丝数量、微博发布者的特征和发言身份，微博标签、该账号的关注话题和关注人群等都会影响政务微博的传播效果（任雅丽，2012；刘晓娟、王昊贤等，2013；杨长春、王睿，2018）。其次，从信息发布方视角出发，地理位置、经济发展水平等宏观环境（任雅丽，2012）、机构类别和机构级别等自身属性（刘晓娟、王昊贤等，2013；冯小东、马捷，2019）以及其他诸如政策导向和领导职务（黄膺旭、曾润喜，2014）等因素对政务微博的传播效果具有显著影响。最后，从信息接收者视角来看，有学者指出感知易用性、感知有效性、对政务微博的管理能力和态度、对政治信任、社会影响、相容性等因素都是影响公众关注政务微博和参与微博互动的显著因素（陈岚，2015；陈然，2015）。

二、有关政府信息公开的研究现状及述评

政府信息公开和行政透明作为实现善治的重要方式（Rutherford & Wightman，2021）一直是政府治理研究的关注焦点。纵观已有文献，国内外学者对政府信息公开的探索已经积累起较为丰富的研究成果，然而对于政府信息公开影响因素和公开效应仍然缺乏深入的梳理、分析和综述（李月琳等，2022）。因此，本小节拟在揭示政府信息公开影响因素的基础上，进一步阐述政府信息公开的治理效应，为提升政府治理透明度和发挥政府信息公开的效应提供一定的理论和实践指导。

(一) 政府信息公开的影响因素

自美国1967年颁布了《信息自由法》（*The Freedom of Information Act*，简称FOIA），全世界形成了信息公开立法的浪潮，确立了公民获取政府信息的权力并使其制度化（张千帆，2008）。我国也于2008年出台了《政府信息公开条例》（以下简称《条例》），并逐步形成了涵盖省、市、县、乡四级七类的政府信息公开的目录体系。根据《中国政府透明度指数报告》，各级政府近年来采取诸如加强制度建设、出台实施办法、重视信息化基础设施建设等一系列措施来推动政府信息

公开，使得我国政府信息公开的状况在整体上取得了长足进步，但囿于资源禀赋等方面的不同，不同层级、不同地区的政府信息公开水平仍存在明显差异（中国社会科学院法学研究所，2022），这一状况在突发公共卫生事件中表现尤为明显（王伟进，2020）。因此，有必要进一步探究导致政府信息公开的影响因素。

对于政府信息公开的动因，国外学者积累了大量的研究成果，指出政府信息公开的实施和落实并非受到单一因素的制约，而是内外部因素相互作用的结果。

在内部因素方面，政府的信息公开会受到能力、意愿和其他内部客观条件等的影响。政府的信息公开能否向公众提供完整的信息并响应公众诉求在很大程度上受到政府信息公开能力的制约，包括信息搜集能力（Tang et al.，2020）、信息传播和交互能力（Zhong & Duan.，2018）、信息公开监督能力（Gao et al.，2020）等。在公开意愿方面，有学者认为公众获取政府信息很大程度上取决于街头官僚们自由裁量的结果，即如果信息公开过程不规范，判断标准不够明确，政府官员使用其自由裁量权选择不披露的可能性就会增加（Choi，2018）。还有学者指出相关管理人员对信息公开的理念也是影响信息公开绩效的重要因素（Ruijer，2017）。此外，一个地区的社会经济条件通常被视为当地政府组织所拥有的资源，并影响着地方政府的信息公开水平（Birskyte，2019；Tavares & Cruz，2020）。

在外部因素方面，政府的信息公开可以视为各级政府为回应一系列制度规范压力所作出的对大环境的被动接受，即当面临外部制度规范压力时，政府会倾向于提高信息公开水平和公共资源使用的透明度（Brusca et al.，2016；Gesuele et al.，2018）。此外，在不可预见的危机中，政府机构为应对合法性威胁，维护政府的可信度和形象时，会采取主动披露策略（Alcaide et al.，2017）。还有学者指出公众和媒体参与也是影响政府信息公开的重要外部因素（Cuadrado-Ballesteros et al.，2014）。此外，诸如政治环境（Tejedo-Romero & Araujo，2020；Balaguer-Coll & Brun-Martos，2021）、人口结构和规模（Albalate，2013；Alcaraz-Quiles et al.，2015）、公民教育水平（Saez-Martin et al.，2017）、互联网技术（Navarro-Galera et al.，2016）等社会和技术环境也被众多国外学者视为是影响政府信息公开水平的外部因素。

对于中国的政府信息公开研究，既证实了国际研究的结论，也揭示出中国情境下政府信息公开的独特机制。"压力型体制"一直以来被视为中国地方政府运转机制的重要特点(荣敬本,2013),这就致使我国地方政府的信息公开行动也遵循"压力—回应"逻辑。与西方信息公开机制类似,中国地方政府的信息公开不仅存在着横向政府之间的竞争机制和学习机制(刘金东等,2019)、纵向政府关系间的服从机制(陈志斌、刘子怡,2016),也存在着社会舆论场域的效率机制(张琦、吕敏康,2015)。然而,由于上级政府在资源配置、官员绩效考核等方面的权利,相比联邦制国家,中国地方政府的信息公开机制更加复杂。在纵向的政府间关系方面,中国的压力型体制会促使地方官员处于自身政治晋升的考虑更加倾向于满足上级政府的要求(Li & Zhou,2005),而在公共危机情境下,地方政府信息公开的主要动机在于规避问责风险而不在于获得奖励(赖诗攀,2013;高山等,2019;凌双等,2019)。在横向的政府间关系方面,地方政府官员往往为了晋升而产生竞争(周黎安,2004),而不同对 GDP 增长"合理区间内越高越好"的普遍追求,地方政府在突发公共事件中的信息公开更多地遵循"目标完成即可"的底线思维。在政府与社会互动关系方面,公众参与以媒体曝光、上访以及抗议等形式带给执政者压力,从而促使地方政府倾向于提高信息公开水平(张琦,2018;刁伟涛、任占尚,2019;Gao, et al., 2020)。

(二)政府的信息公开效应

对于政府的信息公开效应研究,国内外学者都开展了相关研究。有学者指出,政府信息公开和行政透明作为公共管理的重要理念,是实现"善治"的重要手段(Bauhr & Grimes,2014;Piña & Avellaneda,2019)。正如国际透明组织所指出,政府信息公开赋予公众和其他利益相关者参与、监测和评估公共组织绩效的权利。也就是说,政府信息公开能够大幅提高公共资源的使用效率、强化公众对公共组织的问责能力(Christensen & Lægreid,2010;Garrido-Rodríguez et al.,2019)。然而值得注意的是,政府信息公开是否发挥积极作用具有高度的情境特征(Cucciniello et al.,2017),也即在某种特定的情境下政府能带来积极的影响,而在其他的情境下则不能,因此政府信息公开的作用在很大程度上是外部情境决定的。

国内外学者也进一步从不同利益主体出发评估和分析政府的信息公开效应。一是对公众行为的影响。有学者指出个人对政府信息公开的感知越明显,参与和支持政府工作的意愿就越强烈（Porumbescu et al.，2020）。还有学者则强调政府信息公开水平的提高能够加深公众对政府的政治信任，特别是在政府信任度较高的情况下，政府信息公开更能有效减少恐慌情绪（Liu et al.，2020）。此外，政府信息公开对公众的遵从行为产生一定的影响。一方面，政府信息公开通过提升公众对政策的理解和满意度增加公众的遵从意愿（吴进进、马卫红，2020；Fu et al.，2020）；另一方面，政府信息公开也会对公众（如逃税者等）产生威慑和规范作用，进而促进公众的遵从行为（张学府，2021）。二是对企业行为的影响。政府信息公开对企业行为的影响主要表现为通过降低企业所感受的外部政策环境的不确定性，进而提升企业的决策水平，如提升上市公司的投资效率（于文超等，2020）、促进企业的减排行为（胡宗义、李毅，2020）等。三是对政府行为的影响。众多学者也一致认同政府信息公开可以通过影响政府自身的执政过程和形象进而赋能政府治理。在财政治理方面，政府的财政信息公开可以有效地约束政府的行政支出，进而提升地方政府的支出绩效（Moreno-Enguix et al.，2019），同时有效的政府信息公开也能够降低政府的借贷或融资成本（Yu，2022）。此外，政府信息公开对政府腐败的抑制也起到一定的积极作用，如 Chen 指出政府信息公开的反腐作用在不同阶段效应存在较大的差异性，其中预算阶段的财政信息公开对于抑制官员腐败行为的影响最小（Chen & Neshkova，2020）。在环境治理方面，政府的环境信息公开不仅对公开地城市的政府环境治理响应程度有着显著的正向影响（马亮，2016），而且对周边城市也具有明显的溢出效应（Feng & He，2020）。除上述之外，政府信息公开会对基层官员执法风格等政府管理实践也产生积极的影响（de Boer et al.，2018）。

三、文献述评

由上可知，国内外学者对政务微博和政府信息公开等主题展开了丰富研究，为本项目提供了重要的理论参考和借鉴。然而，从当前我国数字政府建设的战略背景来看，现有研究仍存在明显的不足。

第一，关于数字时代下地方政府信息公开行为逻辑的理论模型缺乏系统性。已有研究将过多的注意力放在传统媒体时代下的政府信息公开行为研究，但较少研究揭示数字时代下政府信息公开背后的行为逻辑。事实上，数字技术赋能政府的治理创新，使得数字时代下地方政府信息公开的行为逻辑出现显著变化（李政蓉、郭喜，2023）。此外，已有研究要么以理性选择理论为指导，关注政府信息公开的效率性逻辑，要么以制度主义理论为依据，关注政府信息公开的合法性动因，但由于视角单一不足以全面揭示地方政府信息公开背后的复杂动因。新制度主义理论作为较新的综合性分析理论，能较为全面地解释组织行为的复杂逻辑，但鲜有学者将其引入政府信息公开研究领域。因此，研究有必要聚焦于数字时代下地方政府的信息公开行动，以新制度主义理论为指导，从"合法性"和"效率性"两个维度分析数字时代下地方政府信息公开背后的行为逻辑。

第二，对于数字时代下地方政府信息公开的复杂因素的分析有待深入。现有研究主要从组织内外部维度来分析地方政府信息公开的影响因素。其中，组织外部维度主要关注制度环境、压力环境等环境因素对地方政府信息公开的影响。组织内部维度则倾向于关注财政资源、技术资源、组织资源等政府内部因素对地方政府信息公开的影响。但这些研究仍存在不足，一方面，现有研究虽然将组织内外部因素视为政府信息公开的重要影响因素，但忽略了在政府信息公开过程中外部环境与内部因素并非独立影响，而是相互作用这一事实。另一方面，尽管已有文献虽然考虑到外部环境这一因素，但往往只关注某一特定层面的环境，如自上而下的制度环境、自下而上的社会环境以及同级政府的竞争环境，而没有将不同的外部环境因素进行综合考察。因此，进一步的研究需要综合地方政府的多重外部环境和政府内部因素及其互动关系如何影响数字时代下地方政府的信息公开水平。

第三，鲜有文献深入分析地方政府信息公开的传播效应。现有关于政府信息公开效应的文献，绝大多数关注政府信息公开对不同利益主体行为产生的影响，包括公众行为、企业行为和政府行为等，而对于政府信息公开如何在产生影响的基础上完成实践赋能的研究则较为薄弱，如关于地方政府信息公开传播效应的研究存在欠缺。已有对于政府信息公开的传播效应研究，更多的是从信息发布者和信息接收者及信息内容三条路径研究其影响因素，而较少关注政府信息传播过程中各影响因素的作用机理，尤其是从信息接收者视角分析政府信息公开传播效应的影响机理的研究较为欠缺。因此，研究需要聚焦于我国地方政府的信息公开实践，从公众参与的视角出发探讨数字时代下地方政府信息公开的传播效应。

第三节　技术路线和研究方法

一、研究思路

本课题以数字时代下地方政府在政务微博平台上的信息公开的现状为切入点，聚焦于探究数字时代下政府信息公开的模式分类、影响因素以及传播效应，力图在凝练我国政务微博信息公开实践的基础上，构建数字时代下政府信息公开的理论体系。总体上，将采用定性研究与定量研究相结合的研究策略，沿着"现状分析—效果测算—模式分类—驱动路径—传播效应—对策建议"的路径展开。因此，本书提纲由六大板块构成。

(1)数字时代下地方政府信息公开的现状分析。内容包括：①采用内容分析法，在分析政务微博相关政策文本的基础上，按照起步探索阶段、中期发展阶段、相对成熟阶段三个阶段梳理政务微博发展的历史进程。②采用网络爬虫技术，收集地方政务微博所发布的信息文本，从信息公开频率、内容、形式等维度出发勾勒出数字时代下地方政务微博信息公开的整体情况，并进一步从"传播力""服务力""互动力"三个维度对地方政务微博信息公开效果在时空维度上展开对比分析，以总结出地方政务微博平台中信息公开存在的问题。

(2)数字时代下地方政府信息公开的效率测算及时空演变研究。内容包括：①运用三阶段 DEA 模型，对我国 27 个省级政务微博的信息公开效率进行评估测定，并根据 Malmquist 指数的变化情况对政府信息公开效率的时间演变特征进行分析，借助聚类分析法对政府信息公开效率的空间演变特征进行总结。②从合法性层面和效率性层面出发，选择政策发布数量、同级竞争压力、公众需求水平、科技支出水平、信息基础设施、财政支出水平等因素，采用 Tobit 模型初步探讨数字时代下政府信息公开水平的影响因素。

(3)数字时代下地方政府信息公开的模式分类分析。内容包括：①基于我国地方政务微博的信息公开实践，借鉴组织社会学中的新制度主义理论，依据政府信息公开行动背后所呈现的合法性和效率性差异，提出高效型信息公开、保底型信息公开及中庸型信息公开三类政府信息公开模式，建立能够体现地方政府行为

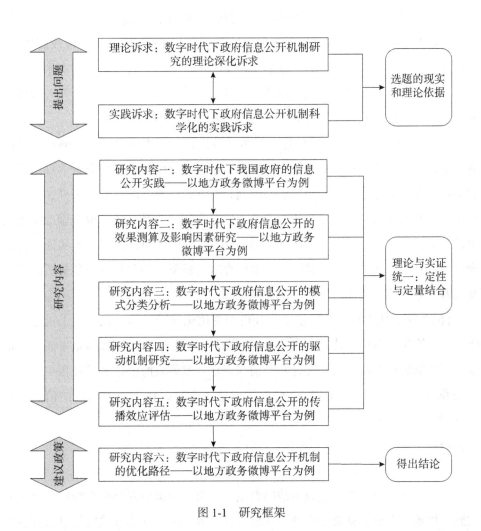

图 1-1 研究框架

本质差异的信息公开模式划分标准。②运用多案例比较的方法，在全国选取杭州、郑州以及哈尔滨三个城市的政务微博作为典型案例，从时间上对比各地政府信息公开模式上的差异性，同时从空间上对比不同地区在信息公开模式存在的差异性，并分类剖析各地政府信息公开水平的提升路径。

（4）数字时代下地方政府信息公开的驱动路径研究。内容包括：①基于"合法性—效率性"的视角，采用问卷调查、深度访谈等研究技术，通过描述地方政府信息公开行动所面临的激励和约束，深入剖析数字时代下地方政府信息公开的影响因素及其相互关系，初步构建数字时代下地方政府信息公开的影响因素模型。②选取全国 32 个重点城市的政务微博平台作为研究对象，从上级政府压力、横向竞争压力、公众诉求压力、信息化水平、平台运营时长、人力资本水平、财政资源供给七个维度出发，运用模糊集定性比较分析方法(fsQCA)，深入分析影响数字时代下地方政府信息公开的核心因素及其驱动路径。

(5)数字时代下地方政府信息公开传播效应评估。内容包括：①通过回顾已有关于政府信息公开和政务新媒体的文献，借鉴满意度理论和社会资本理论识别影响地方政府信息公开传播效应的影响因素，并假设地方政府信息公开、公众满意度、粉丝质量以及公众信息传播行为之间存在相关关系。②选取我国 227 个城市政务微博(以"××发布"命名)作为研究对象，采用 OLS 回归模型实证评估政府信息公开的传播效应，并进一步采取中介效应模型和调节效应模型分析政府信息公开和公众信息传播行为之间的中间机制。

(6)数字时代下地方政府信息公开机制的优化路径。内容包括：①通过文献研究、政策法规调研和地方政务微博平台调研，对数字时代下我国地方政府的信息公开机制进行现状分析。②针对当前我国地方政务微博信息公开过程中存在的问题和短板，从合法性和效率性两个层面优化数字时代下地方政府的信息公开机制。

二、技术路线

本书立足于数字政府建设的战略背景，着眼于我国地方政府微博的信息公开实践，以地方政府信息公开为核心议题，探究数字时代下地方政府信息公开背后的行为逻辑及其传播效应。具体来说，首先借鉴组织社会学中的新制度主义理论，构建数字时代下地方政府信息公开的"合法性—效率性"分析框架；其次，对地方政务微博信息公开的效率进行测度。在此基础上，依据"合法性"和"效率性"两个维度划分能够体现出地方政府行为本质区别的信息公开模式，并对不同公开模式展开时空对比；实证检验影响数字时代下地方政府信息公开的核心因素有哪些，不同因素之间如何互动构成数字时代下地方政府信息公开的驱动路径；第四，定量评估数字时代下地方政府信息公开的传播效应及其中间机制；最后，为进一步优化数字时代下地方政府信息公开机制提供理论探索与经验支持。围绕以上内容，遵循"公开效率测度—模式分类对比—驱动路径检验—传播效应评估—机制优化研究"的研究思路开展研究，技术路线如图 1-2 所示：

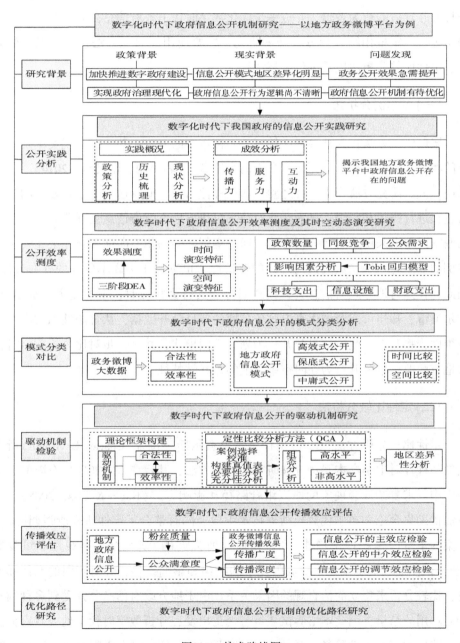

图 1-2 技术路线图

三、研究方法

为深度刻画数字时代下地方政府的信息公开现状，科学严谨地解释地方政府信息公开背后的行为逻辑，并进一步优化数字时代下政府信息公开机制，本书拟采用定性与定量相结合的方式开展研究，主要使用的研究方法包括多案例研究法、定性比较分析法以及统计分析法等。

(一) 多案例分析法

案例研究方法作为社会科学领域的一种重要的方法，其旨在对现实中某一现象的状态和实施过程进行深入和全面的实地考察（郭小聪、琚挺挺，2014）。一般来说，案例研究方法作为一种经验性和过程性研究，能够通过对事物发展的状态与过程进行描述和归纳，进而获取对数字时代下地方政府信息公开背后行为逻辑的洞察。本书采用多案例分析方法，通过案例之间的相互印证和补充来实现单个案例的复制与拓展，大大提高理论的普适性，也进一步提高本研究的外在效度。因此，在探讨地方政府信息公开模式划分及其行为特征时，本书搜集了杭州市、哈尔滨市、郑州市三个城市官方政务微博的信息公开数据，从合法性和效率性两个维度，将其地方政府信息公开行为划分不同模式，并进一步对比分析数字时代下地方政府信息公开行为在时空维度上的差异性特征。

(二) 定性比较分析法

定性比较分析方法（QCA）是社会学家查尔斯·拉金（Charles C. Ragin）所提出的一种针对中小样本案例开展研究的分析方法，其旨在探究如何从有限的案例样本中寻求复杂社会现象的原因组合路径和影响方式（Ragin & Fiss，2008）。该方法借助集合论和布尔代数规则等技术手段，同时整合了定性研究所强调的"对个案的丰富诠释和理论构建"和定量研究所强调的"研究结果客观性和可复制性"，试图通过提炼案例本身成因复杂的结构和影响条件，并对有限的案例样本进行比较分析来建立简洁直观的因果关系。由于地方政府信息公开受到多种因素相互作用的结果，因此本书尝试从组态视角出发，分析数字时代下地方政府信息公开背后的多元驱动路径，具体来说，选取 32 个城市作为研究对象，采用模糊比较定性分析法(fsQCA)对上级政府压力、横向竞争压力、公众诉求压力、信息化水平、平台运营时长、人力资源水平、财政资源供给等因素对地方政府信息公开水平的核心影响因素及其驱动路径展开分析。

(三)统计分析法

数据包络分析法。数据包络分析法(DEA)是依据多投入和多产出对相同类型的部门进行相对有效性或者效率评价的系统分析方法(马占新,2010)。相比于其他评价方法而言,DEA 模型具有"不需要对数据做无量纲处理"、"权重由各决策单元的实际数据确定"以及"所需样本量少"等优点,因此 DEA 方法被广泛运用到社会经济多投入和多产出的有效性评价。由于地方政府信息公开受到诸多因素的影响,只有减少主观因素的干扰才能真实测定政府信息公开效率,且综合考虑地方政府信息公开的规模收益的动态变化特征,本书尝试运用数据包络分析法中的三阶段 DEA 模型评估地方政府信息公开效率。具体来说,选取投入变量、产出变量与环境变量,运用三阶段 DEA 模型对 27 个省级政务微博平台的信息公开效率进行测度,明晰目前我国地方政务微博信息公开总体情况,为后续研究提供实证支持。

Tobit 回归分析法。Tobit 模型也称为样本选择模型、受限因变量模型,是因变量满足某种约束条件下取值的模型(周华林、李雪松,2012)。一般来说,DEA模型测算的效率值处于 0 和 1 的截断的离散分布状态,是典型的受限变量,如果我们采用普通最小二乘法(OLS)分析影响效率值的因素,就容易出现参数估计有偏并且非一致性。因此,本书决定采用 Tobit 回归模型来分析地方政府信息公开效率的影响因素,因为它的自变量为实际观测值,因变量是限制观测值,参数估计是无偏并且一致的(冯朝睿、徐宏宇,2021)。具体来说,采用 Tobit 回归模型验证上级政府压力、同级竞争压力、公众参与压力、科技支出水平、信息基础设施、财政支出水平等对地方政府信息公开效率的影响关系,探寻提高地方政府信息公开效率的方式和途径。

中介效应模型。研究中介作用的目的是在已知自变量 X 和因变量 Y 关系的基础上,探索产生这个关系的内部作用机制(方杰等,2012)。目前,逐步回归法被广泛用于中介效应的检验,因为它能同时实现部分中介效应和完全中介效应的检验，且程序简单可行，计算量少。事实上，由于地方政府信息公开与公众信息传播行为之间关系非常复杂，中介效应模型恰好可以通过中介变量的检验，探索产生这个关系的内部作用机制。因此，本书采用中介效用模型，首先检验地方政府信息公开对公众信息传播行为的影响，然后检验地方政府信息公开对公众满意度的影响，最后将地方政府信息公开和公众满意度同时加入方程中，检验公众满意度加入后是否降低了地方政府信息公开的显著性或系数，从而判断公众满意度是否在地方政府信息公开和公众信息传播行为之间存在部分中介或者完全中介的作用。

调节效应模型。调节变量（Moderator）界定了自变量和因变量之间关系的边界条件，是影响自变量和因变量之间关系强度或关系方向的变量（卢谢峰、韩立敏，2007）。在自变量 X 和因变量 Y 已知的因果关系基础上提出调节变量的假设，需明确调节变量影响自变量和因变量关系的具体机制，再根据变量的类型选取合适的检验模型对假设进行验证分析。在数学分析中，调节变量与自变量之间的相互作用往往超出各自对因变量影响之和，一般通过构造乘积项来表示，将自变量、因变量和乘积项同时放到多元回归方程（MMR）中，通过乘积项的回归系数的大小和显著性判断调节变量的调节效应（董维维等，2012）。鉴于地方政府信息公开与公众信息传播行为的因果关系已经通过回归方程得到验证，且粉丝质量作为一个连续变量可能影响这两者的关系强度或关系方向，因此本书采用调节效应模型对其进行验证，以进一步剖析地方政府信息公开与公众信息传播行为之间的内部作用机制。

第四节 创 新 点

正如前文所述，尽管学界对政府信息公开已经有了诸多丰富的研究成果，但针对数字时代下地方政府的信息公开机制缺乏系统性思考。本书基于我国地方政务微博的信息公开实践，在"合法性-效率性"分析框架下，对数字时代下政府信息公开的效率测度、模式分类、驱动路径以及传播效应进行深入、系统的阐释，以对此理论缺口做出稍许弥补。本书的创新点包括：

第一，对数字时代下地方政府信息公开效率进行测度。具体来说，以 27 个省级政务微博为研究对象，采取三阶段 DEA 模型，剔除信息基础设施环境、经济环境、技术环境等对数字时代下地方政府信息公开效率造成的影响，探究所有的决策单元在面临相同的外部环境和随机干扰的情况下其效率的总体情况，不仅拓展了三阶段 DEA 模型的实际应用范围，还能为数字时代下地方政府信息公开效率的提升提供实际情况下的参考。

第二，对数字时代下地方政府的信息公开模式进行分类。具体来说，借鉴组织社会学中的新制度主义理论，依据"合法性"和"效率性"的互动关系，将政府信息公开模式划分为高效式公开模式、保底式公开模式和中庸式公开模式三类。此外，对杭州市、哈尔滨市、郑州市的政务微博信息公开实践展开多案例对比分析，进而理解不同地区政务微博信息公开模式在时空维度的差异化特征，有助于更好地理解数字时代下政府信息公开的行动逻辑。

第三，对数字时代下地方政府信息公开的影响因素及其驱动路径展开分析。具体来说，本书基于我国 32 个重点城市政务微博的信息公开实践，运用"合法性-效率性"分析框架对数字时代下地方政府信息公开水平的影响因素模型进行发展，提出理论假设，并引用模糊集定性比较分析法(fsQCA)验证影响数字时代下政府信息公开的核心因素，以及不同因素之间是如何共同影响地方政务微博的信息公开水平，进而提炼出数字时代下地方政府信息公开的驱动路径。此外，本书也高度重视对不同经济发展水平地区间政务微博信息公开驱动路径进行对比分析，有助于更好地理解数字时代下地方政府信息公开背后的驱动逻辑。

第四，对数字时代下地方政府信息公开的传播效应进行定量评估。具体来说，以公众参与行为为落脚点，选取全国 227 个城市政务微博为研究对象，采用 OLS 定量评估地方政府信息公开所产生的传播效应，并进一步分析公众满意度和粉丝质量对公众信息传播行为发挥的中介作用，以实现自下而上"倒逼式"推动数字时代下政府信息公开的精准性。

本 章 小 结

本章旨在提出研究问题并阐述研究思路。近年来，随着政府数字化转型的不断发展，政务微博已经成为地方政府推动政务公开和加强政民互动的重要工具。

然而，目前学界对数字时代下地方政府信息公开的效率测度、模式分类、驱动路径以及传播效应的研究还尚显笼统。基于此，本书旨在回答：在数字时代下，我国地方政务微博信息公开的现状如何？不同地区政务微博信息公开模式之间存在何种差异性？这种差异性的背后有着怎样的驱动逻辑？以及数字时代下政府信息公开能产生怎样的传播效应？之后，本章基于对数字时代下我国地方政务微博的信息公开实践，借鉴组织社会学中的新制度主义理论，提出了自己的研究思路和技术路线，以便为接下来研究的开展奠定基础。最后，本章还对本书的研究方法、内容安排以及存在的创新点进行了概要说明。

第二章　相关概念阐释与分析框架

近年来，随着政府数字化转型的不断发展，政务微博已经成为地方政府推动政务公开和加强政民互动的重要工具，数字时代下政府信息公开机制成为学界持续关注但始终未能得到系统阐述的议题。因此，笔者试图在以往研究成果的基础上进一步拓展视野，对数字时代下政府信息公开机制做尽可能深入的解释。具体来说，本章对政府信息公开和政务微博的内涵、特征以及优势等予以明晰，然后提出了数字时代下政府信息公开机制的分析框架。

第一节　基本概念界定

一、政府信息公开的相关概念

（一）政府信息公开的定义

关于政府信息公开，我国学者对其理解虽然有不同，但都肯定了其本质即让公众了解政府信息。张礼才和佘廉认为，政府信息发布有效性的影响因素包括时效性、主动性、解释力、情感力以及渠道力等（张礼才、佘廉，2018）。政府信息属于一种社会信息、公共信息，是行政机关或者公共服务机关、其他国家机关制作或存取的信息。关于何谓政府信息，一些国家通过立法作了界定，例如根据我国 2008 年出台的《中华人民共和国政府信息公开条例》（简称"政府信息公开条例"）的规定可知，"政府信息是指行政机关在履行职责过程中制作或者获取的，以一定形式记录、保存的信息"[①]。

[①]　http：//scjgj. baise. gov. cn/xxgk/zcfg/P020221220616216548575. pdf.

学界一般认为，政府信息公开是行政机关主动公开或依申请公开在履行职责过程中制作或者获取的，以一定形式记录、保存信息的一种行为（王芳，2022）。广义上政府信息公开的内涵和外延要比政务公开广阔得多，它不仅要求政府事务公开，而且要求政府公开其所掌握的其他信息（见图 2-1 所示），例如各类民生信息以及企业相关信息等。区别其他类型信息公开的一个界定点即是公开的主体。如果从狭义上来说，政府信息公开的主体是各级政府，因此政府信息公开属于国家管理活动中的一个重要组成部分，包括完整的管理程序，即决策、执行、监督、协调、控制、反馈。

综上分析，本书认为，政府信息公开是一种行政活动，具体指政府严格遵照相关法定程序规则，将其依法履职的过程中创造或获取的信息及时、准确、完整地向全社会公开。此外，本书也认为政府信息公开不仅仅要做到行为的从无到有，更要注重其公布信息的质量以及进行信息公布的渠道和方式，更好地履行该项职责，切实达到信息公开的真正目的。

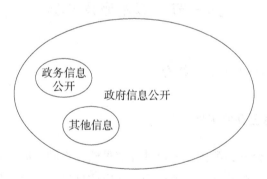

图 2-1 政府信息公开与政务信息公开的外延区别

（二）政府信息公开的内涵

通过理解上述信息公开的定义之后，我们可以进一步总结政府信息公开的内涵。政府信息公开的主要内涵有以下几个方面：首先，政府信息公开需保证信息的真实可信性。一般来说，政府公开的信息要确保其是准确的，不能产生误导人的负面影响。发布虚假错误信息严重背离了政府信息公开的初衷，因此各级政府首先应该在发布信息之前确保信息的真实性。其次，政府信息公开需在允许的公开范围内注重内容的完整性。在实际工作中，政府信息公开应做到公开为常态，不公开为例外。因此除法律规定的不能公开的内容如涉及国家安全的信息等都应该主动公开。对于其他类型的信息，在法律规定范围内，收到公民或其他法人的申请后仍需公开。另外，政府信息公开要注重信息的可得性。传统信息时代有限的传播媒介限制了信息的传播广度和速度，随着互联网时代的到来，以政务微博为代表的政务新媒体平台的出现大大提升了政府信息公开的速度，弥补以往的不足。事实上，近年来，各级政府运用各种信息化的工具确保信息公开的可得性，提高公众的参与度。

(三) 政府信息公开的要求

对于政府信息公开的要求，主要有以下三个方面：

1. 政府信息公开的原则

第一，政府信息公开必须遵守知情权保障原则，知情权源自人民主权，是公民的一项基本权利。对于政府信息公开而言，"知情权保障原则体现了政府信息公开的精神与灵魂，应当是政府信息公开必须遵循的根本原则"。

第二，政府信息公开必须遵守最大公开原则。最大公开原则的缺失，造成诸如"免于公开范围之外的其他政府信息是否属于可以公开的范围"等问题，变得模糊不清，也对促进和深化政府信息公开形成了制约。

第三，政府信息公开必须遵守权利合理限制原则。知情权作为一项新型的基本权利，在得到保障的同时，也必然有合理的限制。

2. 政府信息公开的种类

根据我国 2008 年颁布的《政府信息公开条例》，政府应公开如下信息：

第一，主动公开的范围。主动信息公开也有学者称为"推出型"(Push)信息公开。这类公开的政府信息主要包括如下：行政行为执行所需费用及标准；国家一些大政方针规划及政策；公共事务监督情况；各种补助的落实情况；执行计划生育政策的情况等。

第二，依申请公开的范围。相对应的依申请公开也被称作"拉伸型"(Pull)信息公开。按照《政府信息公开条例》的规定，公民、法人或相关组织可以根据实际情况，向政府部门申请获得相关信息。

第三，不予公开的范围。根据《保守国家秘密法》等要求对政府公开信息进行审查。除行政机关或权利人同意公开的政府信息外，不准许公开涉及国家秘密、组织机密以及个人隐私。

3. 政府信息公开的方式

政府信息公开自实施以来出现过很多途径，按发展顺序总结有三种：

第一，平面化的政府信息公开。平面化的政府信息公开也是最初级的政府信息公开方式，即依赖于报纸等书面形式的信息公开。然而，由于其线下售卖或出租以及转租的传播特性，其传播的阻力较大，因此传播力度较小，在很大程度上限制了政府信息公开的受众面。

第二，立体化的政府信息公开。立体化的政府信息公开主要指政府通过电视、广播等多种方式进行信息公开。这种立体的政府信息公开方式的一个最大的优点就是允许政府信息重复收看或收听，一定程度上打破了政府信息公开的时空局限，相对于传统的书面传播形式，已经有了一个大幅进步。

第三，网络化的政府信息公开。网络化的政府信息公开主要指的是网络技术支持政府进行信息公开。现如今各级政府进行信息公开的方式和途径愈加多样化，能够选择不同途径进行信息公开。

总体来说，不管是传统的平面化信息公开还是后来的立体化信息公开以及现如今的新媒体全方位信息公开，目的都是使应该公开的政府信息面向更广大的社会公众，进而提升政府信息的传播效果，因此政府在信息公开的过程中应采用多样且高效的方式。

二、政务微博的相关概念

(一)政务微博的定义

政务微博是起步最早、发展最成熟、辐射力最广的政务新媒体，主要指代表政府机构和官员的或因公共事务而设的微博，用于收集意见、倾听民意、发布信息、最终服务大众的新型媒体平台(马语欧、杨梅，2020)。具体来说，政务微博主要包括两类，即党政机构政务微博以及党政干部微博。党政机构微博是我国各级政府或政府部门开设的官方类型的微博，如@武汉发布，即武汉市的官方政务微博，代表武汉市政府，此类型的微博大多是"蓝 V"账户(如图 2-2 所示)。另一类政务微博为党政干部微博，其主要是指在党政机构工作的干部实名开通的微博账户，虽然此类微博是以个人的名义开设，但一定程度上同样代表着其所属的机构。据人民网舆情监测室的评估结果，时任新疆维吾尔自治区党委书记张春贤的个人官方微博位居 2011 年"十大官员微博排行榜"的榜首①。

图 2-2　@武汉发布微博主页

关于政务微博的定义，国外虽没有专门的"政务微博"概念，但研究"Twitter""facebook"等在公共服务中的作用和电子政务方面的文献不少。在我国，最早关于政务微博的研究文章是复旦大学于 2011 年 4 月 24 日发布的《中国政务微博研究报告》(张志安、贾佳，2011)。报告中指出，湖南省桃源县 2009 年设立首个官微以来，"微博问政"逐渐成为政府信息公开的新趋势。据《第 46 次中国互联网络发展状况统计报告》显示，截至 2020 年 9 月，我国经新浪官方平台认证的政务机构微博数量已达 14.1 万个。

(二) 政务微博的特征

1. 政务微博运营主体特征——突出的公共性

政务微博的运营主体是政府，这是区别于其他普通用户的最大特征。政府代表着社会公共权力，广义的政府不仅包括行政部门，而且同样将立法、司法纳入其内，覆盖了全社会大部分的公共权益范畴。作为维护和实现特定的公共利益的

① 数据来源：http://newpaper.dahe.cn/hnrbncb/html/2011-03/30/content_485553.htm.

有力工具，政务微博很自然地就应该体现其公共性、权威性特点，即使具有碎片化的发布形式同时也要确保其内容的准确性和严肃性。政务微博主要分为两大类，一类是政务机构微博，一类是个人微博。政务机构微博由各地方政府机构，如各地方新闻办、市委宣传部、人民政府等认证注册并运营。不同地方政府选择运营政务微博的机构有所差异，例如广州市不同区的政务微博认证机构大多为人民政府新闻办，而郑州市认证的机构为郑州市委宣传部，另外，武汉市新洲区的官方政务微博@新洲发布的认证机构为当地人民政府。当地政务微博中的个人微博主要是指各个地方政府内部的公职人员所认证的官方政务微博。不管是机构微博还是个人微博，二者突出的公共性使公众舆论在合理的渠道内流动。

政务微博作为政府组织的传播平台，具有公共性特点。政府的存在是为了公共利益，同样，政府组织利用政务微博平台发布政务信息、开展微博问政、应对网络舆情危机。政务微博建构公共领域，搭建公共话语平台，公民可以就公共事务自由表达和公开他们的意见，对国家行政部门进行舆论监督，有利于发扬人民民主的精神，加快建设阳光政府。同时，政务微博不仅仅发布政务信息，其他民生信息等也构成各个地方政府政务微博的议题，并用幽默、诙谐等去严肃化的语言进行阐释。也就是说，我们发现政府官方微博并不是以政务为主，而是代之以生活、文娱、人生况味等资讯类信息和感言类信息，使得政府官方微博具有"公"的形式与"私"的实质。政府官方微博以中国特色的方式从形式上涉入微博公共领域，但其旨在建构以服务个人生活为目的、百姓生活顾问式的次私密领域，其内容上的特色是便民，形式上的特色是亲民，整体来说，体现了政务微博强大的公共性。

2. 政务微博运营宗旨特征——强大的服务性

微博作为公共舆论平台，减少了民意聚合的组织和制度成本，使决策者能够更直接地了解社情民意，进而有针对性地做出回应(陈新，2012)。所谓服务理念就是要真正树立为公众服务的思想，提供优质的公共服务。目前影响力比较大的政务微博有"上海发布""平安北京"等，他们通过发布新闻、解答咨询、受理投诉、便民服务等方式大大提升公众对政务服务的满意度，因而赢得了数百万以上的"粉丝"。一般来说，政务微博的运营应将自己放在与微博关注者平等的姿态上，运用平易近人的态度向公众提供即时优质的服务。相反地，如果政务微博根本没有建立起为公众服务的经营理念,将浓厚的官本位理念带入政务微博的运营当中,各方面显示出与"服务型政府"理念完全相反的派头,就不可能建立起公众对政府的信任,进而难以树立起良好的组织形象。政务微博不仅推出信息发布厅,还推出上海微博办事厅、湖北民生微博服务厅等分类细化的线上办公厅、服务厅,为政府部门及其公务人员满足公众需求提供了良好的途径。

政务微博更贴近百姓的需求。一些政府部门已陆续出台微博管理政策,如今政务微博建设愈发规范化、法制化以防止政务微博为公众提供服务时出现纰漏或者为不良事件加以防范。这些政务微博管理政策涉及管理机构、发布内容、运营程序、管理机制等方面,避免微博运营中出现的问题。事实上,经济政治中心区北京市制定了《北京市微博发展管理若干规定》、南京市出台了《关于进一步加强政务微博建设的意见》、地理位置较为偏远的新疆也颁布了《自治区政府系统政务微博应用管理定》等。

3. 政务微博发布内容的特征——主题的异质性

为满足公众多方政务需求、方便公众搜索信息,政务微博开设了许多种类。不同的政务微博代表不同的利益关系,种类的异质性决定了各个政务微博发布内容的异质性,这体现在不同政务微博账户发布内容的侧重点上。例如,各种以城市或地区名称加"发布"作为账号名称的政务微博账户(如:@成都发布、@四川发布等),被归类于党政新闻发布微博,此类微博账号以发布各类当地或全国范围内的政务信息为主。2022 年,各地以疫情为主的公共事件频发,@武汉发布在遭遇严峻疫情考验的关头,日更疫情通报情况,发布权威信息,推动政务公开。此外,@武汉发布等党政新闻发布微博,积极将各类新闻发布会以视频+文字的形式公开发布,满足公众对于政务信息的需求。

政府组成部门的政务微博账号的发布重心则为本部门的相关信息。其中,@最高人民法院紧跟社会热点事件,积极开展普法活动。2022 年,该账号与热播网剧《开端》合作,通过发布短剧相关内容,进行创意普法。其更新重点为未成年人保护法、个人信息保护法等。

服务中心微博账户,如@北京 12345、@南京政务服务等,将与公众生活相关的信息作为发布内容的重心。此类微博账户开设服务渠道,积极主动提供服务,践行为民服务的初心。如,@北京 12345 开设#接诉即办#的话题,微博内容议题选择较单一，对公众生活所需的服务内容着墨很多，且在评论区及时回应公众诉求。

另外，各地政务微博的主题内容展现出不同的地域特色。例如，@微成都对于成都形象的构建较为全面，其中又对该城市的美食文化着重进行塑造，微博内容议题的选择偏向于宣传当地美食。而@哈尔滨文旅发布的微博内容中，有关宣传哈尔滨"冰雪季""冰城夏都"等当地季节性特色内容的微博几乎占据全部。

总的来说，因为政府具有公共管理多方位如社会管理、公共服务、公共政策等方面的职能。不同部门在有效履行职能的过程中，借助微博平台开设不同的政务微博账号，有针对性地进行内容发布以满足各方利益。这一点可以从种类相异的政务微博在更新内容的区别上得到反映。

(三) 政务微博的功能

1. 发布政务信息

一般来说，政务微博的首要功能就是进行政务信息发布，这是政务微博开设的初衷。随着信息时代的到来，网络技术的纵深发展，政府机构通过政务微博进行信息发布，使公民无差别地接触到更多政务信息。可以说，政务微博平台的信息公开不仅能够实现降低政府提供服务的成本，也可以在很大程度上保障民众知情权和监督权，进而推动政府更好地履行其行政职能。

事实上，在2021年中国共产党成立100周年和2022年党的二十大召开之际，政务微博在政府履行职能过程中，均很好地体现了政务信息发布的功能。其中，两起事件均是我国重大政治事件，各个政务微博均对这两起事件进行纵深披露，引起国内外广泛关注。如2022年党的二十大召开前期，政务微博积极介入。@共青团中央、@人民政协网等机构账号全面深入推进对党的二十大的宣传，从议题设置、内容创新和推广方式等方面加大力度进行传播。具体来说，政务微博通过创建#二十大观察#、#我们走过的这十年#等话题，对相关内容进行细化分类再更新，实现政务信息发布的功能。此外，与传统媒体相比较，新媒体技术显著提升政务信息传播的速度和广度，普通民众往往能够以更低的成本和更快的速度接收到来自不同政务微博账户的信息，政务微博政务信息公开的功能更好地满足了受众多样化需求的议题选择。

2. 回应公众诉求

在政府数字化转型的时代背景下，政务微博除了可以充当各级政府进行信息公开的工具，其也成为一个回应公众各类信息诉求的新平台，使得政府和公民能够双向沟通，进而提高公众对政府信息的满意度。具体来说，首先，在数字时代下，政务微博衍生出新型信息传播结构，赋予了普通民众自由表达诉求的权利，由此公众实现了由信息接收方向信息传播方的角色转变，进而极大地增强了公众对构建网状信息沟通平台的参与程度。也就是说，公众能自由地根据自己的利益需要或价值追求自我设置相关议题，并影响官方媒体议题和公众议题的发展。其次，政务微博凭借其信息来源多元化、信息制作成本低等优势，能快速地识别和发掘公众的需求。通过对其进行进一步的挖掘，区分出普遍需求和个性化诉求，并有针对性地进行回应。有数据显示，超七成政务微博对重大事件的回应时间小于 3 小时。

事实上，在 2014 年日照市环保局回应网友举报煤气泄漏事件和"2015 年天价大虾"事件中均较好地体现了政务微博回应公众诉求的功能。两起事件均是在微博平台上进行披露而引发了舆论，如 2014 年，山东省日照市环保局收到网友对开发区疑似煤气泄漏的举报后，立即派执法人员前往现场检查。锁定污染源后，工作人员向网友反馈了整个过程，解决了网友的困惑，获得公众的肯定。此外，在舆论信息迅速传播的新媒体情境下，普通民众往往倾向于采取将风险事件归因于"政府及官员监管不力"等议题建构方式来引发议题共鸣，进而推动政务微博议题的重构。相似地，在"2015 年天价大虾事件"中，舆情风险议题的出现起源于被宰网友在个人微博主页的风险披露，相关微博引来了上万的互动量。为平息舆论，青岛市多个政务微博如@青岛物价和@青岛工商等进行了密集回应。总的来说，政务微博使政府机构能够了解到更加多样化以及更加个性化的民众需求，为后续信息精准发布提供了前提。

3. 助力应急管理

在应急情境下，政务微博也可以作为一个有力的工具帮助政府进行危机的回应和处理。一般来说，当突发事件发生之时，地方政府往往需要采取一系列必要的紧急措施减缓事件的演变升级和减少事件带来的社会损失。其中及时、准确地发布关于危机的权威信息对于政府的应急处置效果极为重要。在数字时代下，政务微博对地方政府及时发布权威信息和主动回应公众的各种疑问提供了一个良好的渠道，因此有利于通过双向沟通传播真实的信息避免事态的恶化。可以说，政务微博在信息公开、及时性、澄清事实真相、消除谣言、与民众交流等方面有着自身的优势，在应对危机时承担着重要的使命。

事实上，纵观 2020 年以来的新冠疫情和 2022 年芦山地震事件，政务微博的应急管理功能均得到了很好的体现。其中，疫情期间，全国各地的政务微博几乎都增加了信息公开的频率，关于疫情信息的公布深度都有一定程度的提高，并且在此次重大公共卫生事件的应对中发挥了应有的作用。@杭州发布等党政微博不仅公布了日增数量信息，还披露了感染人员的流调信息。此举极大增强了公众对政务微博的信任度，提高了危机情境下政府的管理效率，进而助力政府渡过难关。此外，2022 年 6 月，四川省雅安市芦山县发生 6.1 级地震。@四川发布根据实时反馈的信息，主持直播救灾情况，发布了 111 条救援工作部署、救援进展情况等信息。@眉山发布、@芦山公安等政务微博账号迅速响应，联合进行地震快讯的更新。交通、自然资源、公安和医疗等部门各司其职，不断通过政务微博更新受灾地区的最新情况，高效传达信息，助力于震后重建。

(四) 政务微博的优势

首先，与传统媒体相比，政务微博具有更强的互动性。一改之前只能政府单向传达信息的闭塞情况，政务微博作为政府与普通公众有效互动的新桥梁，能够通过"政府—民众"双向沟通、网状沟通，快速汇聚民意、反映民情。电子政务的出现扩大了政府技术应用的范围，拓宽了公众表达自身需求与愿望的渠道，有助于提高公共行政效率及公共服务的有效性和政府的民主合法性。特别是在重大突发公共事件中，政务微博信息公开的效果直接影响公众获取信息的质量和政府的形象，一定程度上也反映了政府履责情况 (吴金金，2019)。Criado 等学者认为，社交媒体上公众与政府及其他部门之间的互动交流产生了大量的数据资源，政府和决策制定者可以从中获益 (Cridao et al.，2013)。

其次，与政务抖音等其他政务新媒体来说，政务微博起步更早、覆盖面更广。与政府网站相比，政务微博的受众面更广，可以覆盖平时不常接触传统媒体的人群 (Graham & Avery，2013)。事实上，截至 2017 年年底，官方认证的政务微博数量为 173569 个；截至 2018 年 3 月，仅 500 个政务机构入驻抖音平台。从数量上看，相较于抖音平台，政务微博的认证量更大，因此其覆盖面更广。另外，相较于政务短视频通俗化、娱乐化等内容，政务微博信息更具有权威性。相较于政务微信，在危机应对方面，政务微博能够实现不间断的新闻更新；在覆盖面上，政务微信倾向于对新闻事件进行深度解读，提高了受众门槛，导致受众面变窄；在舆论引导方面，政务微博有更强的谣言自净机制，以打造阳光型新政府。

此外，与线下政务机构相比，政务微博具有更强的灵活性，更加便利地满足公众多样化需求议题。政务新媒体是"建设服务型政府的重要手段"，以其传播速度快、受众面广、互动性强等特征，不断强化发布、传播、互动、引导、办事等功能，为企业和群众提供更加便捷实用的移动服务。相较于线下公共服务，政务微博能够打破时空界限，为公众提供无处不在的掌上政务服务。事实上，在数字化背景下的微博时代，各个地方政府通过构建、更新当地政务微博，以弥补线下服务固定化的不足。与"最多跑一次"的线下服务相比，政务微博以其移动化的显著特征，极大减少了公众的信息成本。总之，政务微博以更加简单快捷的方式提供公共服务，积极参与探讨、引导、回应公共舆论，相较于线下服务有较为明显的优势。

最后，政务微博发展具有显著的政策优势。近年来国家发布了一系列诸如《国家安全监管总局政务微博微信发布运行管理办法》《关于推进政务新媒体健康有序发展的意见》等一系列文件来支持和推动政务微博的发展。可见，中央政府正在不断鼓励和支持政务微博参与社会治理的方方面面。也就是说，政务微博已经具备了开展实施社会治理的强有力的政策保障。

第二节　数字时代下政府信息公开的特征与趋势

一、数字时代下政府信息公开的新趋势

在传统媒体时代，政府信息公开的时间、方式和内容很大程度上由政府单方面决定，民众处于信息链的下游。然而，近年来新媒体的异军突起逐渐改变了这

一局面。政务新媒体平台所具备的移动性、融合性、动员性和渗透性等特点，使得政府信息传播的深度、广度、速度、容度和社会影响力都远超历史上的任何时期，这不仅在一定程度上改变了中国的传播生态和舆论格局，也在深刻地改变着社会公众生存和发展的各个方面。随着传统媒体与新媒体的深度融合，政府信息的本质尽管没有发生变化，但是在信息生产、传播和接收等方面发生了深刻变革，极大地推动了政府管理机制的创新，这也使得当前中国政府信息公开呈现诸多新的特点。

(一)以新媒体为代表的公开形式多样化

以报刊等出版物为代表的传统的政府信息公开渠道单一、形式简单，且囿于时间、空间和经济成本给普通民众带来可及性壁垒。许多社会公众身处政府信息公开的"盲区"，往往导致政府议程和公众议程相去甚远，不论是信息流量还是政治认同都难以契合政策初衷。全媒体时代，信息交互的门槛和成本大大降低，书报、电视、广播、网站及各种新媒体 App 客户端(如微博、微信、抖音等)都能成为政府信息公开的平台，文字、图片、影像、音频、AR 等形式为政府信息的公开提供了多元的形式，这就使得政府以更低的成本覆盖了更广阔的政府信息受众，大大强化了政府信息公开的引导力、传播力和公信力。

(二)可视化网络传播的特点愈发明显

从"垂直型"回应向"网络式"回应转变。传统的政府回应主要靠官方媒体、记者招待会、新闻发言人、政府电话热线等渠道完成。这些回应方式都具有垂直发布式的特点，不具有网络性、层次性和沟通性。事实上，由于数字技术赋能政务服务，使得数字时代下的政府信息公开时效性大大提升，可视化网络传播、回应趋势愈发显著。在此背景下，网民可以通过诸如政务机构官方微博等渠道获取最新政务信息，或通过政务机构微博便捷地参与政府信息公开过程。政务新媒体依托不同的媒体平台，交错纵横进行网络化信息公开，实现公众多样化的需求议题。如武汉市人民政府新闻办公室注册政务微博@武汉发布，同时开设同名称微信公众号和抖音账号，多方发布权威信息。总之，相较以报纸、杂志等为主要工具的传统信息公开方式，数字化时代下的信息公开网络即时传播及回应的特点愈发明显。借助网络科技瞬时传播的优势，政府得以即时披露并进行后续回应，使其处于信息发布的主动方，在热点事件中，利于化解舆论风险议题。

(三) 政府信息公开过程中的参与互动

政府信息公开方式中存在主动公开和依申请公开两种方式，这实质上体现了政府信息机制中的"互动反馈"特点。新媒体时代，政府在技术、内容、传播渠道上难以像传统媒体时代那样维持对信息的高度管控力。信息传播不再遵循传统的以政府为中心、自上而下的直线模式，而是多元化、去中心、离散型、重反馈的多向互动性循环模式。政府信息公开也不再是自上而下的"政府发布信息—政府管控传播—社会接收信息"路径，取而代之的则是多维度、多主体、多节点和多方向的信息交互路径开始产生，这在一定程度上弥补了公共政策制定过程中"专家理性和大众参与双重缺位"的缺憾。当特定情况下政府信息缺位或失真时，公众通过全媒体寻找和完善信息，弥补信息公开中的"政府失灵"，在此过程中也能够监督政府作出合理的回应。参与互动让作为公共产品的政府公共信息进一步凸显其公共性，这个过程也大大降低了信息缺位或失真的可能性，这反过来也能增强政府的行政效能。

二、政务微博在政府信息公开的作用机制

(一) 信息发布和宣传功能

政务微博为信息资源共享提供了一个便捷的平台，为政府职能输出准备了条件。具体来说，一方面，政府信息没有公开就难以形成公众对行政的参与和监督。另一方面，如果公开不充分，那行政参与就难以进行有效监督。为了充分发挥政府信息的最大效益，政府信息必须向人民公开，满足人民对信息资源的需求。而网络化程度的提高、信息技术的应用为公民了解政府的工作状况提供了经济而快捷的渠道，也为政府适时地向社会大众发布各种政策信息、提供各种政府咨询服务提供了技术支持。与之相适应就需要从立法上确立政府信息公开制度，让政府和民众共享信息资源避免不必要的政府信息资源闲置和浪费，促使政府信息发挥效益。事实上，政务微博对于热点事件的权威信息发布和宣传起到了巨大

作用。2018 年 9 月，特大台风"山竹"登陆。从发布效果看，政务微博紧急集结，发布海量信息。台风登陆 48 小时内，约 6800 个政务官微紧急联动，就相关话题发布超 43000 条微博。从传播效果看，关于台风"山竹"的相关话题阅读量可观，其中有十个话题的阅读量上亿。可见政务微博之间高效联动，信息公开的矩阵效应显著，在自然灾害、公共卫生事件等危机情境下，政务微博信息发布和传播功能成为应急救援中必不可少的一部分。

（二）服务功能

政府信息公开与公民信任之间存在较为紧密的联系。为了良好地履行政府职能，并取得公民信任，政府可以通过政务微博这一平台提供优质服务。一方面政府机构可以通过政务微博主动向公众披露重要信息，如涉及公众日常生活的民生信息、党政重要信息等；另一方面，通过多方面跟进收集公众信息需求，政务微博有针对性地进行回复或者发布相关信息，提供信息服务。政务微博不断创新服务模式，推动政府流程再造，实现线上线下融合式提供公共服务的转变。政务微博在提供政务服务方面呈现出极其开放、迅速的特点，帮助政府从管理向服务的在线职能转变迈进了一大步，新疆检察院的政务微博很好地呈现了这一点。2015 年 5 月，新疆检察开通微博矩阵，推动了当地治理的极大进步。该微博矩阵被誉为"口袋检察院"，以线上受理诉求、线下解决诉求为主要服务模式闻名。此"互联网+检察"的新模式得到大力宣传，并多次被其他地区的检察院借鉴学习。2018 年 11 月，@新疆检察收到一网民对老板拖欠工资的举报，新疆检察院高度重视，立即启动微博三级矩阵联动，全力推动解决该网民的工资拖欠问题。政务微博零距离的沟通模式正在为政府部门在线解民忧、排民难提供必要的服务。

（三）互动功能

政务机构作为国家治理和社会管理的"大家长"，得益于新浪微博的互动特性。各个政务机构纷纷开通并入驻微博，并用平等的姿态与社会公众沟通，一方面实时更新当地焦点问题等，借助微博这一在线沟通平台来传达政务信息给社会公众；另一方面接收来自公众的信息需求，听取公众意见，接受公众监督。在数字时代下，公民通过各个政务机构官方微博获取最新政务信息已成为常态，政务微博平台成为了"网络议政厅"的重要组成部分。通过政务微博的政民双向互动，建设服务型政府的目标将更有可能得到实现。事实上，政务微博年度互动力指数折射出政务微博坚持政务公开、并保持良好的互动情况。例如，2022年江苏省政务微博的互动力指数处于全国最高，为93.21分；四川省政务微博的互动力指数达到了91.12分。此外，2018年3月22日，@环保部发布更名为@生态环境部，并发布正式更名微博。此微博在发布24小时内获得超1400万次的阅读量，发布两日内，互动量超2.3万次，创下互动量较高纪录。在与公众的互动中，@生态环境部积极普及环保知识，做好本部门信息公开的本职工作。面对公众的质疑，该政务微博账号也通过及时沟通，化解负面舆论。政务微博为政府部门从"俯视"到"平视"开展工作提供了网络平台，获得民众的信任。

第三节 分析框架

一、两种竞争性视角

在现有文献中大致可以找出两种不同的视角对政府信息公开行为动因予以研究。第一种是理性选择理论，其认为组织在进行决策时往往遵循特定约束条件下利益最大化的逻辑（威廉姆森，2012），即效率性逻辑。也就是说，政府信息公开水平的高低来源于组织对自身资源的约束、运作效率提升以及实际需要满足的综合考量。具体来说，有学者认为政府的信息公开能否向公众提供完整的信息并响应公众诉求在很大程度上受到政府信息公开能力的制约，包括信息搜集能力（Tang et al.，2020）、信息传播和交互能力（Zhong & Duan，2018）以及信息公开监督能力（Gao et al.，2020）等。有学者则从政府财政资源约束入手，指出政府的债务、财政资源、公共财政支出与政府信息公开有着密切关系（马亮，2012；Bolívar et al.，2013）。有学者则聚焦于权威资源，指出领导者及其领导力也是决定政府信息公开水平高低的一个重要变量，这是因为领导所拥有的话语权和自由裁量权能有力推动信息公开工作（阎波等，2013；王锐兰，2017；Choi，2018）。与此同时，有学者通过实证研究发现学历背景、任期、性别等领导特征也是政府信息公开的影响因素（Tian et al.，2016；Tavares & da Cruz，2020）。也有学者发现媒体技术在政府信息公开中的重要作用(Yates，2011；Yang et al.，2015)，但我国的信息化水平存在明显的地区差异和政府层级差异，使得各地区和各级政府在利用新媒体对突发事件的各类信息进行公开的能力也存在非常大的差异性(关成华、赵峥，2017)。此外，组织规模(Gallego-Álvarez et al.，2010)等组织资源也被视为影响政府信息公开的因素。

第二种则为制度学派，侧重于从组织所依存的外部环境入手，认为组织只有不断保持其在制度环境中的合法性才能生存(Powell et al.，2012；Scott，2013)，即合法性逻辑。也就是说，政府的信息公开会受到诸如法律制度、文化期待、社会规范以及观念制度等制度环境的影响(Weaver，1986)。具体来说，有学者认为政府在面临外部制度压力时会倾向于提高信息公开水平和公共资源使用的透明度(Brusca et al.，2016；Gesuele et al.，2018)，这种外部制度压力包括自上而下的制度性规范压力(Gesuele et al.，2018；黄艳茹等，2017；Wang，2016；高山等，2019)、自下而上的公众参与压力(Gao et al.，2020；刁伟涛、任占尚，2019)以及自身管理规范压力(韩万渠，2020)。此外，在不可预见的危机中，政府机构为应对合法性威胁，维护政府的可信度和形象时，会采取主动披露策略(Alcaide et al.，2017)。还有学者则从制度惯性入手，指出地方政府的既有透明度与危机情境下政府信息公开水平密切相关(赖诗攀，2013)。此外，诸如政治环境(Tejedo-Romero & Araujo，2020；Balaguer-Coll & Brun-Martos，2021)、社会环境(Albalate，2013；Saez-Martin et al.，2017)、技术环境(Navarro-Galeraa et al.，2016)等也被众多学者视为是影响政府信息公开水平的外部制度因素。

总而言之，以上无论是理性选择理论学派，还是制度学派对组织行为的解释，均为本章探索数字时代下地方政府信息公开背后的行为逻辑提供了必要的理论基础，但未能形成较为系统的理论框架。事实上，仅仅识别和验证单一或多个影响因素是不足以全面理解地方政府信息公开行为的动因，而需要对多因素组合模式进行研究，以揭示数字时代下地方政府信息公开背后的行为逻辑。在政府信息公开实践中，其背后的行为逻辑往往同时受到组织内外部因素的影响，这使得任何单一方面的因素都难以解释数字时代下地方政府信息公开的行为逻辑。也就是说，解释数字时代下地方政府信息公开的行为逻辑需要综合考虑组织内外部因素，需要解释内部资源(效率性)和外部环境(合法性)之间的关系如何影响数字时代下地方政府信息公开的行为逻辑。因此，本章认为，有必要将"合法性"和"效率性"要素结合起来，以"合法性—效率性"为基本分析框架，在对数字时代下地方政府信息公开效率进行测度的基础上，剖析数字时代下地方政府信息公开的分类模式、影响因素和驱动路径，并进一步定量评估政府信息公开的传播效应，以便对数字时代下地方政府信息公开机制有更为全面的解释。

二、数字时代下地方政府信息公开的分析框架

政府信息公开是一个综合性课题，也是当前理论研究和社会关注的热点和焦点。在理论发展中，新制度主义理论逐渐整合了两个学派的核心观点，从内生路径和外生路径两层面探析政府信息公开动因（杨伟国等，2023）。该理论认为，对于组织现象的研究不能仅仅从组织内部着手，而应该从外部环境的角度去解释，因为组织只有适应了外部环境的要求才能生存（涂洪波，2006）。一般来说，组织所面临的环境可以分为技术环境和制度环境两类，前者倡导的是组织的效率机制，关注组织能力、组织资源对组织行为的影响，后者则倡导组织的结构和制度具有合法性，关注社会规范、法律制度、文化期待等对组织行为的影响（郝云宏等，2012）。具体来说，赵国洪和黎小兰（2012）运用新制度主义理论对地方政府信息公开驱力模型进行阐释，他们认为地方政府在自利性和公共性的相互作用中做出了信息公开行为选择。此外，Fan和Zhao（2017）借鉴新制度主义理论也详细阐述了影响政府机构间信息共享的内部组织因素和外部环境因素及内外因素如何共同影响政府机构间信息共享等问题。

如果将组织社会学中的新制度主义理论置于数字时代下地方政府信息公开过程中去，不仅要关注到数字时代下地方政府信息公开行为背后所嵌入的合法性因素，也要考虑到效率性因素对数字时代下地方政府信息公开行为的影响。按照新制度主义理论，组织如果想要在它们的社会环境中生存起来并兴旺发达，除了需要物质资源和信息技术之外，还需要得到社会的认可、接受和信任，即合法性逻辑和效率性逻辑并非彼此分离的、孤立的，而是相互依存，同时影响着组织的生存和发展。因此，本章基于我国地方政务微博的信息公开实践，试图通过回顾政府信息公开的两种竞争性理论解释，同时考察政务微博在地方政府信息公开过程中的角色和功能，构建数字时代下地方政府信息公开的"合法性—效率性"分析

框架(见图 2-3 所示),分析地方政府信息公开背后的行为逻辑及其传播效应,为进一步优化数字时代下地方政府信息公开机制提供理论支持。

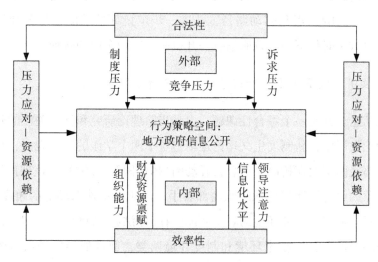

图 2-3 "合法性—效率性"分析框架

首先,从效率性层面来看,各级政府在很大程度上是基于效率性逻辑来提供各类政务信息。也就是说,考虑到政府信息公开的效率性目标,各级政府往往需要综合考量自身资源约束、运作效率提升以及实际需要满足等多方面的因素,尽可能发布各类政务信息以满足公众的信息需求。在本章中,效率性逻辑主要考察政府内部的技术资源、权威资源、组织资源和财政资源。具体来说,第一,地方政府的财政资源禀赋,为地方政府信息公开提供了必要的物质条件,并进一步为执行者的信息公开行动创造了有利的选择空间。第二,较高的政府组织能力为地方政府信息公开行动提供组织基础和协调机制。一般来说,政府组织能力较弱,会致使其各部门在信息搜集、加工以及发布等环节的沟通合作难以顺畅,进而影响到政府信息公开的效率,这一点在突发事件中表现得尤为明显。第三,在数字时代下,信息化水平也是影响政府信息公开效率的关键因素。从直观来看,各级政府运用各种信息化工具(如政务微博平台)能够快速使政府信息触及社会公众,进而提升政府信息公开的覆盖面。第四,领导的注意力也对政府信息公开产生重要的影响。一般来说,领导的注意力往往很有限,一旦其将其有限的注意力分配到政府信息公开领域,有利于组织提升其信息公开力度，进而促进高效率的信息公开。

其次，从合法性层面来看，各级政府在进行政务公开时并非仅仅考虑效率层面的因素，还需要关注政府信息公开背后所嵌入的合法性因素。也就是说，各级政府也需要考虑到组织所遵循的合法性逻辑，积极公开各类政务信息，以回应自上而下的制度压力、同级政府所产生的竞争压力以及自下而上的公众诉求压力，避免各级政府在进行政务公开时出现合法性危机。具体来说，第一，为了获取上级的合法性，地方政府在进行政务公开时必须遵守上级政府制定的有关政府信息公开的制度要求。一般来说，当自上而下的制度压力过大时，地方政府将倾向于采取保底式公开以满足上级政府要求。第二，自下而上的公众需求压力也是影响数字时代下政府信息公开的重要因素。在数字时代下，公众对信息诉求的表达在很大程度上促使了地方政府在治理过程中提高对信息公开的精准度，以取得民众的支持和信任。第三，在地方政府间竞争格局下，政务微博信息公开作为地方政府的创新举措，因而同级政府间的互相竞争可以在一定程度上强化地方政府的信息公开力度。

总的来说，数字时代下政府信息公开的行为逻辑受到合法性和效率性的共同影响。从二者之间的关系来看，它们之间并非孤立存在的，而是彼此之间相互影响、共同作用于数字时代下政府信息公开过程中。

本 章 小 结

本章的目的在于扎根于我国地方政务微博的信息公开实践，深入剖析数字时代下地方政府信息公开的效率测度、模式分类、驱动路径及其传播效应，进而为数字时代下地方政府信息公开机制优化提供理论依据。具体而言，本章首先对政府信息公开、政务微博等概念进行界定，并系统考察数字时代下政务微博在地方政府信息公开上的特点及其作用机制。然后，本章通过回顾学界关于政府信息公开的研究成果，系统考察政务微博在地方政府信息公开过程中的角色和功能。本章采用组织社会学中的新制度主义理论，提出一个"合法性-效率性"互动的分析框架，旨在从这两个维度切入，揭示数字时代下地方政府信息公开的驱动路径及其传播效应。

第三章　数字时代下我国地方政府的信息公开实践

——以政务微博平台为例

近年来，地方政府对公众做出的"快速响应、高效办理、及时反馈"承诺，对政府治理水平提出了更高的要求（张楠迪扬等，2023）。然而，随着社交媒体的快速发展和普及，政务微博平台作为政府与公众直接、及时、便捷的沟通渠道，其建设成为数字时代下政府治理能力发展与服务水平提升的重要抓手（萧鸣政、郭晟豪，2014；孙宗锋、郑跃平，2021）。具体来说，在数字时代下，政府如何充分利用政务微博平台以满足公众需求并进行舆情监测成为政府急需进一步探索的问题。

第一节　我国地方政务微博平台的实践概况

一、我国政务微博发展政策分析

政务微博发展的政策是指我国政府机构和部门为规范政务微博的管理与运营，最大限度地发挥政务微博的积极效用，而采取的政治行动或所规定的行为准则，直接体现为政府部门以正式文本形式颁发的系列性法律、法令、条例、办法、通知、规定、制度、意见、方案等的总称（李明德等，2017；陈强、张韦，2019）。长期以来，我国政务微博平台的建设和完善有赖于中央层面的政策导向与地方层面的法规健全。本章参考张佳慧教授对互联网舆情政策文本的分析方法（张佳慧，2015），以政府官方网站为主，北大法宝法律政策数据库为辅，将"政务微博"及"管理""通知""办法""规范""意见""规范""制度""细则"作为检索词，截至 2023 年 3 月 30 日为搜索范围，通过筛选符合政务微博平台建设属性的中央及地方所有政务微博相关政策文件，共获得符合条件的 224 份政府政策文本（见表 3-1）。

表 3-1　　　　　　　我国政务微博的相关政策法规梳理（部分）

编号	发文时间	发文部门	政策名称	要点（政策文本）
1	2013年	上海市嘉定区人民政府	上海市嘉定区人民政府办公室关于印发《加强政务微博工作的实施意见（试行）》的通知	当前政务微博已成为加强政府自身建设，推进政府职能转变，加强政民联系的重要抓手……
2	2013年	四川省人民政府	四川省人民政府办公厅关于加强政务微博应用的通知	微博是互联网的一种新应用，发布信息及时，受众面广，社会动员能力强……
3	2013年	宣城市人民政府	关于宣城市政务微博发布管理工作的通知	政务微博是通过网络传播政务信息的重要平台，为充分发挥其"对外宣传、舆论引导、信息交流、提升形象"的重要作用……
4	2014年	国家安全监管总局	国家安全监管总局办公厅关于印发政务微博微信发布运行管理办法的通知	为贯彻落实党中央、国务院关于充分发挥新媒体技术推动信息发布常态化、规范化的要求……
5	2014年	陕西省人民政府	关于加强政务微博信息报送工作有关事项的通知	为进一步发挥我厅政务微博对外宣传和互联网信息交流的积极作用，做好政务微博报送工作……
6	2014年	宁夏回族自治区人民政府	自治区人民政府办公厅关于加强政务微博管理工作的通知	近年来，政务微博已成为各级政府发布信息和畅通民意的新媒体平台，建设利用政务微博对密切联系群众、把握舆论导向……
7	2015年	铜川市人民政府	铜川市人民政府办公室关于进一步加强政务微博建设管理工作的通知	为全面提升政务微博建设管理水平，构建有效、顺畅、权威的政务信息传播渠道，根据全省……
8	2016年	安徽省人民政府	安徽省人民政府办公厅关于进一步加强政务微博微信建设的通知	政务微博微信是互联网的一种新应用，网络传播力强，社会影响力大，对于推进政务公开、服务社会公众、宣传政府工作……

续表

编号	发文时间	发文部门	政策名称	要点(政策文本)
9	2018年	汤阴县人民政府	汤阴县人民政府办公室关于印发汤阴县政务微博、微信、客户端管理制度的通知	为充分发挥政务微博、微信、客户端对外宣传和信息交流的积极作用……
10	2018年	民权县人民政府	民权县人民政府办公室关于印发民权县人民政府政务微博政务微信管理办法的通知	为进一步加强民权县政府信息公开工作,完善政务信息网络服务的管理……
11	2018年	淮南市人民政府	淮南市人民政府办公室关于进一步做好政务微博微信平台留言办理工作的通知	按照《安徽省人民政府办公厅关于进一步加强政务微博微信建设的通知》要求……
12	2017年	盐池县人民政府	盐池县政务公开办公室关于加强政务微博、微信管理工作的通知	近年来,政务微博、微信已成为各级政府发布信息和畅通民意的新媒体平台……
13	2018年	阜阳市人民政府	阜阳市政府法制办政务微博微信发布运行管理办法	为贯彻落实市委、市政府关于充分发挥新媒体技术推动信息发布常态化、规范化的要求……
14	2019年	山东省机关事务管理局	山东省机关事务管理局政务微博微信管理办法	为加强局政务微博、政务微信(以下简称政务微博微信)管理……
15	2018年	满洲里市人民政府	满洲里市人民政府办公室政务微博微信管理办法	为确保满洲里市人民政府办公室政务微博运行维护管理高效、严格、有序……
16	2023年	淮北市经济和信息化局	淮北市经济和信息化局政务微博管理办法	淮北市经信局政务微博是面向社会、面向群众,宣传我市工业经济发展状况、惠企政策,宣传我局形象……
17	2021年	淮北市水务局	淮北市水务局政务微博及微信公众号信息发布管理规定	为保证我局政务微博和微信公众号发布工作的顺利进行,充分发挥政务微博及微信公众号在对外宣传……
18	2022年	濉溪县人民政府	濉溪县微信公众号、微博等政务新媒体管理办法(试行)	为进一步加强全县微信公众号、微博等政务新媒体管理,促进全县政务新媒体的健康发展……

本章运用内容分析方法对政务微博管理的有关政策文本进行分词处理，最终形成政务微博平台政策文本的内容分析词频表（如表 3-2 所示）。同时，为直观展示政务微博平台政策文本词频表，本章基于词频构建政务微博平台政策文本词频图（图 3-1 所示）。

表 3-2 　　　　　　　我国政务微博相关政策法规词频表（部分）

标签词	词频	标签词	词频	标签词	词频
微博	633	规范	59	机制	41
政务	617	舆情	57	社会	41
信息	446	公众	55	确保	40
发布	415	领导	53	中心	40
要闻	171	平台	53	建立	40
管理	134	规定	52	进行	39
政府	130	制度	52	将	38
及时	113	回应	51	主要	38
负责	104	应当	51	问题	38
内容	87	互动	49	运行	37
公开	82	应用	49	办理	37
重要	78	开通	47	意见	37
回复	75	网站	46	服务	34
加强	68	原则	44	涉及	33
媒体	68	安全	43	明确	33
审核	64	建设	42	应对	32

总体而言，政务微博发展政策围绕着信息发布与管理、及时回应和公开回复、舆情管理与应对、规范与审核、政府负责与领导作用等多个方面展开。其一，政府通过政务微博向公众提供重要信息，同时也承担对发布内容的审核和规范职责，这体现在词频中出现了"信息""发布""管理"等高频词。其二，政策要求政府及时回应公众关切，并进行公开回复，以确保政府与公众之间的有效沟通

渠道畅通无阻，这体现在"及时""回复""公开""公众""互动"等词频多次出现。其三，政策强调政务微博对舆情的管理功能，"舆情""公众""媒体"等词高频率出现。同时，"审核""规范""制度"等高频词强调对内容的规范和审核，以确保信息的准确性和合规性，维护政务微博平台的稳定性和良好声誉。而"政府""负责""领导"等高频词反映政府在政务微博政策中扮演的重要角色，需要负责政务微博的管理和回应工作。此外，政务微博政策还关注平台的安全建设和发展，词频中"信息""安全""建设"等高频词特别强调信息安全建设，关注政务微博平台的规范运行和有效管理。

图 3-1　我国政务微博平台政策文本词频图

二、地方政务微博平台的发展历程

据中国互联网络信息中心（CNNIC）发布的第 51 次《中国互联网络发展状况统计报告》显示，截至 2022 年 12 月，我国网民规模达 10.67 亿，互联网普及率达 75.6%，其中，我国手机网民规模达 10.65 亿，网民使用手机上网的比例为 99.8%①。截至 2022 年第四季度末，新浪微博月活跃用户达到 5.86 亿，同比净增 1300 万，日活跃用户达到 2.52 亿，同比净增 300 万②。此外，根据李志和郭孝阳的研究成果可知，微博用户群体以"90 后"为主，其次是"00 后"，呈现出微

① 资料来源：https：//www.cnnic.net.cn/n4/2023/0302/c199-10755.html.

② 资料来源：https：//finance.sina.com.cn/jjxw/2023-03-02/doc-imyimwvx4595009.shtml.

博用户的年轻化趋势(李志、郭孝阳，2022)。

在这样的背景下，政务微博日益成为政府信息公开、社会管理创新、网络舆论引导、公民政治参与等方面的重要窗口，愈发受到重视。一方面，我国各级政府出台相关政策大力推进政务新媒体和政务微博的建设与发展。早在2013年，国务院办公厅在《关于进一步加强政府信息公开回应社会关切提升政府公信力的意见》中指出："各地区各部门应积极探索利用政务微博、微信等新媒体，及时发布各类权威政务信息。"2018年12月7日，国务院办公厅正式发布《关于推进政务新媒体健康有序发展的意见》，明确提出2022年要建成整体协同、响应迅速的政务新媒体矩阵体系的目标。由此可见，发展政务新媒体已成为政府治理创新的必由之路。2019年1月28日，山东省人民政府办公厅发布《关于推进全省政务新媒体健康有序发展的通知》。2019年2月1日，贵州省人民政府办公厅发布《关于推进政务新媒体健康有序发展的实施意见》，号召省内政府机构贯彻落实，促进政务微博健康有序发展。另一方面，自2009年第一个政务微博"湖南桃源县官方微博"诞生至今，我国政府部门的政务微博数量呈爆炸式增长趋势。截至2020年6月，我国31个省(区、市)已开通政务机构微博，经过新浪平台认证的政务机构微博为14.1万个，粉丝总数超过30亿，总阅读量达4500亿次以上①。

政务微博作为开放性、主体多样性、互动性、民意化的平台，成为构建社会治理新格局的重要桥梁。与传统媒体相比，政府微博具有发布及时的特点，可以帮助政府机构在"第一时间"发布权威信息(Xiang，2019)，以增强公众的信任(Gao et al.，2022)。政府通过利用社交媒体传播信息，加强政府外联，提高政府透明度，提供公共服务(Zheng & Zheng，2014)。政府还可以利用微博与利益相关者互动，促进公民参与决策(Zheng & Zheng，2014)，实现公众政治参与的基本愿望(Li et al.，2022)。虽然政务微博发展迅速、优势突出，但目前却日益暴露出总体质量不高、更新不及时、内容不相关、与民众沟通互动少的问题(李勇、田晶晶，2015)，地方政务微博存在更新慢、信息量少、发展不均衡的现象(史丽莉、谢梅，2013)。

因此，我们需要梳理政务微博的发展历程，总结政务微博在质量、内容、形式等方面的发展状况，以全面了解我国政务微博面临的问题与挑战，为完善政务

---

① 资料来源：https：//data. weibo. com/report/report Detail? id＝456.

微博建设提供经验借鉴。

（一）起步探索阶段：投石问路（2009—2013 年）

2009 年 11 月 26 日，我国第一个政务微博"桃源网"开通。该微博由湖南省桃源县政府申请开通，其初衷是向网友推介桃源的历史文化及美丽风景。"桃源网"一经开通就受到网民的欢迎，半年内，其粉丝已达 7312 人，主博文已经发出 693 篇，"加之与网友互动过程中进行的评论和回复，一共有 2000 多条"，几乎每条博文后面都有网友转发和跟评。此后，其他地方政府纷纷开通政务微博，如"平安北京""北京发布""上海发布"等。截至 2013 年 10 月底，新浪平台上的政务微博有 100151 个，其中包括机构微博 66830 家，公职人员微博 33321 位。2009—2013 年这一时间段内，政务微博发展的具体情况如下：

图 3-2　@桃源县人民政府发布的第一条微博（来源：作者自制）

第一，这一阶段中政务微博数量迅速增加后又趋于平缓。截至 2010 年 10 月，我国政务微博的总数仅为 552 个。其中包括机构微博 312 家，公职人员微博 240 位，覆盖除海南、澳门、台湾外的 31 个省级行政区。2011 年可谓是政务微博元年，全国上下各部门纷纷开通政务微博。根据 2011 年 12 月人民网舆情监测室发布的《2011 年新浪政务微博报告》，截至 2011 年 10 月 31 日，新浪微博已认证 9778 个党政机关微博、8354 个公务员个人微博。一年内政务微博总数已涨到 18132 个，同比增长 3200%，如图 3-3。2012 年，政务微博的增长速度趋于平缓，新浪微博认证的政务微博总数达到 60064，同比增长 231%。这一年，国家各级部门多次召开有关互联网的各类政治会议，受政策影响，政务微博的覆盖面、博文质量、运营水平和综合影响力等不断提升。2013 年 11 月，中国国家互联网信息办公室副主任任贤良向记者介绍，截至 6 月，我国 97% 以上的中央政府部门、100% 的省级政府、98% 以上的地级市政府部门都开通了政府门户网站，政务微博认证账号超过 10 万个，完成了多个机构、地区、领域的全面联合，许多垂直领域也实现了省份和层级之间的合纵连横。

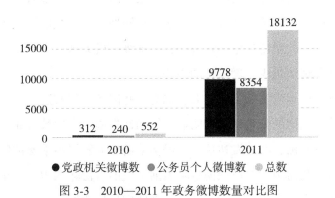

图 3-3　2010—2011 年政务微博数量对比图

（数据来源：2010—2011 年《新浪微博政务微博报告》）

第二，开通政务微博的政府机构和部门较多，地域上已全面覆盖全国 34 个省级行政区，开通部门涉及市政、招商、文教、体育、质检、公安、旅游、宣传、交通、司法、团委等政府职能部门。其中，公安系统微博发展最快、数量最多，因其接触微博更早，微博信息发布及时，部门职能更贴近百姓生活，服务性、实用性、互动性都比较强。

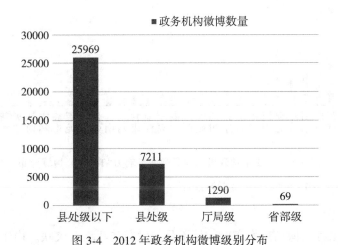

图 3-4　2012 年政务机构微博级别分布

（数据来源：2011—2012 年《新浪微博政务微博报告》）

第三，人民网舆情监测室根据新浪微博提供的截至 2012 年 11 月 19 日的数据进行分析，得到政务微博的行政级别分布（如图 3-4）。由图可知，我国政务微博中基层组织占绝大部分，这既和我国基层政府组织数量众多有关，也与平台及政务微博服务的主体有关。此外，相较于去年同期，县处级以下政务微博增长迅速，厅局级党政机关微博数量增长较快，省部级受机关部门本身设立数量和工作内容的限制，呈现数量少、增长慢的态势。

尽管政务微博运营实效不断提升，仍有一些问题需要改进。

第二，政务微博的分布呈现出明显的结构性失调。在地域分布上，呈现出东部、西部发展不平衡，经济发达地区与经济落后地区发展不平衡的特点。新浪微博上的政府机构微博中，开设微博数排名前十位的省份除四川外，全部为中东部省份。在行政级别分布上，通过选取新浪微博中机构微博和个人微博影响力排名前 200 位的样本分析发现，80%以上的机构微博集中在厅局级、县处级，官员微博则有 60%左右为县处级以下政务人员所开设。从职能部门的领域分布来看，公安微博一枝独秀，在影响力最高的前 200 名的新浪政府机构微博中占比 42.5%。政府、旅游、团委、司法等其他领域的政务微博次之，但占比较小，尤其是市政、涉外、交通等部门占比不足 1%。

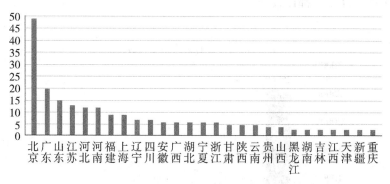

图 3-5　2013 年党政机构政务微博影响力"Top200"地域分布

（数据来源：2013 年《新浪政务微博报告》）

第三，政务微博信息发布时效性不足，发布技巧略有欠缺。由于部分政务微博开设时间较晚，尚未形成成熟的运作机制，也未掌握恰当的发布技巧，因此出现发布不及时、无规律，数小时内连发多条、数周不发一条等情况，部分政务微博甚至沦为"空壳微博"。新浪影响力前200名的政务机构微博中，认证距今超过一年的49家机构微博，有30家在过去1年中登录次数小于365次，即登录频率每天不足1次。一些政务微博未能充分了解微博受众面广、互动性强、公开度高等特性，导致发布内容枯燥乏味或过于随意，信息传递效果不佳甚至适得其反。例如，不少政务微博仅仅将其作为政府公告或政府网站内容的翻版，未充分考虑微博受众年轻化、个性化等特点，导致微博内容官话、套话连篇，因特色和吸引力不足，而难以得到网民关注，甚至引发网民反感。

第四，以单向信息传达为主，缺乏有效互动。政务微博是一个网络议政场，除第一时间发布政府机构与相关官员的官方信息外，更重要的是耐心倾听网民意见并及时反馈，实现与民意互动。目前，我国政务微博运作过程中，部分政府机构与政务人员往往仅将微博作为信息发布平台，缺乏积极的信息回应和互动交流，在舆论引导、政民互动、促进公民社会参与等方面"缺位"。通过对新浪影响力前200名的政府机构微博进行统计发现，认证时间超过一年的49家机构微博中，近一年内发表评论数在100条以下的有7个，其中某宣传部门微博在近一年内未曾发表一条评论。除此，部分政务微博遇有不同意见的网友，动辄关闭评论、拉黑网友或者予以措辞强硬的回复，这些也是政务微博互动交流方面存在的问题。

(二)中期发展阶段：趋于常态(2014—2017年)

2013年，党的十八大报告对信息公开作了非常及时、非常精辟的论述，要求将政府信息公开提高到一个崭新的高度。一方面，十八大报告从完善基层民主制度的视角对加强政府信息公开进行了论述。十八大报告指出，健全基层党组织领导的充满活力的基层群众自治机制，以扩大有序参与、推进信息公开、加强议事协商、强化权力监督为重点，拓宽范围和途径，丰富内容和形式，保障人民享有更多更切实的民主权利。另一方面，十八大报告从建立健全权力运行制约和监督体系的视角对加强政府信息公开进行了论述。党的十八大报告强调，坚持用制度管权管事管人，保障人民知情权、参与权、表达权、监督权，是权力正确运行的重要保证。推进权力运行公开化、规范化，完善党务公开、政务公开、司法公开和各领域办事公开制度，让人民监督权力，让权力在阳光下运行。可见，政府信息公开是公民权利的保障、行政权力的规范的重要突破口，加强政府信息公开建设是建设服务型政府的重要部分。鉴于此，政务微博作为政府信息公开的渠道和工具，受到各政府层级和政府机构的重视。此后，政务微博的舆情监控能力、反应效率、应对手段及公信力等都得到建设和发展，政务微博的发展进入常态化。

第一，从政务微博数量来看，2014 年至 2017 年，政务微博的总数呈逐渐上升趋势，其中，主要是政务机构微博数量增长较快，而公职人员微博数量增长较慢，甚至出现公职人员微博账号注销的情况。该时间段内，大部分政务微博能够与时俱进，紧跟当下热点与网民互动；能对突发事件的响应速度进一步提高，对事件的通报愈加清晰翔实；持续推进线上线下联动，行政效率大幅提高，网上办事初现成效。在"互联网+政务"的大势下，更具成效的矩阵式政务服务助力政务新媒体工作的开展，政务微博的姿态从与网民平等对话向亲密无间发展。

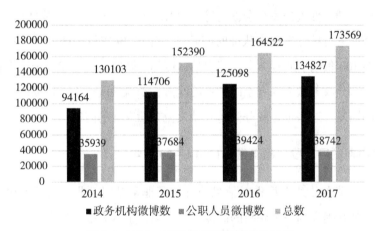

图 3-6　2014—2017 年政务微博数量对比

（数据来源：2014—2017 年《政务微博影响力报告》）

第二，从行政级别来看，我国县处级以下政务微博发展势头良好。2014 年县处级以下政务微博达到 111743 个，占全国政务微博总量的 85.59%。2015 年我国县处级以下的政务机构微博数量为 100701 个，占全国政务微博总量的 87.79%。2016 年，县处级以下政府机构是增长极，县处级公职人员的增加比例最高，达 33%。这充分说明基层政务微博是支撑全国政务微博发展的基石，是政务微博生态良性发展的重要组成部分。

第三，从系统分布来看，党政宣传系统、团委系统、公安系统和司法系统是政务微博"第一梯队"。2014 年，党政宣传系统微博数量达到 29099 个，团委系统微博有 19052 个，公安微博共有 17025 个，司法微博也有 761 个。2015 年，政务微博开博总量排行前五的部门分布是：党政宣传系统、团委、公安、司法、医疗卫生系统微博，整体顺序与 2014 年相比没有变化。2016 年，司法和工商发力较猛，市政和医疗卫生机构紧随其后。2017 年，公安、外宣、基层组织、卫计、司法行政、交通运输及旅游机构等机构类政务微博数量居多，其中，公安机关开设的政务微博数量最多，为 20863 个。

第四，在信息公开方式方面，政务微博打破了以往政府信息公开工作的沉闷套路，实现了有声有影有形、入耳入脑入心的信息公开模式。如政务微博积极借力短视频、直播等各类新媒体形式占领宣传阵地。2016 年，"@深圳交警"开创了国内首次政务微博的矩阵式视频直播，通过微博直播"千骑千警安全带"执法行动，累计收获网友围观点赞逾 30 万。2017 年，"@最高人民检察院"拍摄微视频，邀请检察官现身说法，揭下司法改革的神秘面纱；@四川公安"在九寨沟地震后发布安置点实拍视频，用最直观的画面回应全国网友关切。

第五，政务服务方面，政务微博继续积极发挥矩阵效应，推进线上线下联动，其服务范围得到全面升级、效率得以大幅提高。一方面，政务微博开始横向联动纵向串接，如"北京老虎伤人事件"发生后，平安北京、动物园等联合发布通报及监控，打消民众担忧。另一方面，模块化单一服务转变为聚合式平台建设，"微博模块服务"升级为"微博政务大厅"，政务微博建设有了新思路。如"@成都高新"在 2015 年初开通了地震预警信息发布功能，因为地形以及地理位置等原因，成都属于地震多发区，该服务十分契合当地民众的生活需求；"@上海发布"推出的"粉丝服务菜单"可实现"公交实时到站"提醒等。

尽管政务微博运营实效不断提升，仍有一些问题需要改进。

第一，这几年里，随着政务微博账号的活跃，部分政务微博在热点事件中表达过于个人化、情绪化。这部分官方政务微博片面追求与自身业务无关的舆论热点，有悖于政务微博的官方立场，对政府公信力造成一定负面影响。同样，政务微博在发布内容方面还存在着创新乏力、民意认同低的问题。

第二，一些政务微博账号长期疏于管理，导致被盗并发布广告、不良信息等违规内容，如官方认证为"中共镇原县委宣传部官方微博"的账号自2013年开通后被弃置，疏于管理，被恶意盗号，频繁发布算命信息。这些行为严重影响了百姓的体验感和政府部门的公信力。2017年8月3日，官方账号"@政务风云榜"上发布《关于加强政务微博排行榜管理的公告》，斥责盗号行为，给出治理举措。

第三，政务微博组成部分结构失衡问题较为明显。其一，就区域而言，沿海发达地区人口稠密、网民绝对数量庞大加上较为先进的运营模式与较大的资源投入，优秀政务微博数量明显多于中西部地区；其二，就行政层级而言，中央部委以及省级层面的政务微博辐射力、影响力高于基层微博几个数量级，如"@公安部打四黑除四害""@平安北京""@上海发布"等作为整个政务微博的"排头兵"，多年以稳定、均衡、高效的表现受到广泛认可。其三，政务微博与官员微博数量严重失衡问题。2015年，各级公职人员开博数量仅为37684个，与政务机构微博数量相比甚少。

（三）相对成熟阶段：深化改革（2018—2022年）

2018年4月，国务院办公厅印发了《2018年政务公开工作要点》，首次提出对政务新媒体运营管理实行"关停整合"机制。同年12月7日，国务院办公厅发布的《关于推进政务新媒体健康有序发展的意见》（国办发〔2018〕123号），提出政务新媒体还存在功能定位不清晰、信息发布不严谨、建设运维不规范、监督管理不到位等突出问题，"僵尸""睡眠""雷人雷语""不互动无服务"等现象时有发生，政府需要大力推进政务新媒体工作，明确功能定位，加强统筹规划，完善体制机制，规范运营管理，持续提升政府网上履职能力，并明确提出2022年要建成整体协同、响应迅速的政务新媒体矩阵体系的目标。可见，中央政府重点关注政务新媒体的发展，并对未来的政务新媒体的发展指明了方向、提出了要求，这为政务新媒体的发展注入了新动力。

这一时期，政务微博的发展进入成熟阶段，具体情况如下：

第一，从政务微博的数量上看，2018年以后，政务微博机构数量增长速度减缓。2018年，机构政务微博的数量为138253个，增长率为2.54%，2019年机构政务微博数量为138854个，增长率为0.43%，2020年机构政务微博总数为

140837 个，增长率为 1.43%。整体来看，2018 年至今，机构政务微博数量的增长速度基本低于 3%，远小于第一阶段和第二阶段的增长率。可见，政务微博经过前几年的快速扩张，数量基本达到饱和状态，接下来的政务微博发展需更加注重服务力、回应力等方面的质量发展。

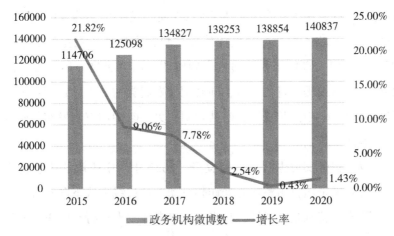

图 3-7　2015—2020 年机构政务微博数量及增长率

（数据来源：2014—2017 年《政务指数微博影响力报告》）

　　第二，在行政级别方面，该阶段延续县级以下政务微博数量占绝对优势的趋势，与此同时，基层政务微博的发展水平进一步提升，基层政务微博的发展活力得到激发。如在县域融媒体建设大潮中，县级账号借助政务微博的开放性，积极打通传播渠道，进一步提升县级融媒体的服务能力，更好地为当地居民的生产和生活提供更加便利优质的服务。2018 年先行启动 600 个县级融媒体中心建设，到 2022 年 8 月，全国共建成 2585 个县级融媒体中心。

　　第三，在系统分布方面，从 2018 年开始，政务微博的"偏科"现象也得到精准打击。过去，政务微博在行业上存在"偏科"现象，公安、外宣等行业的政务微博基础牢固、运营得当、发声及时，处于传统强势地位，而气象、文博、卫计、教育等行业则相对弱势。不过，这五年间"偏科"态势较过去有很大改善，以往弱势行业的政务微博也表现亮眼。如"@江苏气象"接连发布"摔跤预警地图"和"蚊子出没预报"等健康预报产品，创意十足，引起了网友的热议；5 月 18

日国际博物馆日，"@侵华日军南京大屠杀遇难同胞纪念馆""@浙江省博物馆""@成都武侯祠博物馆"等20余家博物馆以"超级连接的博物馆"为主题进行了网络联动直播，带网友领略了各自博物馆及展品的深刻魅力，用崭新的表达方式使传统文化迸发出前所未有的生命力和吸引力，在创意跨界中实现了多方共赢。

第四，在信息公开方面，着重发布弘扬正能量的信息。具体来说，这五年间重大议题有如党的二十大召开、香港回归25周年及冬奥会等。以党的二十大召开这个议题为例，政务微博充分发挥传播优势，为热烈庆祝党的二十大胜利召开，做好二十大相关宣传工作，通过主题鲜明、内容丰富、形式多样的宣传方式，凝心聚力，持续提升宣传声势；同时积极发起党的二十大宣传系列活动，@最高人民检察院、@中国长安网、@共青团中央、@中国三农发布、@人民政协网等机构开展深入传播。

第五，政务服务实力也有了大幅提升。2022年，中央政法委、公安部等十二个部委联合开展全国打击整治养老诈骗行动。通过线上线下联动方式，反诈宣传格局初步形成。特别是在微博，打击整治养老诈骗专项行动的声量和影响力不断扩大，#打击整治养老诈骗#微博话题阅读量突破6亿，讨论量达39万，又有近50个防范打击养老诈骗相关话题登上热搜，200余个话题登上要闻榜。打击网络谣言乱象方面的良好的表现也是服务能力提升的一个体现。具体来说，微博于2018年年初上线了媒体辟谣平台，首批进入媒体辟谣平台的是中央媒体账号。10月，微博平台对媒体辟谣平台进行优化升级，原媒体辟谣平台正式更名为"媒体政务辟谣共治平台"，在原有的功能基础上扩充了地方类有公信力的重点媒体账号共1638个，同时对公安、网警以及发布类共1322个有辟谣能力的政务账号开通了辟谣功能权限。

尽管政务微博运营实效不断提升，仍有一些问题需要改进。

首先，政务微博在运营过程中的平等性、真诚性受到忽视。极大部分政务微博以转发政府公文、新闻、政务评论等信息为主，缺乏原创性信息的发布，即便有少量原创性微博内容的发布，但也以官话、套话的形式对内容进行展示，缺乏平等性、真诚性，不利于拉近与公众的距离。

其次，政务微博的双向互动性建设不足。随着微博点赞、评论、转发等功能的完善，微博信息发布主体与网民之间的互动沟通得到增强。但政务微博并未完全利用微博平台这一优势，仍以政府部门单方面发布信息、网民单方面留言为主，并且，政务微博往往对公众的留言进行选择性的公开，只理会或保留积极的，对于批评或者反映问题的留言不予理睬或者直接删帖。由此可见，政务微博并未真正实现政府机构或公职人员与网民的有效互动。

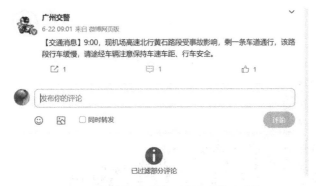

图 3-8　部分政务微博开通评论精选功能

（来源：作者自制）

最后，在政务微博运营和管理方面，政务微博都属于各部门自发建立，缺少必要的统一管理，各部门间没有形成统一的架构，在命名上比较混乱，公众在找寻和关注上有一定的困难。如国家市场监督管理总局官方微博的政务微博名为"市说新语"、山东省水利厅官方微博的政务微博名称为"鲁水微风"。

第二节　我国地方政务微博平台中政府信息公开的成效分析

本节主要从地方政务微博信息公开概况、信息公开的内容以及信息公开的效果这几方面进行考察，以勾勒出我国地方政务微博平台中政府信息公开的现状。

一、地方政务微博信息公开概况

（一）信息公开数量

本章借助网络爬虫工具，对 2021 年 28 个省会城市官方政务微博的发布数量进行统计,如图 3-9 所示。由图可知,政务微博信息发布数量为前四名的省会城市分别为武汉市、西安市、兰州市、杭州市,其中,武汉市作为受新冠肺炎疫情影响最大的城市之一,2021 年共发布信息 18469 条,疫情信息占比较大。而在统计城市中,石家庄市和呼和浩特市的政务微博信息发布量最少,仅为 1027 条和 1002 条,与武汉市、西安市差距较大。

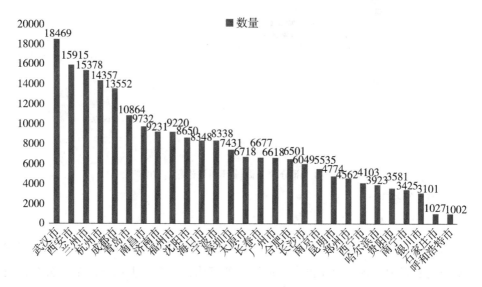

图 3-9　2021 年各省会城市信息发布数量对比

(来源:作者自制)

(二)信息公开频率

在地方政务微博的信息发布频率方面,不同城市、不同层级、不同时间段内政务微博信息公开频率又有所区别,具体如下:

首先,经济较为发达地区的政府政务微博信息公开频率更高。如@杭州发布与@拉萨发布对比可知,@杭州发布的更新频率较高,每日连更,并且一日多更,而@拉萨发布则并未做到每日连更。随机抽取 2022 年 7 月 6 日@杭州发布与@拉萨发布的信息公开情况发现,当天@杭州发布共发布 40 条微博,而@拉萨发布同日仅发布 6 条微博。

图 3-10 @拉萨发布 2022 年 7 月 30 日的微博主页

（来源：作者自制）

其次，省会城市政务微博更新频率又高于非省会城市政务微博更新频率。以湖北省各城市政务微博为例，2021 年 1 月，@武汉发布共发布 1497 条微博，而其他地级市和自治州的发博数量则比@武汉发布少很多（如图 3-11），除了@宜昌发布、@荆门发布、@黄石发布和@荆州发布之外，湖北省其他地级市都疏于进行官方政务微博的运行，月度发博量甚至低至个位数，例如@襄阳网。

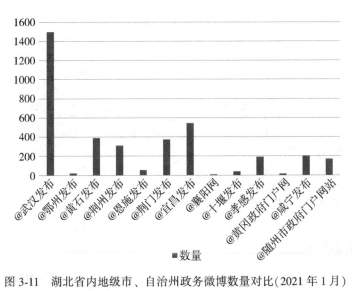

图 3-11 湖北省内地级市、自治州政务微博数量对比（2021 年 1 月）

（资料来源：作者自制）

59

最后，处于特殊的时段，信息发布频率会出现变化。例如，在"重大会议"情境下，公众对会议召开及其内容等信息需求激增，地方政府出于回应公众需求及宣传会议精神的目的，往往会增加信息公开数量，提高信息公开频率。2017年2月15日杭州市新闻办举行"最多跑一次"等"三个一"审批服务新闻发布会例行新闻发布会，该事件属于当时杭州发生重大事件之一，可以作为典型事件进行分析。当日，杭州市政务微博连发6条关于该新闻发布会的微博，分别从会前宣传、通知会议开始、会议重要内容、会议提出的目标举措、会后答记者问等进行全方位公开，让闭门会议变成了"开门会议"。此外，在突发事件情境下，政务微博的信息公开频率也会出现显著变化。如2021年7月20日河南省遭受特大暴雨侵袭，导致郑州市遇难292人，失踪47人，河南省因灾遇难302人，失踪50人。通过统计2021年7月份@郑州发布的信息公开频率发现，特大暴雨发生当日政务微博的信息公开频率陡增，从19日的8条信息更新增加为20日的42条信息更新，21日增长为64条信息更新。

图3-12　2021年7月@郑州发布信息公开频率
（资料来源：作者自制）

二、地方政务微博信息公开内容

（一）信息公开主题

通过主题标注和信息分类，有研究把运用机器学习方法标注的10类主题：中央政府新闻、地方政府新闻、信息公示、便民信息、常识普及和能力提升类信息、社会热点及主旋律宣传、社会新闻、地域文旅普及宣传、休闲娱乐、账号互动推广与行业发展，按语言学视角概括归纳为四种信息类型（如图3-13）。

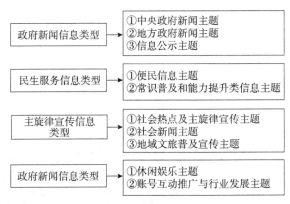

图 3-13　官博各类信息类型概况

（资料来源：作者自制）

　　根据已有研究数据，各省官博主题分布和各官博平均互动分布情况分别用折线图表示（如图3-14和图3-15所示）。通过这两个折线图，我们可以直观对比各个官博不同主题微博与其政务服务效率的关系。

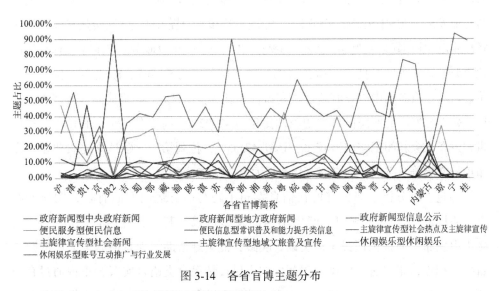

图 3-14　各省官博主题分布

（资料来源：《省级政务微博语言管理实践研究》）

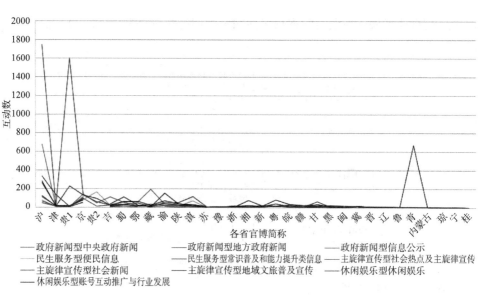

图 3-15　各官博不同主题平均互动分布

（资料来源：《省级政务微博语言管理实践研究》）

　　通过图 3-14 可知，在实践中，各主题微博在官博语言的占比概况为：地方政府新闻主题>便民信息主题>地域文旅普及宣传主题>社会新闻主题>账号互动推广与行业发展主题>中央政府新闻主题>常识普及和能力提升主题>社会热点及主旋律宣传主题>休闲娱乐主题>信息公示主题。具体地，@宁夏政务发布和@河南政府网地方政府新闻主题微博占官博信息内容的比例分别为 93.6%、89.76%，位居前两位。@辽宁发布的中央政府新闻主题微博占比为 55.27%，暂无其他官博多于此占比。@上海发布的便民信息主题微博比重为 47.02%，高于其他个各官博。@微博贵州发布社会新闻主题微博较多，达到 47.55%，位列第一。@这里是贵州主要发布地域文旅普及宣传主题微博，比重最大，占据 93.2%。

　　经过整理分析，部分官博在信息发布主题与语言运用方面有较为明显的特点，不同的语言运用倾向，产生不同的发布效果。其中，从语言态度上来说，@上海发布倾向提供便民生活类语言实践，能更好帮助实现官博服务人民的政务目标，积极效果显著。@微博贵州倾向提供社情民意类语言实践，重视通过官博语言生活倡导正能量社会风气，有利于营造和谐积极新风尚。@辽宁发布高度注重与党中央保持一致，倾向转发中央部委、央媒语言实践，如此就存在忽略本省政务的语言管理问题。@宁夏政务发布以及@河南政府网倾向于发布政府网站新闻类的内容，过多的该类信息导致了发布内容同质单一化的语言管理问题。

另外，观察官博中占比较小的主题信息可知：@微博江苏发布互动推广与行业发展互动主题占其官博语言实践的15.79%，位居第一。@活力内蒙古发布的常识普及和能力提升类主题信息占比达17.99%，高于其他官博。@甘肃发布的社会热点及主旋律宣传主题微博占比13.49%，高于其他官博。各个官博发布占比最小的类型为信息公示、休闲娱乐主题的归属于其他信息类型的微博，均低于10%。

全面覆盖所有信息主题类型的官博有以下十四个：@活力内蒙古、@山西发布、@新疆发布、@甘肃发布、@微博江苏、@上海发布、@天津发布、@北京发布、@吉林发布、@四川发布、@微观西藏、@云南发布、@微博贵州和@陕西发布。

除以上十四个官博外，其他官博未做到发布全部信息类型的微博，而是有侧重地进行信息公开。具体的，@辽宁发布缺乏对社会新闻主题微博内容的发布。@这里是贵州仅发布五个主题的微博，发布的绝大多数微博内容属于文旅类的信息；@这里是贵州较少发布政府新闻内容，与贵州的另一个官博@微博贵州相反，二者信息主题互相弥补。@宁夏政务发布发布的信息主题最少，仅涉及地方政府新闻、社会热点、地域文旅和尝试普及四类。省级层面而言，广东和福建省的官博缺乏对中央政府新闻内容的公开，河北省政府官博未涉及信息公示主题的语言实践。河南、辽宁、山东、青海、宁夏、广西六省政府官博未做到对休闲互动类型的信息进行公开。另外还有17个官博没有发布休闲娱乐主题微博。

观察图3-15，我们可以总结出四个明显特征：其一，@上海发布各类信息的互动量均远超其他官博，其服务效率高。其二，就账号本身的互动量来说，@上海发布互动推广与行业发展主题的语言实践类信息最高，每条该类型微博平均互动数为1743.25次，高于该账号其他类型微博互动量近三倍。其三，@微博贵州的互动推广与行业发展主题的语言实践类信息互动量也很多，平均单条互动数为1595.86次，较此官博其他类型微博高近8倍。可见@微博贵州和@上海发布在互动推广与行业发展主题的语言实践类信息的发布上语言实践效率高，其中投票形式的微博互动量更多。其四，@青海发布的社会新闻主题的互动数为669次，高于该官博其他类型信息互动量近6倍。

上述四点互动数较为极端，除此之外，我们可以通过图3-15得到其他信息。

第一，从左往右各官博整体互动数依次变少，换句话说，从左往右各官博整体语言实践效率依次变低。各官博各信息类型的单条微博平均互动数均在 200 次以下。第二，各信息类型语言实践效率最高的是账号互动推广与行业发展类型的信息，最低的是中央政府新闻类型信息。最后，不同官博的不同信息类型微博的服务效率仍有区别，并且同一账号同一类型信息的服务效率也有所不同，需要进行进一步深入整理分析。

(二)信息公开形式

通过对各个地方政府政务微博进行信息发布形式分析，可将信息发布形式分为五大类别，分别是纯文字、文字+图片、文字+视频、文字+文章、文字+链接。在特殊时段下，以新冠肺炎疫情期间为例，辽宁省官博信息发布以文字+图片的政务微博占比最多，接近一半(如图 3-16)。

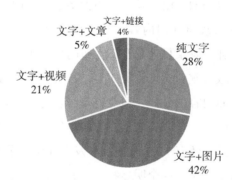

图 3-16　辽宁省十大党政新闻发布微博的形式分布图

(资料来源：作者自制)

其中，短视频和直播是在数字技术发展中出现的创新性的信息公开方式。据统计，2020 年 1 月 20 日到 2 月 15 日，全国政务微博就已经累计发布短视频 1.45 万条。"@上海发布""@武汉发布""@荆州发布"等政务微博发布的疫情一线视频均获得了超高的阅读量。政务直播与传统的图文、视频互补，成为做好新闻舆论引导、政务公开、创新传播的重要方式，实现政务与服务的统一、内容和平台的耦合、信息与市场的对接。例如，"@北京发布"为防控疫情开启了多场新闻发布会直播，通告疫情、回答网友疑问等，为疫情防控提供了很大助力。湖北各市、河南郑州、浙江杭州等地，在复工复产的过程中，进行了高频次微博直播，或邀请公职人员代言带货，或展示城市复苏生活实景，均取得了良好的传播效果和社会反响。

三、地方政务微博信息公开效果

政务微博影响力包括"传播力""服务力""互动力"三个维度。其中，传播力"表征政务微博发布信息的传播情况，传播力指标越高，说明政务微博的内容被越多的网民看到。城市政务微博的"传播力"指数以微博阅读数、活跃账号数和账号活跃率为评价指标。"服务力"反映政务微博一对一服务网民、为民办事的情况，其得分越高，则说明政务机构通过微博平台服务了越多的网民。城市政务微博的"服务力"指标依据主动评论数、总微博数和原创微博数、"被@"回复数、"被@"回复率、发私信数、私信回复率来计算。"互动力"指标表现政务微博发布信息引起网民响应的情况，其得分越高，表明政务微博的内容引起了越多的网民反响。城市政务微博的"互动力"指数由可信用户转发数、可信用户评论数、可信用户赞数、点赞率来衡量。

为了更好地对比地方政务微博信息公开的效果，本章从我国中部、南部、西部、东部以及北部地区分别选取省份代表：四川省、广东省、甘肃省、浙江省和黑龙江省作为研究样本，通过查阅各年度政务指数微博影响力报告对五省2018年至2022年的传播力、服务力和互动力进行时空对比。

(一)时间对比

根据四川省、广东省、甘肃省、浙江省和黑龙江省2018年至2022年传播力指数、服务力指数、互动力指数的时空对比图(如图3-17)，可以发现，整体上，传播力指数、服务力指数、互动力指数均在2018年出现最高点，2019年下降，2020年上升，且2021年和2022年与2020年变化不大。

究其原因，一方面，其变化趋势与中央政府关于政务新媒体发展的相关政策的影响密不可分。2017年，党的十九大召开后，政府进一步重视政务公开的建设。中央政府发布的《2018年政务公开工作要点》中，重点强调要充分发挥政务微博、微信、移动客户端灵活便捷的优势，做好信息发布、政策解读和办事服务工作，进一步增强公开实效，提升服务水平。2018年12月7日，国务院办公厅正式发布《关于推进政务新媒体健康有序发展的意见》（国办发〔2018〕123号），明确到2022年建成以中国政府网政务新媒体为龙头，整体协同、响应迅速的政务新媒体矩阵体系，全面提升政务新媒体传播力、引导力、影响力、公信力，打造一批优质精品账号，建设更加权威的信息发布和解读回应平台、更加便捷的政民互动和办事服务平台，形成全国政务新媒体规范发展、创新发展、融合发展新格局。2018年政务微博的发展，在各个省份都取得了一定的成就。

另一方面，突发事件的发生对政务微博的传播力、服务力和互动力提出了更高的要求。2020年受到新冠肺炎疫情的冲击，政务微博的信息发布功能、政务服务功能、舆情引导功能等进一步被认可和重视。从公众的角度来看，一方面，人民群众需要及时获取党和政府关于战胜疫情的决策部署和政策信息，另一方面，人民群众需要了解疫情期间生产生活诉求的解决通道。政务微博作为"互联网+政务服务"的经典、大众广泛接触的渠道，恰好成为公众满足需求的重要通道。从政府角度出发，政府作为信息公开主体，在完成对疫情信息数据的公开属性、准确性核实后，需要选择适合的公开平台和渠道，使公开的信息得到全面解读和宣传，让公众有效接收疫情公布信息。在新冠肺炎疫情供给端和需求端的双向刺激下，政务微博的传播力、服务力和互动力建设进一步增强。

（二）空间对比

从空间视角出发，五个省份政务微博的传播力指数、服务力指数、互动力指数明显呈现三个层次：

第一层次政务微博三种指数均较高，以四川省为典型代表，具体表现为传播力指数在98分以上，服务力指数在90分以上，互动力指数在87分以上。如2020年四川理塘藏族小伙丁真的走红，一定程度上是四川政务新媒体的传播力和互动力建设的成果体现。理塘县融媒体中心官方微博@理塘融媒积极发挥作用，在丁真走红后分享理塘脱贫攻坚成果和扶贫人物纪实故事，同时和当地被广泛报道的两个驻村第一书记的个人微博组成本地微博矩阵，挖掘当地脱贫故事，使扶贫工作从幕后走向台前，借助微博打开理塘和外界连接的窗口，把丁真带来的热度和关注度真正转化为生产力，赋能当地的文旅宣传、农特产品上行，引入更多外部资源。

第二层次政务微博的三个指数均居中，以浙江省和广东省为代表，其传播力指数在 75 分左右，服务力指数基本在 80 分左右，互动力指数在 76 分左右。这意味着，该层次的省份政务微博在传播力、服务力和互动力方面做出了相关努力，产生了特色成果，但也有一定的进步空间。如@ 浙江公安发布视频《"白娘子"反诈小剧场》，活灵活现地揭露游戏装备私下交易的骗局，增强对游戏爱好者的警示作用。@ 广东省高级人民法院携手广东各地法院共同开展百场庭审直播活动，通过中国庭审公开网、微博等网络平台，以案释法，聚焦贯彻实施民法典涉及的财产权、人格权、生态环境保护等民事司法重点领域。

第三层级政务微博三个指数均较低，以甘肃省和黑龙江省为代表，其传播力指数在 61 分左右，服务力指数基本在 70 分左右，互动力指数在 58 分左右。这一层级的政务微博在发展中，存在较大的空间。如对@ 哈尔滨发布的微博数据进行统计发现，存在形式主义的互动建设问题，出现政府单方面发布信息，公众单方面留言的困境，政务微博极少甚至几乎没有与公众出现互动。

总体来看，在政务微博的传播力、服务力和互动力建设方面，存在如此地域差异的原因可能有如下几点：

其一，经济发展水平影响政务微博传播力、服务力和互动力建设。这是因为经济发展水平会导致资源分配不均。对于政府而言，经济发达地区的政府有更加完善的互联网基础设施，有专业的政务新媒体管理部门或者专业人员，对于信息的收集、加工、整理、发布会更加及时和准确，有利于提高政府政务微博信息公开的水平。而经济欠发达地区的互联网基础设施建设不完善，政府部门受人力资源的限制，往往无法提供及时的有效的信息公开服务，使得公众对于信息的获取和传播受到限制。在本章选取的五个省份中，其经济水平具有明显差距，四川省、广东省和浙江省的经济发展水平明显较甘肃省和黑龙江省更高，相应的，四川省、广东省和浙江省的政务微博传播力、服务力、互动力都远高于甘肃省和黑龙江省。

其二，信息技术水平影响政务微博传播力、服务力和互动力建设。大数据、云计算、人工智能等信息技术的发展，能为政务微博传播力、服务力和互动力建设提供必要的技术支持和保障。大数据技术能帮助政府存储、检验与评测信息，云计算能从海量信息中快速获取重要信息，人工智能能大大提高对网络信息传播的检测效率，降低检测成本，这些信息技术能为政务微博信息发布完善配套功能建设，以帮助政务微博建设传播、服务力和互动力。根据国家网信办发布的《数字中国发展报告(2021 年)》显示，浙江省、广东省、四川省的数字化综合发展水平位居全国前十，是典型的数字技术资源大省，而甘肃省和黑龙江省的数字技术水平相对较为落后，有较大的追赶发展空间，这与政务微博传播力指数、服务力指数、互动力指数的区域性差异情况相符合。

　　其三，政府注意力分配会影响政务微博的传播力、服务力和互动力建设。四川省政府在政务微博建设方面的注意力深度和强度均较高，其出台《四川省人民政府办公厅关于推进政务新媒体健康有序发展的通知》，对政务新媒体的发展提出具体要求；连续开展政务网站与政务新媒体的检查工作，并对其监管工作进行考核；多次举办全省政府网站、政务新媒体及政务公开培训班；召开政务新媒体融合发展大会等，督促全省政务新媒体质量和服务持续提升，吸引力、传播力持续增强。广东省和浙江省在政务微博建设中的注意力强度一般，其出台了推动政务新媒体健康有序发展的专门政策，包括《广东省推进政务新媒体健康有序发展的实施意见》和《浙江省人民政府办公厅关于推进政务新媒体健康有序发展的实施意见》，以促进实现政务微博建设的健康有序发展。而甘肃省和黑龙江省在政务微博建设中的注意力强度较低，其并未出台政务新媒体专门性实施意见，以指导政务微博的建设发展，甘肃省仅出台《甘肃省人民政府办公厅关于认真贯彻落实〈国务院办公厅关于推进政务新媒体健康有序发展的意见〉的通知》，其内容较为宏大，缺少落实性的指导。黑龙江省政府关于政务新媒体发展的相关政策往往散落于各种政策文件中，包括《黑龙江省人民政府关于加快推进政务服务标准化规范化便利化的实施意见》《黑龙江省人民政府关于加强数字政府建设的实施意见》《黑龙江省人民政府办公厅关于深入推进"办好一件事"改革打造政务服务升级版的实施意见》《黑龙江省人民政府关于推进"办事不求人"工作的指导意见》等文件，其中并未有专门针对政务新媒体发展的相关政策出台。可见，在各个省份之间的经济发展水平、资源禀赋存在差异的基础上，政府注意力分配的差异会进一步加剧政务微博传播力、服务力和互动力建设的差距。

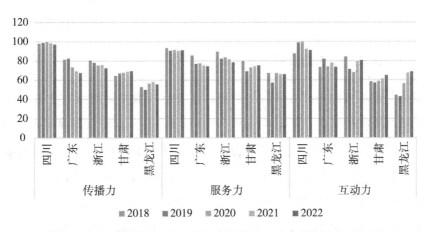

图 3-17 五省传播力指数、服务力指数、互动力指数时空对比图

（数据来源：2018—2022 年《政务微博影响力报告》）

第三节 我国地方政务微博平台中政府信息 公开存在的问题

一、信息发布内容方面

(一)政务微博原创内容不足，同质化问题突出

绝大多数政务微博以信息转发为主，原创性信息发布较少，存在同质化问题。如根据 2017 年 10 月 17 日—10 月 24 日政务微博对党的十九大会议信息发布情况的统计，发现@杭州发布的原创微博占比为 35%，@哈尔滨发布的原创微博占比为 23%，@杭州发布的原创微博占比为 23%。其间，这些转发信息来源基本为人民网、新华社、央视新闻，转发内容也大同小异，同质化严重。这可能是因为，绝大多数的政务新媒体并没有采访权，只能通过资料汇集进行信息搜集，因此有些账号面临内容资源不足的问题。为了解决这个问题，有些账号甚至出现了蹭热点、跟明星、炒话题情况；还有的账号为了博取阅读量，不惜采用"标题

党"的形式。类似现象层出不穷，从根本上说，这是政务新媒体资源匮乏，内容生产机制的问题。因此，可以通过合法吸纳外部资源扩充政务新媒体的资源库，采用大数据、人工智能等信息技术对信息进行二次创作，提高信息利用效率。

（二）个别政务微博信息更新不积极

2020 年底，中国传媒大学政务新媒体实验室选取某地市级官方政务微博集群，对其现状活跃度进行了专项普查。统计数据显示，在检索可视普查到的现存全部 1033 个官方认证微博账号中，以其政务微博在 1 个月内（含）有内容更新即视为"正常状态"的，占比仅 48.31%；3 个月内（含）未更新的 81 个，占比 7.84%；1 年内（含）未更新的 79 个，占比 7.65%；2 年内（含）未更新的 104 个，占比 10.07%；3 年及以上未更新的账号 270 个，占比 26.14%。累计 3 个月及以上未更新的"无生命力"的账号占总量的 51.69%[①]。可见，地方政务微博仍存在个别更新不积极，活跃度不高的情况。因此，针对这一问题，各地方政府需要开展关停整合行动，清理"僵尸"微博，"空心"微博，让政务微博真正运营起来，履行信息公开、政务服务等功能。

（三）个别政务微博信息发布失当

地方政务微博信息发布随意化、庸俗化现象不断，"怼网友""神回复"等互动"闹剧"也持续上演。正如《人民日报》相关新闻报道显示，我国政务微博存在发布与政务新媒体身份不符的无聊信息、不实信息、不雅信息的现象。并提出这一问题部分源于账号被盗，有些账号被盗好几个月后，经过舆论监督才发现，有些账号发布不雅文章被爆料后，却迟迟不删[②]。这些问题的根本原因在于政府疏于审查与管理。因此，各政务微博要加强信息公开前的"三审三校"，确保信息来源的可靠性，观点立场的客观性，防范虚假信息与不良信息的传播，避免发布与对应政府部门职能无关的信息，以维护政务微博的准确性和权威性。

---

①　资料来源：中国社会科学院新闻与传播研究所、社会科学文献出版社共同发布的《新媒体蓝皮书：中国新媒体发展报告 No.12（2021）》。

②　资料来源：http://media.people.com.cn/n1/2018/0524/c14677-30009551.html.

二、信息公开效果方面

(一)创新性不足,传播效力欠缺

政务微博信息公开内容与公众信息需求不符合,信息公开方式缺乏创新性,因此,限制了政务微博信息的传播效力。一方面,本研究发现,部分政务微博发布的信息涉及诸多专有性词汇,学术性较强,例如供给侧结构性改革、数字经济等,部分微博用户受知识背景、文化素质等的限制,并不能很好地吸纳相关信息,导致相关信息传播性较差;另一方面,政务微博信息发布主要采取纯文字、文字+图片、文字+视频、文字+文章、文字+链接等传统形式,即便有短视频、直播等创新性方式的加入,但大部分政务微博对这些创新性信息发布方式的使用不多,这也使得信息的传播效率和速度受到限制。因此,政府需要尽可能地发布"接地气"的信息,通过通俗易懂的方式帮助公众对信息的理解,以提高传播效率;同时,政府需要对其他政务微博或者各地的新闻媒体的信息发布形式进行借鉴和学习,采用微视频、动漫、直播、时间轴等方式,增强信息传播效果。

(二)重传播轻服务问题严重

政务新媒体矩阵建设中,政务微博体现出明显的重传播轻服务的问题,如绝大部分政务微博只用于信息发布和政务公开,并不用于具体的政务项目的办理。这可能是受微博平台功能的限制,使得政务微博发布信息后仅有点赞、留言、评论和私信等功能,无法精准提供政务服务。但近年来,政务新媒体矩阵的建立,为政务微博的服务功能提供了契机。如2022年全年,@新疆检察新媒体矩阵通过微博平台接单转办,解决4270起网民求助,真正做到了为民办实事。@马鞍山发布创办#马上办#栏目,致力于为群众解决操心事、烦心事、揪心事,网民问题办结率95%以上,被网民称为高效贴心便民、情牵百姓冷暖的"网上信访局"。因此,其他地方政府也需要加强政务新媒体矩阵的建设,借助其他政务平台,通过创新政务服务提供方式,提高其服务水平。

(三) 回应性差, 形式主义互动问题突出

在激烈的新媒体竞争中, 部分政务微博仍存在单向度地传播政务信息、缺乏沟通和互动意识、不能主动发声和有效表达, 甚至拒绝与网民沟通、对话等问题。如我们抽取 2016—2021 年中 5 月 10 日@哈尔滨发布的微博进行统计, 发现每年该天都有网友在评论区留言表达问题诉求, 但政务微博均未对这些留言进行回复。此外, 据观察发现, 绝大部分政务微博开启了"精选评论"和"过滤评论"的功能, 部分微博关闭微博私信功能。可见, 虽然各地方强调加强政务微博的互动性建设, 但更多的是采取"寒暄式互动""打卡式互动"等虚无互动方式, 而并未对公众的留言、评论予以实时有效的回复。因此, 地方政务微博在后续的建设和发展中, 需要打破形式主义互动的困境, 使政务微博成为政民互动真正的场域和平台。

本 章 小 结

本章从我国地方政务微博的实践概况、信息公开的成效分析和我国政务微博信息公开存在的问题三个方面进行了细致阐述。其中, 通过政务微博的政策分析和发展历程, 我们总结了在传统媒体时代和社交媒体时代下, 地方政务微博的实践概况; 信息公开的成效分析部分, 我们总结了政府使用政务微博媒体进行信息公开的概况、信息公开的内容、政府运用政务微博进行信息公开的效果; 我国政务微博信息公开存在的问题这部分总结了目前主要存在的实践缺陷, 也就是基于前文的分析和基于各个地方政府政务微博主页的数据研究, 总结出可以改进的地方。以上内容填补了这一领域的研究空白, 推动了该领域的相关研究, 并为未来的研究开辟了新的途径。

第四章 数字时代下政府信息公开效率评估及其时空动态演变

——以地方政务微博平台为例

第一节 引　　言

由于信息技术的迅猛发展以及国家治理发展的需要，以政务微博等为代表的政务新媒体已成为地方政府推行政务公开和加强政民互动的重要工具。近年来，我国各级政府大力推进政务新媒体与政务微博的建设与发展。2018 年 12 月《国务院办公厅关于推进政务新媒体健康有序发展的意见》提出："全面提升政务新媒体传播力、引导力、影响力、公信力，打造一批优质精品账号，建设更加权威的信息发布和解读回应平台。"[①]各省积极响应，先后出台了推进政务新媒体建设的相关政策文件。2019 年 3 月四川省人民政府办公厅发布《关于推进政务新媒体健康有序发展的通知》[②]。2021 年 2 月，湖北省人民政府办公厅发布《湖北省政务新媒体管理办法》，号召不断提升数字化背景下政府履职能力，努力建设人民满意的"指尖上的政府"[③]。政务微博在体现政务新媒体平台价值的同时，也充分发挥了公开性、交互性、开放性等功能特征(李勇等，2015)。政务微博是我国起步最早、发展最成熟、辐射度最广的的政务新媒体形式之一，不仅在一定程度上缓解了政民因信息不对称引发的矛盾冲突(马语欧、杨梅，2020)，还为政府形象塑

[①]　资料来源：https://www.gov.cn/zhengce/content/2018-12/27/content_5352666.htm.

[②]　资料来源：http://dva.sc.gov.cn/tyjrswt/szyw/2019/3/19/03422cfe48e04d209a99f5b5e370666b.shtml.

[③]　资料来源：https://www.gov.cn/xinwen/2021-02-26/content_5588954.htm.

造、信息公开和公共服务提供了有效路径(赵阿敏、曹桂全，2014)。根据共研网《2022 年中国政务新媒体发展状况分析》，截至 2022 年 12 月，经过新浪平台认证的政务机构微博为 14.5 万个。然而，就目前政务微博发展的现状来看，部分地区的政务微博在发展过程中仍存在内容形式较为单一、官腔化等问题，且信息公开水平也有待进一步提高(史丽莉、谢梅，2013)。因此，对我国政务微博的信息公开效率进行定量评估，有利于了解我国地方政务微博的信息公开现状，进而为提升政务微博信息公开水平提供理论依据。

　　基于此，本章着眼于我国地方政务微博的信息公开实践，运用三阶段 DEA 模型，从时空演化视角出发定量评估数字时代下地方政府信息公开的效率，重点回答以下问题：我国省级政务微博的信息公开效率如何，其呈现出何种时间和空间层面的演化趋势？此外，不同省份的政务微博信息公开效率存在差异背后的影响因素有哪些？因此，本章以我国省级政务微博为研究对象，结合三阶段 DEA 模型和 Malquist 指数对我国省级政务微博信息公开效率进行测算，并进一步运用"合法性-效率性"分析框架结合 Tobit 回归模型挖掘不同驱动因素对地方政府信息公开效率的影响，以期为数字时代下政府信息公开效率的提升提供理论和实践借鉴。

第二节　文献回溯及理论分析框架

一、文献回溯

　　针对政务新媒体的绩效评估，国内外学者在相关研究上已取得了许多成果，相关研究主题主要集中在其影响因素、突发事件下的舆情研究、公众满意度等方面。研究对象包括对单一城市或是多个省市政务微博、政务微信、政务抖音等政务新媒体平台信息公开效率的对比评估。研究方法主要包括案例分析法、因子分析法和数据包络分析法(DEA)。案例分析法即通过对单个或少数案例进行深入分析，发现其规律和趋势。由于案例选择应具有典型性，案例分析法的研究往往着眼于公共危机下单个政务新媒体账号的响应力(孙帅、周毅，2013；徐威，2013；

王国华等，2014；姚鹏、柳圆圆，2021）。因子分析法建立在已有的评估体系上，通过提取公因子，将多个指标转化为具有独立性的综合指标，从而对已有指标进行修正。如有关学者以多个政务微博为研究对象，利用德尔菲法建立其政务微博绩效的指标评估体系，包括信息发布传播、网络舆论引导与微博运行管理等（荣毅虹等，2016）。包明林等学者基于用户视角，提取出政务微博服务质量评价的关键指标，包括政务微博可用因子和政务微博交互因子等（包明林等，2015）。还有学者从用户认知、情感和行为维度出发，提出了一种基于 BP 神经网络的政务微信公众号信息传播效果评价方法（闫奕文等，2017）。数据包络分析法无需假定函数形式，能够处理多投入多产出的问题，在政务新媒体评估领域应用广泛。如刘健等通过分析微博信息传播效果的因素，将微博数等设为投入指标，产出变量为评论数、转发数等，在使用传统 DEA 方法时，引入了模糊集理论，提升了评价可信度（刘健、孙小明，2016）。也有相关学者应用 DEA 模型对政务微博信息传播效率进行测算的同时，使用聚类分析方法对政务微博进行分类，从而提出相应改进方案（张雪梅、王友翠，2020）。

不同的研究方法对政务微博绩效计算结果呈不同的影响趋势，争论较大的是投入产出指标的选择。投入指标围绕微博内容（原创微博数、话题数量等）、时间投入（账号运营时间）等方面进行筛选，产出指标围绕着影响力、互动力、认同度三个方面，但具体的指标选择较为宽泛，较多使用累计被评论数、累计被转发数、获得的粉丝数等数量型指标（刘虹等，2017；孟健、刘阳，2016；张敏等，2015）。研究发现，尽管投入产出指标选择存在差异，但政务微博运营绩效整体偏低，仍有较大提升空间，且区域间发展差距较大（郭高晶，2016）。

政务新媒体信息公开效率受何种因素影响是更为关键的问题。现有研究主要从政务新媒体运营的外部环境和内部特征寻找相关因素。外部环境的影响因素考虑了地区经济条件（苏慧等，2023）、政治环境（汤志伟等，2019）、政府投入（孙宗锋、郑跃平，2021），内部特征的影响因素考虑了政府注意力（樊博、顾恒轩，2023）、同级竞争压力（李红艳、唐薇，2021）等因素，还有学者结合 TOE 框架分析政务服务的影响因素（冯朝睿、徐宏宇，2021）。但这些因素的影响效果尚未达成一致结论，存在正向、负向，甚至是不相关等不同结论。

　　总体来看，国内外学者对政务新媒体的绩效评估进行了较为丰富的研究，为本研究的展开提供了参考与借鉴。但现有研究缺少统一评估指标，不同研究结果差异较大。现有关于政务微博信息公开效率评估还存在如下问题：第一，缺乏量化研究和整体性视野，难以从时空视角反映我国政务微博整体层面发展现状及特点。第二，仅运用 DEA 一阶段模型从静态角度对政务新媒体信息公开效率进行评价，未考虑如政策环境、资源禀赋等环境干扰因素对评估结果可能造成的误差。第三，部分回归方法无法解决投入产出的内生性问题，无法挖掘出影响信息公开绩效的核心因素。针对上述问题，本章构建结合人力和财力的投入指标，结合人民网《政务微博影响力报告》①，从传播力、服务力、互动力构建符合政务微博特色的产出指标体系，采用三阶段 DEA 方法及 Malmquist 指数法对省级政务微博信息公开效率进行分析，并进一步运用 Tobit 模型结合"合法性-效率性"分析框架深入挖掘影响政务微博信息公开效率的核心驱动因素。

二、基于"合法性-效率性"的政务微博信息公开效率影响因素分析框架

　　数字时代下地方政府信息公开受到两种因素的制约，即治理合法性和治理效率性，两者在互动中实现对地方政府信息公开的双重约束。组织的生存发展必须寻求效率资源以适应技术环境（威廉姆森，2011），还应获取合法性资源应对制度环境（周雪光，2008）。在政府的信息公开行动方面，影响地方政府信息公开效率的驱动因素也可以使用"效率性-合法性"两种机制予以解释：一是地方政府基于效率逻辑进行各类信息公开、政策解读和政务服务，其内在动力源于自身工作的需要。即地方政府以投入最小化、产出最大化为原则，通过有效地配置资源达到提高效率的目的。二是地方政府遵循合法性逻辑通过政务微博等新媒体平台发布权威信息，旨在满足组织在制度环境中的合法性需求。总的来说，效率逻辑是从组织内部视角解释政府信息公开的行为动机，而合法性逻辑则聚焦于从外部视角反映外部制度环境对政府信息公开行为的塑造。

　　合法性因素。合法性因素包括政策发布数量、同级竞争压力和公众需求水平

---

① 数据来源：2022NianDuZhengWuWeiBoYingXiangLiBaoGao.pdf（sinaimg.cn）.

三个二级指标。上级政策的制定是下级政府的风向标，政策问题能否上升为政策议程很大程度上与上级政府的重视程度有关，本章用上级政府发布的政策文件数量来测度。相关研究表明，同一级别的地方政府之间存在晋升竞争，为了提升绩效，降低风险也会产生相互学习、借鉴等行为。当然，任何组织的公共管理行为都会受到外部环境的影响，而当地居民人数反映出使用政务微博信息的潜在用户人群，公民需求带来的压力会对政府的政务新媒体产生强大的推动力，从而提升政务微博信息公开效率。

效率性因素。效率性因素包括科技支出水平、信息基础设施和财政支出水平三个二级指标。政府科学技术支出反映政府对信息技术的重视程度，政府科学技术支出的提高可以很大程度上提升当地的科技水平，专利授权数体现了当地的科技创新水平。政府的科技创新投入可以产生"知识溢出效应"，为构建数字化城市奠定坚实的基础。而信息基础设施建设是政务微博信息有效传播的重要基础，本章以当地移动电话用户数和宽带接入数来测度。而人均一般公共预算支出与政府财政收入息息相关，可以反映政府通过人才培养、技术研发等方式提高政府信息公开水平。

因此，本章立足于我国省级政府政务微博的信息公开实践，基于合法性和效率性的双重逻辑出发，构建了 Tobit 模型对影响数字时代下地方政府信息公开效率的驱动因素展开分析，具体分析框架如下。

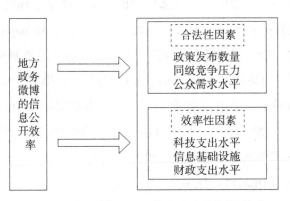

图 4-1　政务微博信息公开效率影响因素分析框架

（来源：作者自制）

第三节　研究设计

一、研究方法

(一) 三阶段 DEA 模型

数据包络分析法 (Data Envelopment Analysis, DEA) 是运筹学家查恩斯 (Charnes, 1978) 等人所提出的一种基于非参方法评价决策单元相对效率的测度模型。模型原理是对比分析决策单元与生产前沿面之间的偏差, 以相对效率为基准判断是否有效, 从而得到各决策单元的综合效率值。DEA 适用于评价多投入多产出的多个 DMU 的相对效率, 结构简单, 无需事先确定权重, 免受主观因素的影响, 使结果更加可信。从已有文献发现, 国外学术界对 DEA 研究起步较早, 经过数年的发展已经积累了丰富的理论成果, 而我国学者以西方研究成果为基础, 在理论和应用方面也取得了显著的成果。

目前, 尽管学界对于政务微博信息公开效率的投入产出指标体系建设渐趋完善, 也基于 DEA 方法对省级政务微博信息公开效率进行了有益的探索。但遗憾的是, 国内外学界在创新地运用 DEA 方法时, 并未考虑到政务微博发展的环境因素及变化趋势, 简单地对各地政务微博产出结果进行直接比较, 有失公允。因此, 本章研究采用 DEA 三阶段模型及 Malmquist 指数进行分析是十分合适的。一方面, DEA 三阶段模型考虑到了外部环境的影响, 剔除了环境因素和管理无效率项的干扰, 测算的效率值更为真实准确。另一方面, Malmquist 指数能够弥补 DEA 三阶段模型仅能对同一时期政务微博信息公开的静态效率进行测算的缺陷, 即能对不同时期不同决策单元的动态效率进行分析, 使得本研究能着眼于时空演变视角探寻省级政府信息公开效率。基于此, 本章拟使用 DEA 三阶段模型及 Malmquist 指数分析法, 对数字时代下政府信息公开效率进行评估。

三阶段 DEA 模型的基本思路包括如下三个阶段:

1. 投入导向型 DEA-BCC 模型。

BCC 模型假定 DMU 处于规模收益可变阶段, 决策单元的综合技术效率值可表示为规模效率和纯技术效率的乘积, 其具体模型如式 4-1 所示。

$$\min\theta - \varepsilon(\hat{e}^T S^- + e^T S^+)$$

$$\text{s. t}\begin{cases} \sum_{j=1}^{n} X_j\lambda_j + S^- = \theta X_0 \\ \sum_{j=1}^{n} Y_j\lambda_j - S^+ = Y_0 \\ \lambda_j \geqslant 0, \ S^-, \ S^+ \geqslant 0 \end{cases} \quad (4\text{-}1)$$

上式中，$j=1$，2，…，n 表示决策单元，$X_j\lambda_j$ 为投入、产出向量，θ 表示我国各地级市政务微博信息公开综合技术效率值，λ 表示权重。θ 处于 [0，1] 之间，效率越趋近于 1，则效率越高。当 $\theta=1$ 时，决策单元有效，则表明各地级市政务微博信息公开效率最优；当 $\theta<1$，决策单元 DEA 非有效时，则说明投入存在冗余，政务微博信息公开综合技术效率仍有较大的提升空间。

2. SFA 回归模型。

根据 Battese（1995）提出的随机前沿分析方法，第二阶段 DEA 模型是基于上一阶段测算结果，将环境因素和随机干扰项设为解释变量，以各个投入变量的松弛值为被解释变量，测算影响该决策单元的效率值。相比较于其他函数，其具有分析个体相对差异及其产生作用的能力，因此可以有效剥离其他因素的影响。具体公式如式 4-2、式 4-3 和式 4-4 所示。

$$S_{ni} = f^n(Z_i; \hat{\beta}_n) + V_{ni} + U_{ni} \quad (4\text{-}2)$$

其中 $n=1$，2，…，N 表示 n 个投入，$i=1$，2，…，m 表示第 i 个决策单元。S_{ni} 为第 i 个决策单元在第 n 个投入上的松弛变量，$f^n(Z_i; \hat{\beta}_n)$ 是松弛变量因外部环境而产生的影响，Z_i 为环境变量，$\hat{\beta}_n$ 为环境变量的系数；$V_{ni} + U_{ni}$ 为混合误差项，V_{ni} 为随机误差项，呈正态分布，U_{ni} 表现为管理无效率，服从半正态分布，两者相互独立。

$$E(\mu_i \mid \varepsilon_i) = \frac{\lambda\sigma}{1+\lambda^2}\left[\frac{\phi(\varepsilon_i\lambda/\sigma)}{\phi\varepsilon_i\lambda/\sigma} + \frac{\varepsilon_i\lambda}{\sigma}\right] \quad (4\text{-}3)$$

$\lambda = \dfrac{\sigma_u}{\sigma_v}$，$\sigma_* = \dfrac{\sigma_u\sigma_v}{\sigma}\varphi$，$\phi$ 分别指的是标准正态分布的密度函数和分布函数。

因此可以推算出随机误差项 μ 的估计公式，如下所示：

$$E\left(\frac{V_{ni}}{V_{ni}+\mu_{ni}}\right) = S_{ni} - f^n(Z_i;\ \hat{\beta}_n) - E\left(\frac{\mu_{ni}}{V_{ni}}+\mu_{ni}\right) \tag{4-4}$$

3. 调整数据后的 DEA 模型。

第三阶段利用 DEA 模型对调整后的投入数据及原始产出数据进行测算，与 BBC-DEA 模型不同的是，第三阶段采用的投入变量是经过调整的，此时的效率值已经剔除了外部环境因素及随机误差等因素的影响，因此效率值更加客观准确。具体公式如（4-5）所示：

$$
\begin{aligned}
X_{ni}^A &= X_{ni} + \left[\max(f^n(Z_i;\ \hat{\beta}_n)) - f^n(Z_i;\ \hat{\beta}_n)\right] \\
&\quad + \left[\max(V_{ni}) - V_{ni}\right],\ i=1,\ \cdots,\ m;\ n=1,\ \cdots,\ N
\end{aligned} \tag{4-5}
$$

其中，X_{ni}^A 是调整后的投入；X_{ni} 是调整前的投入；$\left[\max(f^n(Z_i;\ \hat{\beta}_n)) - f^n(Z_i;\ \hat{\beta}_n)\right]$ 是对外部环境进行的调整，$\left[\max(V_{ni}) - V_{ni}\right]$ 是将所有决策单元置于相同随机性下，剥离随机因素的影响。

（2）Malmquist 指数模型方法

Malmquist 指数是由经济学家 C. F. Malmquist（Malmquist，1953）所提出的用于衡量两个时间点或两个不同组织之间生产率的变化的一种经济学模型。传统 DEA 模型属于截面数据范畴，只能反映某个时间点上的效率值，无法测度面板数据的效率的动态变化。而 Malmqusit 指数可以弥补上述缺点，分析政务微博信息公开效率的动态变化趋势，其具体公式如下：

$$M_i(x^{t+1},\ y^{t+1},\ x^t,\ y^t) = \sqrt{\frac{D_i^{t+1}(x^{t+1},\ y^{t+1})}{D_i^t(x^t,\ y^t)} \times \frac{D_i^{t+1}(x^{t+1},\ y^{t+1})}{D_i^{t+1}(x^t,\ y^t)}} \tag{4-6}$$

分解形式：

$$M_i(x^{t+1},\ y^{t+1},\ x^t,\ y^t) = \frac{D_i^{t+1}(x^{t+1},\ y^{t+1})}{D_i^t(x^t,\ y^t)} \times \sqrt{\frac{D_i^t(x^{t+1},\ y^{t+1})}{D_i^{t+1}(x^{t+1},\ y^{t+1})} \times \frac{D_i^t(x^t,\ y^t)}{D_i^{t+1}(x^t,\ y^t)}}$$

$$\tag{4-7}$$

$$M = Tfpch = Tech \times Effch = Tech \times Pech \times Sech \tag{4-8}$$

上式中，x^t 反映决策单元在特定时期的投入向量，Malmquist 指数为 Tfpch 表示全要素生产率变化，Tech 代表技术水平变动指数，Effch 表示技术效率变动指数，Pech 表示纯技术效率变动指数，Sech 表示规模效率变动指数。Malmquist 指数>1，则表示规模效率不断提升；反之，则呈下降趋势。

（3）Tobit 回归模型

Tobit 回归模型是由经济学家詹姆斯·托比特（James Tobin）提出的一种广泛应用于计量经济学领域的模型，主要用于解决截断数据的统计分析问题，分为观测模型和截断模型两部分。Tobit 模型指虽然因变量在正值上大体能够连续分布，但存在正概率取值为 0 的观察值。DEA 效率值处于 0 和 1 的截断的离散分布状态，是典型的受限变量，使用传统的最小二乘法进行回归估计很可能会造成参数估计值的有偏性和不一致性。因此，本章采用 Tobit 模型进行回归分析省级政务微博信息公开效率的主要影响因素，能够极大地避免产生上述情况。具体公式如下：

$$Y = \beta_0 + \sum_{i=1}^{n} \beta_i X_i + \varepsilon \tag{4-9}$$

其中，Y 为被解释变量，X 为解释变量，β 为回归系数，ε 为随机干扰项且服从于（0，σ^2）的正态分布。

二、评估指标体系构建

根据研究方法和模型，本章以投入、产出、环境的三个维度为基准，结合已有文献和相关研究，同时考虑省级政府政务微博平台特点和数据可得性，构建省级政务微博信息公开效率的评估指标体系。此外，从合法性和效率性两个维度出发，选取效率影响因素进行 Tobit 回归。具体变量和数据说明如下：

（一）投入变量选取

传统意义上的 DEA 模型投入指标应反映在人财物等资源方面的投入。但由于地方政府在政务微博平台运营过程中的实际投入数据难以获得，也无法具体测算，因此，本章参考张敏和吴郁松（2015）、刘健和孙小明（2016）等学者在评估地方政府信息公开效率时的方法，结合相关文献和政务微博平台特点，从人力投入（武元浩、巴雅尔满来，2023；冯朝睿、徐宏宇，2021）以及资金投入（陈岚，2010；郭高晶，2016；冯朝睿、徐宏宇，2021）两个方面出发，选取了政务微博运营人员及一般预算支出这两个指标以反映地方政府在运营政务微博过程中的投入。政务微博运营人员越多、财政支出越大，则表明地方政府对政务新媒体平台运营的重视程度越高。

在人力投入方面，由于省级政府政务微博人员数据不可得，本章采取信息传输、软件和信息技术服务业从业人员数进行测度。由于政务新媒体平台的人力投入可以通过政务服务的服务主体数量来衡量，即各级政府、行政部门以及公共事务组织，且在数字化发展的关键时期，对政务新媒体运营人员的科技创新能力有了更高的要求。因此，本章选取信息传输、软件和信息技术服务业从业人员作为人力投入的指标是较为合适的。

在资金投入方面，政务微博运营的资金支持从广义上看即政府的一般预算支出，主要用于保证各单位履行职能，完成日常工作任务所发生的支出，包括基本支出和项目支出。一般来说，当地财政实力越雄厚，新媒体的资金投入和专业运维团队也更有保障。

(二)产出变量选取

各级地方政府在新媒体平台的建设和运营过程中投入大量成本的目的之一就是期望通过与公众的良性互动，构建一个社会化参政、议政、问政的网络交流平台。以政务微博为代表的政务新媒体平台，帮助各级政府及时发布权威信息，回应网民关切，形成了良性的政民互动(孙宗锋、郑跃平，2021)。依据微博平台的特点，本章选取了政务微博的传播力(郭高晶，2017；李红艳、唐薇，2021；刘虹等，2017)、服务力(张雪梅、王友翠，2020；刘虹等，2017)以及互动力(孟健、刘阳，2016；张敏、吴郁松，2015；刘健、孙小明，2016)三个指标，来反映地方政府政务微博信息公开的产出情况。传播力、服务力及互动力三个指标分数越高，则地方政府新媒体的信息公开效率越好。

传播力是指地方政府基于政务微博平台向公众传递信息、政策宣传的传播程度。该指标集中体现在突发事件生命周期内及常态期内该地区所发微博阅读数总和及活跃账号数这两个指标上。这些子指标越大，则表明政府通过政务微博发布的内容被用户关注的范围越广，传播力越大。

服务力是指政务微博一对一服务网民，为民办事的服务程度。服务力指标越高，说明政务机构通过微博平台服务了越多的民众。该指标根据主动评论数、总发博数、"被@"回复数、发私信数等多个子指标进行计算。

互动力反映了政务机构基于微博平台发布有关信息与公众的互动程度。该指标集中体现在可信用户转发数、评论数、点赞数等子指标上。其中，用户可信度（UC）是用来描述微博用户的可信赖程度（王峰等，2013），其数据更具有真实性。互动力指标越高，说明政务微博的内容引发了更多公众的响应。

(三)环境变量选取

地方政府政务微博信息公开的效率除了受自身投入和产出情况的影响外，还受到多种环境因素的影响。为了考察更为精准的效率值，需测量可能对效率评估造成影响的环境变量，并通过三阶段 DEA 的第二阶段 SFA 模型将所有决策单元调整至同一外部状态。在政府信息化高度发展的背景下，政府能力主要由政府的技术应用能力以及财政资源等因素组成（Feiock，2017）。因此，本章选取了信息基础设施、物质基础以及科学技术基础三个指标进行测度。

在信息基础设施方面，本章选取了移动电话普及率（谭海波、范梓腾，2019；孙宗锋、郑跃平，2021；冯朝睿、徐宏宇，2021；张志安、贾佳，2011）作为子指标进行测算。信息基础设施作为政务信息流通与整合的必要条件，其完善程度直接影响政府的信息公开服务水平。

在物质基础方面，本章选取了地区生产总值（Tolbert et al.，2008；汤志伟等，2018；丁依霞等，2020）进行测算。地方政府信息公开所需的信息技术应用和管理规范建设依赖于一定的经济投入，同时经济发展水平较高的地区，地方政府注意力也会更多地向信息公开方向倾斜，从而提升其公开效率。

在科学技术基础方面，众多学者都认为政务新媒体的建设离不开具备专业技能的科技人才（Magro，2012；丁依霞等，2020；贾哲敏，2022；李萌、王振宇，2023）。为了避免与投入要素指标重合，本章选取专利授权数反映当地的科技发展水平。专利授权数越多，该地区科技发展水平越高，其电子政务服务能力也越强。

(四)效率影响因素变量选取

基于"效率性-合法性"的双重逻辑，本节对各项影响因素的量化方式进行如下设定。效率性原则强调地方政府的内部组织的资源禀赋，地方政府信息公开水平的高低则反映了政务机关对技术资源、人力资源、财政资源等多种资源的协同运用能力。因此本章基于我国地方政府的信息公开实践，将科技支出水平、信息基础设施、专利授权数作为影响地方政府内部运行效率的主要指标。

不同于效益最大化的效率逻辑，合法性逻辑关注于迫使组织采取合法性的行为模式以适应外部环境的制约。在政府信息公开过程中，合法性逻辑侧重于外部利益相关者产生的压力，包括自上而下的行政压力、横向的竞争压力以及自下而上的公众需求压力，这会促进地方政府提高对信息公开行为的重视程度，进而提升地方政府的信息公开水平。因此，本章选取政策发布数量、同级竞争压力以及公众需求水平三个指标来衡量地方政府在进行信息公开行动时所承受的合法性压力。

在政府技术能力方面，相关学者认为数字技术分析能力是数字政府的治理基础，其强弱关系到省级政府政务新媒体平台信息公开的积极性和落实程度（刘淑妍、王湖葩，2021；郭高晶、胡广伟，2022；李永刚、苏榆贻，2022）。政府技术能力选取科技支出作为变量，科技支出是科研创新活动的有力支撑、打好关键核心技术攻坚战的关键，科技支出的投入程度与该地的技术管理能力息息相关。

在信息基础建设方面，本章选取城镇互联网宽带接入数进行测算（Asogwa，2013；冯朝睿，2022；董程、田进，2023）。数字基础设施是政府数字化转型的技术基础，其强弱程度直接影响到政府数字治理能力。在缺乏必要的基础技术设施的情况下，组织应用新技术的成本会显著提升，从而降低技术应用的绩效水平，从而导致政务微博的信息公开效率下降。

在财政支出水平方面，资源禀赋是政府进行信息公开的重要支撑，相关学者研究表明财政投入对于政策扩散有显著的正向影响，因此本章选取一般预算支出变量进行衡量（马亮，2013；谭海波等，2019；张曾莲、张敏，2017；郭蕾、黄郑恺，2021）。政务微博的日常运营需要相应的财政拨款支持，如专业技术人才聘用、信息技术更新等均需要政府投入相应的财政资源提供保障。因此，政府财政资源对于政务微博信息公开效果同样具有潜在影响。

在上级压力方面，本章以政策发布数量进行测度。来自上级政府的强制力会推动对创新政策的学习和采纳（Walker，2006）。我国作为"压力型体制"国家，上级压力是压力的根本来源，这种自上而下的政绩要求压力，督促地方政府响应号召完成任务（汤志伟、周维，2020；王程伟、马亮，2020）。而政策发布数量是领导注意力分配的直接体现,因此,上级领导倾注在数字政府发展上的注意力越多,地方政府信息发展水平就越高(陈小华、祝自强,2022)。

在同级竞争压力方面,其本质上是在"晋升锦标赛"的刺激下,以经济增长和官员晋升为导向,带动政府数字化转型。由于不同省份面临的数字政府发展压力不同,使得各地区数字政府发展水平也存在差异,导致不同政府间相互竞争效仿(Berry,2005;徐理响等,2022;李月、曹海军,2020)。因此,本章选取省级政务微博毗邻省份竞争指数的均值进行测算。

在公众需求方面,政务微博的主要功能是为公众提供信息和服务。因此,公众对其需求量的大小直接影响到政务微博的建设情况,不同的需求程度可能会导致不同省份信息公开效果的差异化(Weare,1999;滕玉成、郭成玉,2022;刘红波、姚孟佳,2023)。基于此,本章选取城镇人均可支配收入进行测度,可支配收入越高,公众对数字政府发展水平的要求越高,政府建设数字政府的意愿就越强烈。

基于以上分析,本章政务微博信息公开效率的评价指标如下(见表4-1所示)。

表4-1 政务微博信息公开效率的评价指标

类型	维度	变量	数据来源
输入指标	人力投入	政务微博运营人员	《中国统计年鉴》
	资金投入	一般预算支出	
输出指标	传播力	微博阅读数	《政务微博影响力报告》
	服务力	活跃账号数	
		活跃账号率	
		主动评论数	
		总发博数	
		原创发博数	
		"被@"回复数	
	互动力	可信用户转发数	
		可信用户评论	
		可信用户点赞数	
		点赞率	

续表

类型	维度	变量	数据来源
环境指标	信息基础设施	移动电话普及率	《中国统计年鉴》
	物质基础	地区生产总值	
	科学技术基础	专利授权数	
影响因素指标	上级压力	政策发布数量	北大法宝法律数据库《政务微博影响力报告》
	同级竞争压力	毗邻省份竞争指数均值	
	公众需求水平	城镇居民人均可支配收入	
	科技支出水平	专利授权数	《中国统计年鉴》
	信息基础设施	城镇互联网宽带接入数	
	财政支出水平	科学技术支出	

（来源：作者自制）

三、研究样本选取及整体情况

为尽可能保证样本的全面性和可获得性，以及考虑到前述指标体系中的数据来源情况，本章选取了 31 个省份的政务微博平台数据，主要来源于人民网舆情数据中心发布的《政务微博影响力排行榜》，报告中公布了各省政务微博传播力、服务力、互动力等指标。此外，考虑到数据的可获得性，本章对初次选取的 31 个地方政府政务微博平台进行了筛选，剔除了上述 4 个研究样本①，保留了 27 个地方政府政务微博的信息公开效率作为本研究的最终研究样本，样本数量符合 DEA 模型分析要求。

表 4-2　　　　　　　　　　　研究样本数据描述性分析

类别	变量	最小值	最大值	均值	标准差
投入指标	政务微博运营人员	0.40	101.20	13.80	17.90
	一般预算支出	324.69	18247.01	5957.85	3214.06

───────────

① 注：西藏自治区、宁夏回族自治区、青海省、甘肃省等地区存在大量数据缺失等现象，不符合模型要求。因此，本研究未将上述四个省份及自治区的政务微博平台纳入研究样本范畴。

续表

类别	变量	最小值	最大值	均值	标准差
产出指标	传播力	2.68	99.99	58.31	20.34
	服务力	2.72	93.45	62.98	18.06
	互动力	1.92	99.99	57.74	21.52
环境指标	移动电话率	66.37	186.66	108.00	22.36
	地区生产总值	1026.39	124368.70	29323.48	24208.09
	专利授权数	198.00	2853342.00	93237.55	223950.80

（来源：作者自制）

进一步，利用相关分析研究投入产出指标间的相关关系（如表 4-3 所示），人力投入与互动力之间的相关系数是 0.488，呈现出 0.05 水平的显著性；一般预算支出与传播力、服务力、互动力三个产出指标间均存在显著的正相关关系，其相关系数分别为 0.738、0.746 和 0.792。

表 4-3　　　　　　投入指标和产出指标的 Pearson 相关系数分析

产出 指标投入指标	传播力	服务力	互动力
政务微博运营人员	0.345	0.185	0.488 **
一般预算支出	0.738 **	0.746 **	0.792 **

注：***、**、* 分别表示在 1%、5%、10%的水平（双尾）上显著相关。
（来源：作者自制）

第四节　数字时代下地方政府信息公开效率测度及时空动态演变

一、政府信息公开效率测定结果

（一）第一阶段：传统 DEA 模型初始效率分析

本书使用的 deap2.1 软件，采用基于投入视角的 VRS 模型对政务微博的信息公开效率进行分析，测算出综合效率（Technical Efficiency，TE）、纯技术效率（Pure Technical Efficiency，PTE）、规模效率（Scale Efficiency，SE）。

表 4-4　　　　　　　　省级政府政务微博信息公开综合效率测算结果

	综合技术效率	纯技术效率	规模效率	规模报酬	排名
北京	0.878	0.980	0.896	irs	21
天津	0.862	1.000	0.862	irs	24
河北	0.847	0.926	0.914	drs	26
山西	1.000	1.000	1.000	—	1
内蒙古	0.978	0.992	0.986	irs	11
辽宁	0.879	0.982	0.896	irs	19
吉林	0.879	0.984	0.893	irs	19
黑龙江	1.000	1.000	1.000	—	1
上海	0.877	0.969	0.905	irs	23
江苏	0.995	1.000	0.995	drs	9
浙江	0.889	0.958	0.928	irs	18
安徽	1.000	1.000	1.000	—	1
福建	0.949	1.000	0.949	irs	13
江西	1.000	1.000	1.000	drs	1
山东	0.919	0.957	0.960	drs	16
河南	0.910	0.959	0.949	drs	17
湖北	0.856	0.956	0.896	—	25
湖南	0.878	0.932	0.942	drs	21
广东	0.775	0.881	0.880	drs	27
广西	1.000	1.000	1.000	—	1
海南	0.938	1.000	0.938	—	14
重庆	1.000	1.000	1.000	—	1
四川	1.000	1.000	1.000	—	1
贵州	0.978	0.988	0.990	—	11

续表

	综合技术效率	纯技术效率	规模效率	规模报酬	排名
云南	1.000	1.000	1.000	——	1
陕西	0.923	0.991	0.931	irs	15
新疆	0.982	1.000	0.982	——	10
Mean	0.933	0.980	0.952		

（来源：作者自制）

在未剔除环境因素和随机扰动项的情况下，省级政府政务微博信息公开综合技术效率平均值为0.933，纯技术效率平均值为0.98，规模效率为0.952，总体来看纯技术效率平均值相对较高，证明样本政务微博平台在管理和技术方面的平均水平是较高的，但降低总体综合技术效率值的主要原因是规模效率低。

表4-5 　　　　　　　　　政务微博信息公开效率分类结果

信息公开效率	1	0.9~1	0.8~0.9	0.7~0.8
评价	好	较好	一般	较差
数量	8	9	9	1
比重(%)	29.63%	33.33%	33.33%	3.70%

（来源：作者自制）

由表可知，第一阶段回归结果中综合技术效率达到帕累托最优的省级政府共有8个，分别是山西省、黑龙江省、安徽省、江西省、广西省、重庆市、四川省、云南省。其中，西部省份居多，分布较为不均。纯技术效率有效的平台共有13个，除去位于效率前沿面的8个政务微博信息公开平台外，还有5个。说明此类平台在投入不变的前提下，技术水平较高，已达到了有效状态，但是规模效率不足，应当注重规模效率的改进和提升。对DEA有效的DMU和无效DMU进行进一步分析，本章以综合技术效率为1的四川省政务微博信息开放平台为例，其在政务微博运营人员和一般预算支出等投入方面并非名列前茅的，但却取得了传播力、服务力、竞争力指标评估得分第一的成绩，实现了资源配置的最优状态。

具体来说，四川省以@四川发布为主账号，建设了全面的连通省市县三级新媒体发布体系，聚焦重大主题，结合城市自身特点和受众群体定位，不断创新表达方式，形成正向的舆论声势，其中，"四川城市服务"话题阅读量超2亿次，获得了良好的宣传效果。以非 DEA 有效的福建省政务微博信息公开平台进行分析，其在技术水平提升和人才培养方面投入了大量资源，可见地方政府对信息公开工作的重视。但比较遗憾的是，以如此多的投入却未获得理想的产出效果，在传播力、服务力及竞争力几个指标上处于中游的位置。地方政府应将关注点聚焦在如何有效提升产出的问题上，例如加大政务微博的内容输出，提升运营人员服务水平，出台相关绩效管理考核办法等，而非一味加大投入，造成不必要的资源浪费。

(二) 第二阶段：随机前沿模型(SFA) 分析

鉴于环境、随机误差等外部环境因素可能会对传统 DEA 的评估结果产生偏误。因此本节将各决策单元置于同等的环境背景下，将样本投入指标的目标投入值与原始投入值结合计算出省级政府政务微博信息公开平台投入松弛变量，并将其作为因变量，以地区经济增长总值(GDP)、移动电话普及率和专利授权数量3个变量作为自变量构建 SFA 模型进行分析。在对自变量数据进行标准化处理后，将其导入 Frontier4.1 软件进行计算分析，最终结果如表 4-5 所示。

表 4-6　　　　　　　　　　第二阶段 SFA 回归结果

变量	Model1	Model2
常数项	−307.1618 *** (−294.2941)	−441.0833 *** (−411.4754)
GDP	60.0015 *** (16.3329)	88.9875 *** (54.0698)
移动电话普及率	2.4019 ** (2.3423)	2.9456 ** (2.2101)
专利授权数	−0.4322 (−0.3713)	−1.6121 (−0.8748)

续表

变量	Model1	Model2
σ^2	176. 1029 *** (175. 9220)	480. 9555 *** (480. 8678)
γ	0. 9999 *** (514. 0058)	0. 9999 *** (52944. 6760)
log likelihood function	-92. 784	-115. 431
LR test of the one-sided error	9. 740 **	19. 788 ***

注: ***、**、* 分别表示在 1%、5%、10%的水平下显著,Model1、Model2 分别表示以人力投入冗余和财政投入冗余为因变量的回归模型,括号内为 t 值。

(来源:作者自制)

由表可知,在上述两个模型中,LR 单边检验值分别在 1%、5%的水平上显著,说明 SFA 的模型设计总体来看较为合理。γ 值无限趋近于 1,表明管理无效率为主要影响因素,随机误差项等偶然性因素对信息公开效率的影响较小。回归模型中各估计系数的符号和大小分别表示该环境变量对投入松弛的影响方向及强度。具体分析如下:

第一,经济发展效率对财政投入和人力投入效率产生负向作用。地区经济增长总值(GDP)对政务微博运营人员、一般预算支出松弛变量的影响系数在 1%的水平下显著,且估计系数为正数。经济发展水平决定了政府的经济与物质基础,从而对省级政务微博平台相关资源配置产生约束作用,即经济环境越好,用户对政府信息公开的深度、质量要求越高,则政府更倾向于在政务微博平台加大投入,从而导致投入冗余的增加。这说明城市经济发展水平并不必然决定该地区政务微博的信息公开水平,经济发达地区反而投入冗余更多,导致资源错配。

第二,移动电话普及率不能促进政务微博信息公开的投入效率。移动电话普及率这一环境变量对政务微博运营人员、一般预算支出松弛变量的影响系数均在 5%的水平下显著,且呈正相关关系。移动电话普及率越高,则政务微博平台的使用者和潜在用户相应也会越多,同时用户对信息公开的需求偏好也会更加明显。结合一阶段的回归结果可知,信息基础设施越好,则可以吸引更多的企业、研发机构进行技术开发提升信息公开效能，因此地方政府也会倾向于在该部分加大投入，造成投入的冗余。

第三，专利授权数不一定与该地区信息公开效率有关。本章选取专利授权数代表技术环境，专利授权数与投入松弛变量呈负相关，但未通过显著性检验。说明该地区专利授权数增加可能会减少投入松弛变量，促进政府信息公开效率有效提升。数字技术的发展加快了数字经济时代下政府职能的转变和升级，推动数字政府建设，通过信息技术推动"数字政务公开"，提升信息公开质量。专利授权数反映了企业的科研能力，对政府数字化水平体现较弱，因此尚未通过显著性检验。

（三）第三阶段：调整后的 DEA 模型效率分析

在第三阶段中，剔除了环境变量和随机扰动项的影响，将调整后的投入变量和原始产出变量再次导入 deap2.1 软件，选择投入导向的规模可变 BCC 模型进行分析，再次对 27 个省级政府政务微博信息公开效率进行评估，具体结果如表 4-7 所示。

表 4-7　　省级政府政务微博信息公开综合效率测算结果（第三阶段）

城市	综合技术效率	纯技术效率	规模效率	排名	变化
北京	0.893	0.998	0.895	19	↑2
天津	0.877	1.000	0.877	22	↑2
河北	0.864	0.929	0.931	23	↑3
山西	1.000	1.000	1.000	1	—
内蒙古	1.000	1.000	1.000	1	↑10
辽宁	0.891	0.981	0.908	21	↓2
吉林	0.895	1.000	0.895	18	↑1
黑龙江	1.000	1.000	1.000	1	—
上海	0.912	0.985	0.926	16	↑7
江苏	1.000	1.000	1.000	1	↑8
浙江	0.921	0.967	0.952	14	↑4

续表

城市	综合技术效率	纯技术效率	规模效率	排名	变化
安徽	1.000	1.000	1.000	1	—
福建	0.949	1.000	0.949	10	↑3
江西	0.916	0.953	0.961	15	↓14
山东	0.927	0.958	0.967	13	↑3
河南	0.911	0.958	0.951	17	—
湖北	0.823	0.951	0.865	24	↑1
湖南	0.804	0.918	0.875	25	↓4
广东	0.782	0.888	0.881	26	↑1
广西	0.997	1.000	0.997	9	↓8
海南	0.719	1.000	0.719	27	↓13
重庆	1.000	1.000	1.000	1	—
四川	1.000	1.000	1.000	1	—
贵州	0.940	0.976	0.963	12	↓1
云南	1.000	1.000	1.000	1	—
陕西	0.943	0.994	0.949	11	↑4
新疆	0.893	0.992	0.901	19	↓9
Mean	0.921	0.980	0.939		

（来源：作者自制）

效率平均值由第一阶段的 0.933 下降至 0.921，纯技术效率平均值维持在 0.98，规模效率平均值由 0.952 下降至 0.939。规模效率下降是导致综合技术效率下降的主要原因，且规模效率对综合技术效率的抑制作用大于纯技术效率。整体来看，我国各省级政务微博信息公开的管理和技术水平较高，但在规模效率方面还有一定的提升空间。由表可知，第三阶段回归结果中综合技术效率达到 DEA 有效的省份个数稳定在 8 个，分别是山西省、黑龙江省、安徽省、重庆市、四川省、云南省、内蒙古自治区和江苏省。其中，前六个省份的政务微博平台无论是在剔除环境因素和随机扰动项前后的情况下均处于效率的前沿面，其综合技术效率值受外界干扰较小。具体来说，安徽省政务服务能力快速提升，省政务服务网总访问量突破 2 亿次，注册用户高达 2000 万，各类办件量近 6000 万件①；重庆市持续深化主动公开，在 2022 年共公开政府信息 170 万余条。及时发布疫情防控信息，回应社会关切，关注老百姓心声，发布政策解读信息 6 万余条，图文图表、音视频、动漫等解读形式占比 50% 以上②，民众认同度高，值得其他省份借鉴学习；云南省的表现也可圈可点，其政府提出发展目标，到 2035 年，与云南省边疆民族地区治理体系和治理能力现代化相适应的数字政府体系框架更加成熟完备，整体协同、敏捷高效、智能精准、开放透明、公平普惠的数字政府基本建成，以技术赋能推进云南省信息公开效率的提升。

部分平台在剔除环境干扰和随机扰动项后，排名浮动较大。其中，排名上升幅度较大的省份分别是内蒙古自治区、江苏省政务微博信息公开平台，两者分别上升了 10 位和 8 位。具体来说，尽管内蒙古政务服务平台建设起步较晚，但地方政府对政务信息公开工作重视程度较高，明确提出全力打造自治区政务服务平台和自治区政府系统办公业务平台，积极推进自治区统一的政务大数据中心建设。江苏省的综合技术效率、纯技术效率均由 0.995 上升至 1，江苏省持续推动优质高效政务服务普惠共享，推进政务数字化场景应用利企便民，民众获得感、满意感显著提升。排名下降幅度最大的是江西省和海南省政务微博信息公开平台，分别下降了 14 位和 13 位。其中江西省综合技术效率下降幅度最大，由第一阶段的决策单元有效下降至 0.916，且主要原因是纯技术效率下降造成的。该地方政府应加强以数字政府建设为重点，构建协同高效的政府数字化履职能力体系。

二、政府信息公开效率测度的时间演变特征

(一)全要素生产率总体特征分析

上一节对各省政务微博信息公开的静态效率进行了测度，但由于传统的 BCC 模型存在局限性，不能实现跨期测量评价决策单元政务微博信息公开效率的目标，即测算效率值的动态变化趋势，而 Malmquist 指数可以解决这一问题。它主要具有

---

① 数据来源：安徽省人民政府网站。

② 数据来源：重庆市 2022 年政府信息公开工作年度报告_重庆市人民政府网。

两个方面的优势，一方面无须预先设定参数，可直接对投入产出数据进行测算，进而分析决策单元的动态变化趋势；另一方面，Malmquist 指数可以进一步将全要素生产率分解为技术变化率及资源配置率，可以进一步深入分析提高全要素生产率的关键点。因此，通过 DEAP2.1 软件对政务微博信息公开效率进行动态测度，得到各省份各阶段的政务微博信息公开效率及效率分解值，具体结果如表 4-8 所示。

表 4-8　　　　　　　各省政务微博信息公开效率的动态测度及分解

年份	综合技术效率变化	技术进步变化	纯技术效率变化	规模效率变化	Malmquist指数
2016—2017	0.963	0.958	0.942	1.023	0.923
2017—2018	1.080	1.102	1.077	1.002	1.190
2018—2019	0.962	0.929	0.983	0.979	0.894
2019—2020	1.020	1.007	1.023	0.997	1.027
2020—2021	1.021	0.961	1.008	1.013	0.981
2021—2022	1.017	0.986	1.015	1.001	1.003
均值	1.010	0.989	1.007	1.003	0.999

（来源：作者自制）

从规模效应维度来看，我国政务微博信息公开效率随着时间变化呈现着一定的下降趋势，主要出现在 2016—2019 年，但随着 2019 年后呈稳步上升态势。可以发现技术效率变动的拆分项，规模效率变动（SECH）的平均值大于 1，且波动幅度较小，那么这就说明了现阶段各省政务微博信息公开效率的规模在逐步扩大且趋于稳定，也呈现了较好的规模效应。《联合国电子政务调查报告》显示从 2012 年到 2022 年的十年间，中国电子政务发展指数屡创新高，从 0.5359 增长到 0.812，排名从 78 位上升到 43 位，自 2020 年开始迈入"非常高"水平，体现了我国信息公开的发展成效[①]。

从资源配置维度来看，表 4-9 反映了政务微博信息公开中投入与产出的相对

---

① 数据来源：dzzw.ccps.gov.cn/xiazai/2022dzzw.pdf。

动态状况。以 2016 年为基期，对接下来连续 6 年全要素生产率(TFP)进行测度。在七个时段内，27 省(直辖市、自治区)政务微博信息公开全要素生产指数(TFP)为 0.999，总体上全要素生产率呈小幅度下降态势，主要是由于技术效率变化(EFFCH)和技术进步变动(TECHCH)两个因素的变化引起的，并在某种程度上决定了综合效率变动(TFPCH)的下降趋势与程度，这可以从这几个指标的平均值上得到佐证。2016—2022 年总体上综合效率变动(TFPCH)是接近于 1 的，这说明了这段时间我国 27 个省(直辖市、自治区)信息公开效率发展较为稳定，资源配置效果有一定成效。

表 4-9　　　　各省份 2016—2022 年平均政务微博信息公开效率
Malmquist 指数及分解

	综合技术效率	技术进步	纯技术规模效率变化	规模效率变化	Malmquist 指数
北京	0.979	0.992	0.991	0.987	0.971
天津	0.996	0.983	1.004	0.992	0.979
河北	1.028	0.994	1.028	1.000	1.022
山西	1.044	0.982	1.009	1.034	1.025
内蒙古	1.068	0.992	1.069	0.999	1.059
辽宁	1.005	0.995	1.005	1.000	1.000
吉林	1.113	0.986	1.078	1.032	1.098
黑龙江	1.054	0.996	1.042	1.011	1.050
上海	1.003	0.995	1.006	0.997	0.998
江苏	0.999	0.992	1.000	0.999	0.992
浙江	0.986	0.994	0.985	1.001	0.980
安徽	1.000	0.983	1.000	1.000	0.983
福建	1.024	0.989	1.007	1.017	1.013
江西	1.019	0.982	1.007	1.012	1.001
山东	0.997	0.998	0.996	1.001	0.995
河南	0.987	1.001	0.986	1.001	0.988

续表

	综合技术效率	技术进步	纯技术规模效率变化	规模效率变化	Malmquist指数
湖北	0.985	0.985	0.987	0.997	0.970
湖南	0.993	1.005	0.995	0.998	0.998
广东	0.963	1.001	0.967	0.997	0.964
广西	1.000	0.987	1.000	1.000	0.987
海南	0.989	0.964	1.000	0.989	0.953
重庆	1.036	0.982	1.027	1.009	1.017
四川	1.000	0.998	1.000	1.000	0.998
贵州	0.996	0.963	0.998	0.999	0.960
云南	1.014	0.998	1.014	1.000	1.011
陕西	0.997	0.993	0.996	1.001	0.990
新疆	0.997	0.976	1.000	0.997	0.973
mean	1.010	0.989	1.007	1.003	0.999

（来源：作者自制）

总体来看，纯技术效率变动（TECHCH）大于 1，但存在小幅度波动，在 2017—2019 年变化指数有所下降，尤其是在 2018—2019 年间变化较为明显，从 2020 年才能开始稳步上升。总体来看，技术进步变化与 Malmquist 指数的走势高度相似，技术进步变化是制约各省政务微博信息公开效率增长的重要因素。数字政府治理效能显著提升，我国的电子政务服务指数全球排名跃升至第九位，"掌上办""指尖办"已然成为各地区政务服务的标配。"一网通办""跨省通办"取得积极进展，数字技术的发展稳步推进。

（二）全要素生产率具体特征分析

2016—2022 年我国各省平均政务微博信息公开效率的 Malmquist 指数变动情况及效率分解指数变动情况如表 4-9 所示。Malmquist 指数排名最高的前十位分别是吉林、内蒙古、黑龙江、山西、河北、重庆、福建、云南、江西及辽宁，均超过 1，说明上述省份及自治区的政务微博信息公开效率在样本期内均有一定程度的增长。具体来说，福建省"党政新时空·政企直通车"打通了惠企政策落地的"最后一公里"，在一体化服务上给其他省份提供了参考；山西省政务信息管理局申报的多个案例入围"2022 年数字政府示范案例和典型案例"，其中的山西省政府门户网站云平台，通过优化整合网站设施资源和内容资源，实现政府信息公开集中管理、一体支撑服务。上述省份不乏东北及部分西部地区，正是因为政务新媒体平台发展起步较晚，有较大的提升空间，在上级政策压力及政府资源的逐步倾斜等内外部双重推动下，信息公开效率显著提升。如相较于处在数字化建设"第一方阵"的福建省、广东省，云南省相对比较滞后，省委、省政府高度重视，早在 2019 年就颁布了《"数字云南"信息通信基础设施建设三年行动计划（2019—2021 年）》，截至目前，省信用信息共享平台共有 60 多个省直部门，16 个州（市）共计 5962 个县（市、区）相关部门参与，对外共享信用数据超过了 1 亿条①。

　　而排名最低的 5 个省份分别是海南、湖北、广东、贵州及新疆，以上省份及自治区的政务微博信息公开效率增长存在一定的瓶颈，广东多年来的综合技术效率偏差较小，都稳定在固定水平，在大量的人力投入、资金投入下，如何高效地提升信息公开效率，是一个值得探讨的议题。广东省作为改革开放的前沿，早在 2005 年就发布了《广东省政务公开条例》，将政务公开工作纳入了法治化轨道，并在其中不断探索新的发展之路。广东省规模效率小于 1，说明广东省 Malmquist 指数低的原因是受到了规模效率的制约，应突破瓶颈，提升资源配置效率。而新疆的纯技术效率、规模效率均小于 1，表明新疆的管理水平对政务微博信息公开效率的提升起到了抑制作用。新疆数字政府建设起步较晚，整体架构碎片化、基础设施集约化程度低、数字观念也较弱，数字政府建设任务紧迫，在此背景下，提出了《自治区数字政府改革建设方案》，立足新疆实际，开展一体化数据资源公共平台和特色应用建设。

　　综合可知，技术进步因素是各省份政务微博信息公开效率的主要推动力，各地由于在规模经济和管理水平方面存在差异，因此在效率值上呈现出了不同的结果。习近平总书记强调，要全面贯彻网络强国战略，把数字技术广泛应用于政府

---

① 数据来源：云南省人民政府办公厅关于印发"数字云南"信息通信基础设施建设三年行动计划（2019—2021 年）的通知_云政办发_云南省人民政府门户网站（yn. gov. cn）。

管理服务，推动数字化、智能化运行，为推进国家治理体系和治理能力现代化提供有力支撑。处于落后水平地区，应逐一破解机制不健全、数据共享不充分、运营管理不规范等诸多难题，奋起直追，建成人民满意的数字政府。

三、政府信息公开效率测度的空间演变特征

(一)空间演变特征分析

本章采用 K-means 聚类分析方法，以 2016—2022 年全国 27 个省(直辖市、自治区)信息公开纯技术效率和规模效率的均值以及 Malmquist 指数为标准进行分类研究，分析不同类别省份信息公开优劣势，提出针对性意见。运用 SPSS 软件进行计算，最终聚类结果、中心表如表 4-10、表 4-11 所示。

表 4-10　　**2016—2022 年全国 27 个省(市、自治区)信息公开聚类结果**

类别	省　　份	占比
第一类	江苏、浙江、四川、安徽、陕西、山东、河南、贵州、云南、广西	37.04%
第二类	北京、天津、上海、河北、山西、辽宁、福建、江西、湖北、湖南、广东、重庆、黑龙江、新疆、海南、内蒙古	59.26%
第三类	吉林	3.70%

(来源：作者自制)

表 4-11　　**2016—2022 年全国 27 个省(市、自治区)信息公开效率**
最终聚类中心表

	聚　　类		
	一类	二类	三类
综合技术效率	0.950	0.847	0.693
纯技术效率	0.983	0.961	0.915
规模效率	0.966	0.881	0.756
Malmquist 指数	0.988	1.000	1.098

(来源：作者自制)

K-means 聚类分析将全国 27 个省(直辖市、自治区)分为三类,第一类省份综合技术效率、纯技术效率及规模效率都处于高水平,Malmquist 指数低于 1,表明一类省份信息公开效率较上期下降了,造成下降的原因主要是由于规模效率变动;第二类省份纯技术效率较高,规模效率较低,Malmquist 指数为 1,表明二类省份综合技术效率陷入停滞状态;第三类省份综合技术效率最低,纯技术效率及规模效率与其他类别省份相差较大,Malmquist 指数大于 1,则表明三类省份综合技术效率相较于上期有一定提升。三类省份仅有吉林省,综合技术效率低于一类省份近 30%,有较大提升空间,因此划分为追赶型。

一类高水平地区的纯技术效率和规模效率都接近于 1,达到或接近 DEA 有效,投入上的浪费和冗余情况较少。总体来说,除了江苏和浙江等东部富庶省份,一类省份不乏云贵川等西部地区,打破了以往经济发展水平决定信息公开效率的刻板印象。江苏、浙江等地区不论是财政支出还是从业人员数量都高居前位,为信息公开奠定了坚实的物质基础和提供了充足的人才储备。在数字政府的建设上也有充足的资金支持和政策扶持,其常住人口中大学专科学历以上的人口占总人口 17% 以上,公众对政府信息公开要求高,公民意识较强,以自下而上的压力倒逼政府提升公开效率。而四川旨在打破政府部门间的"数据壁垒",云贵川桂加入中新国际数据通道,深度参与数字经济国际合作,助推西部地区高水平开放、高质量发展。

二类中等水平地区包括北京、上海、天津、广东等发达地区,主要原因是规模效率不高。上述地区政府数字化转型之路坚实,政府互联网服务智慧化的探索成效显著,引领示范作用突显,综合评价却未居前列。上述省市未发挥规模效应,应完善管理方式,而不是一味地增加投入。以"广东发布"为例,总发布微博数较"四川发布"少了近七万条,对通过政务微博渠道的信息公开重视程度不够,应依据广东省自身特点,发布民众关切的问题,政务微博运营人员积极履职尽责,解决群众诉求。

三类低水平地区仅包括吉林省,低水平地区纯技术效率、规模效率都比较低。一方面,应提升数字发展水平,以数字赋能让百姓共享"数字红利",打破"数字壁垒"和"信息孤岛",以数字技术助力政府职能转变,推进服务型政府建设。另一方面,应全面实施预算绩效管理,提高财政资金使用效率,建立信息公开专项资金,并明确资金管理制度,目标任务落实到具体的岗位和个人,优化资源配置，进一步提高财政资源配置效率和使用效益，促进规模效率的提升。

国务院"互联网+政务服务"基于顶层设计的定位，提出了互联网时代政务服务改革的中国方案。地方政府在遵循中央要求的同时，还应结合地方实际，以省级统筹制定政策文件，细化落实重点任务，层层分解，切实推进数字政府建设，而不是将信息公开停留于表面。

第五节　数字时代下地方政府信息公开效率影响因素分析

加强政府信息公开新媒体平台建设、提高数字化水平是政府信息公开工作的重点任务，各级政府部门正不断探索实现信息公开的有效途径。然而，我国地方政府政务微博信息公开平台仍面临质量参差不齐、运作机制不够健全、内容官僚化严重等诸多难题。因此，厘清地方政府信息公开效率的影响因素，是一项亟待开展的重要工作。本章依据"效率性-合法性"理论框架，确定了省级政府政务微博信息公开效率的影响因素框架(2个一级指标，6个二级指标)，并结合 Tobit 回归模型深入挖掘不同驱动因素对政务微博信息公开效率的影响。

使用 Stata17.0 软件对政务微博信息公开效率进行 Tobit 模型的回归分析，回归结果如表 4-12 所示。

表 4-12　　　　　　　　　　　**Tobit 回归模型结果**

简称	变量	指标说明	回归系数	p 值
policy	上级政策压力	省级政府发布的政策文件数	0.052***	0.000
pressure	同级政府竞争压力	排名靠前省份竞争指数均值	0.009**	0.025
pcdi	城镇居民可支配收入	年末城镇居民可支配收入数	−0.044*	0.053
te	科学技术支出	年末该省科学技术支出总额	−0.021	0.197
ia	城镇互联网宽带接入数	年末该省城镇互联网宽带接入总数	−0.023	0.165
patent	专利授权数	年末该省专利授权数	0.048**	0.004

注：Log likelihood = 187.08365，P 值 = 0.000，***、**、* 分别表示在 1%、5% 及 10% 的水平上显著。

（来源：作者自制）

根据 LR 检验结果，本章采取随机效应面板 Tobit 模型解释 2016—2022 年全国 27 省信息公开效率的影响因素。由表 4-12 可见，上级政策压力、同级政府竞争压力、专利授权数对各省信息公开效率具有显著影响。

上级政策压力与省级信息公开效率呈正相关，科层制政治体制决定了我国省级政府在政策采纳过程中需要洞察中央政府的行为，少数省份成为"政策先行者"，实施了某项新政策；但大部分省份面对创新具有不确定性，直至中央政府发出政策讯号，出台了相关政策文件，省级政府为谋求自身发展，往往会闻令而动，出台政策。一般认为，上级政策压力越大，即上级发布的政策数量越多，该省信息公开效率越好。

同级政府竞争压力与省级信息公开效率成正比。相关研究表明，地理空间相邻的地方政府有较高的相似性，地方政府在同级竞争中会形成内生性动力，激发自身数字技术水平提高。实际上，政府间的竞争并非以地理空间的邻近作为划分依据，不论地理位置远近，竞争关系都是存在的。随着信息技术的发展，地理位置对于政府竞合关系的制约力正在逐步减小，省级政府通过网络渠道了解同级政府的行为，产生竞争压力。因此，本章得出结论：同级政府信息公开效率越好，该省提升自身数字化水平的内生动力越强。

城镇居民可支配收入与政府信息公开效率呈负相关，且在 10% 的水平上显著。本章以城镇居民可支配收入作为公众需求来衡量，居民可支配收入越高，公众需求则越高。由于公众需求对政府信息公开效率具有双重效应，一方面，过度活跃的公民会引发官员的保守心理，迫使他们减少部分信息的公开；另一方面，政府信息公开的推进会激发公民线上参与和问责的意愿，但当网民强烈的参政议政意愿无法得到充分满足时，反而会降低对政府的信任感（Davis，2010）。因此，城镇居民可支配收入越高，越可能会对政府的信息公开效率产生负面影响。

科学技术支出、城镇互联网宽带接入数对政府信息公开效率具有负面影响，但未通过显著性检验。组织的财政资源配置对政府互联网政务服务产生显著影响（杜中润，2021），数字政府建设更是需要投入大量的财政资源，技术创新研究也证明了地方财政冗余能提供新的创新空间（Nohria，1996）。然而，财政规模过大可能会导致市场信息技术发展的自主性缺失，从而降低财政支出效率。一般认为互联网宽带接入端口越多的省份，其信息基础设施发展越完备，信息公开效率越好，本章呈负相关，表明互联网宽带接入数并不必然决定信息公开的发展水平。

专利授权数与政府信息公开效率呈正相关，且在 5% 的水平上显著。数字政府建设离不开电子信息产业的有效支撑，软件设计研发、软件服务等电子信息体系也与政府信息公开有着密切的联系。截至 2021 年年底，我国数字经济核心产业的有效发明专利达到 97.7 万件①，对于增强数字经济创新发展核心动能奠定了坚实基础。因此，专利授权数越高，其信息公开优势越显著。

本 章 小 结

本章立足于我国地方政务微博的信息公开实践，对地方政务微博的信息公开效率及其影响因素展开深入分析。首先，运用三阶段 DEA 模型及 DEA-Malmquist 指数对 2016—2022 年 27 个省（直辖市、自治区）的政务微博信息公开效率进行测度，并进一步探究数字时代下地方政府信息公开的效率变动趋势及空间分布差异。其次，借鉴组织社会学中的新制度主义理论，运用 Tobit 回归模型从"合法性-效率性"双重层面探究各省政务微博信息公开效率的影响因素。总体而言，本章对我国地方政务微博的信息公开实践现状予以揭示。接下来，本研究将进一步探究地方政务微博信息公开背后的行为逻辑。

---

① 数据来源：中国数字经济核心产业有效发明专利 2021 年底已达 97.7 万件-中新网。

第五章　数字时代下政府信息公开的模式分类分析

——以地方政务微博平台为例

第一节　引　言

随着数字时代的到来，数字技术在传媒领域的广泛应用促使新媒体平台逐步成为政府信息公开的主渠道。根据互联网络信息中心（简称 CNNIC）在 2023 年 3 月发布的《中国互联网络发展状况统计报告》显示，截至 2022 年 12 月，我国包括政务微博等多种应用在内的在线政务服务用户规模已经达到 9.26 亿，相比于 2021 年 12 月增长了 515 万，占网民整体的 86.7%[①]。此外，与全球其他国家相比，根据《2022 年联合国电子政务调查报告》显示，中国的电子政务水平在 193 个联合国会员国中排名第 43 位，是自该报告发布以来全球电子政务水平近年来增幅最高的国家之一，其中作为衡量国家电子政务发展水平核心指标的在线服务指数继续处于"非常高"水平。新媒体平台在提升政府的开放和透明水平，改善公众获取政务信息的效率方面的优势逐步被地方政府认知并利用（孙宗锋、郑跃平，2021）。然而，在数字时代下政府信息公开实践中，我国不同地区政府信息公开的频率、内容以及方式等呈现出明显的差异性特征，部分城市存在被动公开、滞后公开、碎片公开等问题。那么数字时代下地方政府信息公开所呈现的差异化策略可以划分为何种行为模式，且这种差异化的政府信息公开模式又遵循何种逻辑，有必要对其展开进一步思考与探究。

[①]　数据来源：https：//www.cnnic.net.cn/n4/2023/0302/c199-10755.html.

　　因此，本章立足于我国政务微博的信息公开实践，试图通过分析地方政府信息公开背后的合法性逻辑和效率性逻辑，构建数字时代下地方政府信息公开策略选择的"合法性-效率性"分析框架，运用多案例对比分析法，分析地方政府信息公开的策略选择过程与实践样态。

第二节　分析框架：效率性逻辑与合法性逻辑

　　按照社会学家斯科特（W. Richard Scott）的观点，组织如果想要在它们的社会环境中生存起来并兴旺发达，除了需要物质资源和信息技术之外，还需要得到社会的认可、接受和信任。具体到政府信息公开行动，也受到资源、技术等因素构成的效率性逻辑与绩效合法性、制度合法性等构成的合法性逻辑的共同影响。具体来说，一方面效率是组织的生命，是组织孜孜以求的目标。所谓效率性是指在现有资源约束中实现利益最大化的程度。也就是说，效率蕴含着效果的含义，被视为测量组织分配资源有效性的一个标准，如果某种资源分配方案是自愿参与的，各方都愿意接受而没有人愿意改变的话，那么这种方案即是最有效率的。此外，效率也被认为是组织能力的体现，往往以组织为实现目标所储备的资源和条件来衡量，较差的组织治理能力和资源禀赋，会负向影响组织目标的实现。因此，地方政府的信息公开行为必须遵循效率性的逻辑，在有限的资源和能力范围内，不断追求利益的最大化，降低行政成本，提供尽可能多的政府信息及其信息服务。另一方面，合法性也对于组织的发展至关重要。按照理查德的观点："在现代社会中，组织只有遵守理性的规定和法律或者类似法律的框架，才有可能被认为是合法的。"（理查德，2011）合法性会影响组织的生存率和失败率，那些具备合法性的组织的失败率比较低，不具备合法性的组织要么有固定的初始失败率，要么随着时间的推移失败率随之上升（Singh J，1986）。因此，组织必须服从合法性逻辑，采用那些在制度环境下"广为接受"的组织形式和做法（韩啸、吴金鹏，2019）。也即，作为公共行政组织的地方政府必须在遵循现有法律体系、文化体系、观念体系的基础上，提升信息公开水平，才能有效避免出现合法性危机。

　　可见，这种通过组织理论中的效率逻辑和合法性逻辑来理解政府信息公开的行为逻辑是值得借鉴的。然而，由于地方政府的组织目标和政策环境并非一成不变，而是处于一个动态的变化过程，即在不同时期或不同地区，合法性逻辑和效率性逻辑对于地方政府行为可能存在不同的效力，进而产生差异化的地方政府信息公开策略。此外，随着我们进入数字化时代，数字技术不断进步对地方政府行为决策面临的外部环境和内部环境产生冲击。在提炼或验证地方政府信息公开行为的影响因素时，需要考虑契合数字化时代下地方政府行为实践的特有变量来予以理解，也需要考虑这些特有变量对其他影响因素的作用。因此，本章立足于数字时代下我国各地政府的信息公开实践，从合法性和效率的双重逻辑出发，构建了数字时代下地方政府信息公开模式选择的理论模型框架，如图 5-1 所示。

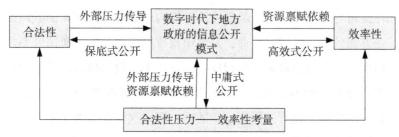

图 5-1　数字时代下地方政府信息公开模式的分析框架

（资料来源：作者自制）

一、效率性逻辑：提升数字时代下地方政府信息公开的有效性

数字时代下地方政府信息公开行动的效率性逻辑侧重于地方政府的内部组织因素，从地方政府自身资源约束出发分析政府信息公开水平的影响因素。数字化时代下，政府信息公开绩效是各地方政府的信息收集能力、信息组织能力、信息的及时性及匹配程度、信息传播与交互能力和监督能力等政府能力的体现，背后反映的也是技术资源、财政资源、权威资源、组织资源等多种资源的协同作用。具体来说，首先，政府信息公开作为数字政府建设的产物，离不开财政资源提供的支持和保障。区域的经济发展水平和组织财力会直接影响政府信息公开，地方政府财政状况越好，政府信息公开程度越高（王惠娜、郭慧，2021）。其次，在数字化背景下，"互联网+政务服务"成为政府管理与服务创新的关键落脚点，标志

着中国公共服务体系建设进入一个全新的时代。信息公开作为政府服务供给的方式和途径，其质量的提升离不开政府自身的信息化水平的建设。再次，在中国"压力型"体制下，地方政府主要领导的高度重视是促使地方政府提升信息公开水平的重要因素，地方政府主要领导的任职年限、学历等都会影响政府信息公开质量（曹慧琴、张廷君，2020）。最后，对于政府的信息公开工作而言，重点突出、强劲的可持续的组织动员与部门合作是极其重要的，因为部门之间的协作水平会影响政府信息获取、整理、发布等工作（郝文强、孟雪，2021）。

二、合法性逻辑：增强数字时代下地方政府信息公开的合法性

合法性逻辑聚焦于诱使或迫使组织采取在外部环境中具有合法性的行为模式的制度力量。合法性压力虽然不直接参与地方政府信息公开过程，但却影响和支配着政府治理体系内部各类资源之间的协作，进而影响数字时代下地方政府的信息公开模式选择。合法性逻辑强调来自外部利益相关者所形塑的合法性压力（包括自上而下的制度规范压力、自下而上的公众参与压力和横向的同侪竞争压力），在一定程度上能够推动地方政府提高在信息公开活动的投入，进而影响到地方政府的信息公开模式选择。具体来说，首先，地方政府信息公开取得良好成效需要以法律、法规和相关配套政策作为制度保障（韩万渠，2020）。在中国，上级政府往往通过出台与信息公开有关的制度规范以强化上下级的命令和服从关系，进而驱使下级地方政府提高安全信息公开水平（马亮，2012）。其次，在我国，政府的绩效合法性在于对公民需求的有效回应（Piotrowski，2007）。政府信息公开的主要目的是满足公众信息的需求，公众作为政府信息的消费者，形成的需求压力成为推动政府信息公开的重要力量（曹慧琴、张廷君，2020）。最后，横向政府间的绩效差距是合法性逻辑下影响政府信息公开的又一重要因素。由于中国政府的府际关系以及官员晋升制度，同级地方政府间存在着横向的竞争关系，地方政府会根据与同级政府的绩效差距和排名位次做出改进和回应（张楠等，2022）。

三、公开模式选择：效率性逻辑与合法性逻辑之间的权衡

已有研究表明，组织是人们为了一定的目标而进行动员和协调的社会实体，为了效率而存在，但效率的发挥离不开一定的合法性基础（斯科特、戴维斯，

2011）。政府作为有目标追求的社会实体，在追求效率的过程中，也需要一定的合法性基础（任宇东、王毅杰，2019）。政府职能在发挥过程中，合法性和效率性之间表现出复杂的关系。其一，合法性与效率性存在互补关系。一方面，合法性支撑效率性，合法性提供制度安排来带动能力发展，具备合法性的组织可以获取资源以及持续的支持。另一方面，效率性积累合法性，通过效率性满足发展需求来获得权威认同。其二，合法性与效率可能是对立的，政府的合法性追求可能以行为效率性的部分丧失为代价，而为了实现行为效率性所采取的自主性灵活方式，又在一定程度上削弱了行为的合法性。

事实上，无论是互补关系，还是对立关系，已有文献都暗含了合法性和效率性之间存在的一种张力，而这种张力的存在往往会导致不同的政府行为选择（任宇东、王毅杰，2019）。因此，本章基于合法性和效率性之间的复杂关系，将地方政府的信息公开行为划分为合法性导向的保底式信息公开模式、效率性导向的高效式信息公开模式、合法性与效率性权衡的中庸式信息公开模式三类。

合法性导向的保底式信息公开模式，即信息公开过程中，地方政府内部资源有限，但出于对合法性压力的回应而不得不积极公开信息。该模式的信息公开特点是信息公开内容贴近百姓生活、形式通俗活泼、网民参与程度较高、网民与政府的互动较为频繁，但有突发事件，公众的危机信息需求急剧增加时，政府的资源仅仅能够支撑回应公众危机信息需求，而无法顾及其他信息需求满足。一般来说，保底式信息公开模式积累的合法性能够帮助地方政府获得更多的资源以及持续的支持，为地方政府持续的信息公开提供动力。

效率性导向的高效式信息公开模式，即地方政府充沛的财政、技术、领导、组织等资源为高效收集、整理、发布信息提供支撑和保障。该模式的信息公开特点是信息公开数量大、质量高、与民众互动水平高，即便地方政府遭遇突发事件，也能够凭借丰富的政府资源和能力，高效地公开危机信息与其他信息。高效式的信息公开模式使地方政府获得更多的上级政府支持和公众信任，以及在横向政府中保持竞争优势，地方政府的合法性大幅提升。

合法性与效率性权衡的中庸式信息公开模式，即地方政府面临着矛盾的效率性和合法性关系，地方政府既需要出于回应公众需求的目的公开信息，也需要出于资源利用最大化的目的控制信息公开。此时，地方政府面临着两难困境。一方面，由于资源限制，地方政府无法进行完整的信息调查、收集和披露，引发公众质疑；另一方面，过多的资源用于信息披露，侵蚀了社会、经济、生态、文化等领域的资源利用。这种困境使得地方政府信息公开行为呈现信息发布形式单一，信息公开数量和质量不稳定，政民沟通不足等特征。

因此，本章立足于浙江省杭州市、河南省郑州市和黑龙江省哈尔滨市的官方政务机构微博（"以××发布命名"）的信息公开实践，根据"合法性-效率性"分析框架，通过对同一城市的政务机构微博在 2016—2021 年的信息公开情况进行对比分析（时间对比），以及同一时期三个不同城市政务机构微博的信息公开情况进行对比分析（空间对比），归纳出数字时代下我国地方政府的信息公开模式，并进一步探讨数字时代下地方政府信息公开策略选择背后的逻辑，有利于丰富我国政府信息公开研究的知识图谱。

第三节 研究设计

一、研究方法

本章以数字时代下地方政务微博的信息公开为核心议题，借鉴组织社会学中的新制度主义理论，运用案例研究的方法，试图揭示数字时代下地方政府信息公开的行为模式的特征及其规律。

案例研究法最早起源于英国人类学家马林诺夫斯基对"太平洋上特洛布里安岛原住民文化"的研究，此后学者们对其进行逐步发展和完善，并广泛应用于从事社会学、教育学、政治学以及管理学等方面的研究（汪婷，2014）。与实证主义研究方法不同，案例研究法是一种与定量研究相对的定性研究法。该方法不仅能对特定情境中的客观事实进行全面、真实的描述，还能解析现象发生的原因，预测事实未来的发展方向。值得注意的是，案例研究法无法像实证研究那样，通过大样本统计、检验、分析，对假设作出接受或拒绝的判断，也因为案例研究数据收集与案例背景关系紧密，无法对研究结论进行验证。因此，案例研究法往往更适合探讨"发生了什么或者正在发生什么"的描述性问题，抑或是强调"怎么发生或者为什么会发生"的探索性问题。

我们选择案例研究方法的理由如下：首先，本章的主要研究问题为数字时代下地方政府的信息公开行为是否存在差异。如何进一步理解数字时代下地方政府存在的差异化信息公开行为。这两个研究问题是关于"是什么"和"为什么"的问题，恰好与案例研究的最适合的研究范畴相匹配。其次，现有文献尚未深入分析地方政府行为选择的逻辑及过程，尤其是针对数字时代下地方政府信息公开行为逻辑更是现有文献鲜有进行研究和探讨的领域。理论建构型的归纳式案例研究方法主张在多元数据中识别并产生核心的理论构念，通过系统性的因果逻辑分析，非常有助于从"现象驱动型"案例中推导和提炼出理论，进而实现已有理论的进一步丰富（Eisenhardt，1989）。最后，本章采用多案例对比的归纳研究范式，能够更加有效地收集和对比研究数据，通过案例之间的相互印证和补充来实现单个案例的复制与拓展，大大提高理论的普适性，也进一步提高本研究的外在效度。同时，通过不同案例间的对比，确认所产生的新观点是否能同时被多个案例反复证实，从而实现对研究发现的反复验证和进一步拓展。

因此，本章遵循成熟的案例研究范式，通过实践资料和理论文献的不断循环迭代进而涌现理论，案例研究的过程如图 5-2 所示。

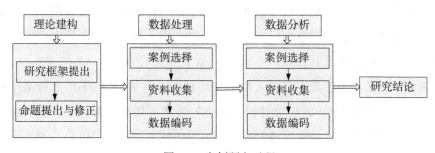

图 5-2　案例研究过程

（资料来源：作者自制）

二、案例选择

为充分揭示数字时代下地方政府信息公开的行为模式及其特征，使得研究契合现实、解释具有普适性，本章选取浙江省杭州市、河南省郑州市和黑龙江省哈

尔滨市三个地方政府的政务机构微博作为研究对象,原因如下:

(一)政务机构微博的代表性

在互联网平台应用不断深化,治理方式快速迈入数字时代的大背景下,相关政策法规的倡导进一步推动了政务微博的快速应用和发展。政务微博已成为地方政府推动政务公开和加强政民互动的重要工具。截至 2020 年 12 月,我国 31 个省(自治区、直辖市)均已开通政务机构微博,经过新浪平台认证的政务微博共计 177437 个(中国互联网络信息中心,2021)。新冠肺炎疫情暴发初期,据统计,2020 年 1 月 22 日—3 月 23 日期间共有超 3.7 万个政府官方微博参与发声,发布了相关微博 379 万余条,获得了超 848 亿的微博阅读量和超 1.9 亿的微博互动量;全国有 4300 多个地方政府官微,实时发布本地疫情通报、防控工作措施等,累计发布 105 万条相关微博,获得 224 亿阅读量和 4353 万互动量(人民网舆情数据中心,2021)。可见,政务微博已经成为地方政府发布信息的主要渠道之一,政府微博的发文数、点赞数、评论数可以反映地方政府信息公开的水平和效果。

一方面,微博平台给政府的发展提供了许多机遇。由于微博平台拥有信息来源及时、信息传播迅速、信息交流便捷等特点,其在微博反腐、舆论监督、遏制谣言传播、有效疏导民众情绪、传递正能量等方面发挥着极其重大的作用(梁丽,2014)。另一方面,传统的政府回应方式也受到了微博问政的拷问。如微博急剧的舆论积聚效应往往使各级政府无法迅速就相关事务做出回应。数字时代的进入壁垒,使得边缘群体的话语权力被挤压,政府治理面临非均衡困境。微博论政具有随意性、无序性、非理性的特点,其巨量的信息往往使政府部门无所适从。

(二)案例异质性

首先,在地理位置方面,杭州、郑州和哈尔滨这三个城市分别属于中国的东南部、中部、东北部,具有地域显著性。其次,这三个城市在经济发展程度上具有较为显著的差异,是高、中、低三种城市经济发展水平的典型代表,其中,杭州市政府 2021 年 GDP 为 18109.42 亿元,在省会城市中排名第 3;郑州市 2021 年 GDP 为 12691.02 亿元,在省会城市中排名第 16;哈尔滨市 2021 年 GDP 为 5351.7 亿元,在省会城市中排名第 48。再次,三个城市在人口密度上存在明显区别，据第七次人口普查结果显示，2020 年杭州市人口密度为 719 人／平方米，郑州市人口密度为 1692 人／平方米，哈尔滨市人口密度为 188 人／平方米。

其中，最重要的是"杭州发布""郑州发布"和"哈尔滨发布"作为三个城市的官方政务微博账号，承担了地方政府信息发布窗口的功能，均保持常态化的政务信息发布，但三市地方政府的政务微博的信息公开内容、信息公开形式和信息公开质量均存在差异。以杭州为例，其地方政府无论是常态化情境或是非常态化情境下，都能及时高效的公开各类政务信息，满足公众信息诉求。在哈尔滨市政府信息公开案例中，囿于当地政府缺乏对非地方特色时令（如冰雪季）时民生信息的有效发布，在一定程度上引发公众的质疑，甚至不满情绪出现。郑州市的政务机构微博则以发布地方景色、美食等宣传类内容为主，达到对外宣传郑州市形象的效果，即便"郑州发布"的微博账号其他民生信息发布占比少，但也获得了公众对地方政府信息公开的理解。可见，这三个案例之间有限的异质性确保了案例间的充分比较与结论的外部有效性。

（三）数据的可得性

数字时代下，政府实现了传统单向信息公开模式向交互式信息公开模式转变，微博以其简单、即时、交互、平民化等特征，成为政府信息公开的新途径。从 2010 年至今，政务微博历经十余年发展，积累了大量政府信息公开数据，成为地方政府信息公开行为特征和逻辑分析的重要资源。因此，本章收集了 2016 年至 2021 年间杭州市、郑州市和哈尔滨市政府官方政务微博的信息发布数据，以实现对地方政府信息公开模式的比较分析。

此外，伴随地方政府信息公开制度的不断出台以及《中华人民共和国政府信息公开条例》的颁布实施，中国政府信息公开逐渐形成规范和体系，各个城市的数据采集通常可以在一个较为可控的时间内完成，容易通过主流媒体报道、自媒体文章、学术文献等渠道进行数据的获取。如《政府信息公开工作年度报告》、人民网舆情数据中心公布的《年度政务微博影响力报告》，中国互联网络信息中心（CNIC）发布的《中国互联网络发展状况统计报告》等为后续的地方政府信息公开模式的时空对比提供了权威数据来源。

三、数据收集与数据分析

由于本章是在数字化时代背景下进行的，且主要考察政务微博中地方政府信息公开行为模式的差异及其原因，因此本章所搜集的数据资料主要来源于网络媒体资料和纸质档案资料两大类。其中，网络媒体资料主要依赖于互联网搜索，通过采用网络爬虫技术收集了三个城市 2016 年至 2021 年的政府微博数据（杭州发布、郑州发布、哈尔滨发布），建立了三地政务微博数据库，为本学术研究提供了坚实的数据和案例支撑。其中，包括政务微博的属性特征（用户名、关注数等）和微博的内容特征（发布时间、发布内容等）及微博互动特征（如公众点赞数、转发数、评论数、评论信息等）。纸质档案资料则主要通过国内外学术研究数据库（国内如中国 CNKI 数据库等、国外如 Webofscience 数据库等）搜集国内外有关信息公开的学术专著、公开发表的核心论文、政府工作报告及新闻报道等，并对文献内容进行归纳与总结。限于资料的可获得性，三个城市政府信息公开行为模式研究的支撑材料均达到 6 个文本以上，案例库支撑材料文字总量达 10 万字以上。

进一步，本研究遵循三角验证的原则，对搜集来的各类原始资料进行反复的对比分析，以保证案例资料的信效度。具体来说，本章对收集来源于政府文本、主流媒体报道、自媒体文章以及相关学术文献等渠道的初始资料进行反复对比，并按照案例的发展过程进行梳理，以获取信效度较高的案例文本。

第四节　典型案例回顾

为探究数字时代下地方政府信息公开模式及其选择逻辑，本章选取杭州市、郑州市、哈尔滨市的政务微博为研究对象，通过网络爬虫技术采集 2016—2021 年间三个城市政务微博的相关属性特征、内容特征和互动特征等信息（如表 5-1 所示）。

表 5-1　　　　2016—2021 年三个城市政务微博信息公开的概况

微博名称	粉丝数（2023 年）	发博总数	转发总数	评论总数	点赞总数	信息公开模式
杭州发布	386 万	43179	970265	349424	68463288	高效式公开

微博名称	粉丝数 （2023 年）	发博总数	转发总数	评论总数	点赞总数	信息公开模式
哈尔滨发布	341.7 万	9663	141904	96174	9026256	保底式公开
郑州发布	135.9 万	21380	323213	204263	9200529	中庸式公开

（资料来源：作者自制）

一、杭州市政务微博的信息公开模式：高效式公开

杭州是浙江省的经济、文化、科教中心，也是长三角的中心城市之一。2021年，全市生产总值达到 1.8 万亿元，在省会城市中排名第三。杭州是国内最早进行数字政府建设的城市之一，是城市大脑的诞生地，"计算"数据的能力在全国一直处于领跑位置。在《2021 年数字经济发展百强城市排行榜》中，杭州市连续多年被评为数字经济一线城市。

表 5-2　　《2021 年年度政务微博影响力报告》中政务微博全国城市排名

排名	城市	传播力	服务力	互动力	竞争力指数
3	杭州市	80.60	78.68	84.82	81.41
16	郑州市	66.55	66.18	75.07	69.40
35	哈尔滨市	68.29	65.23	58.39	63.76

（资料来源：作者自制）

与全国其地级市的政务微博相比，杭州市政务微博竞争力较强。据人民网舆情中心发布的《2021 年年度政务微博影响力报告》显示，杭州市政务微博竞争力指数在全国城市中排名第3（见表5-2所示），在浙江省各地级市中政务微博竞争力指数排名第1（见表5-3所示）。从各得分项看，在传播力方面，杭州政务微博高达80.6分，表明其政务微博阅读数和视频播放量较高，其发布的内容能较好地被公众接收。在服务力方面，杭州市政务微博高达78.68分，表明政务微博能较好地一对一服务网民、为民办事。在互动力方面，杭州市政务微博的分为

84.82，表明政务微博发布的内容引发了较多的网民响应，公众参与政务微博的积极性较高。

表 5-3　《2021 年年度政务微博影响力报告》中浙江省地级市政务微博排名

排名	城市	传播力	服务力	互动力	竞争力指数
1	杭州	80.60	78.68	84.82	81.41
2	宁波	77.38	73.27	68.72	72.91
3	温州	67.75	69.01	61.13	65.87
4	嘉兴	65.47	69.22	59.09	64.55
5	金华	62.79	63.51	63.36	63.24
6	台州	66.56	65.02	56.86	62.62
7	绍兴	64.22	62.21	56.96	60.97
8	湖州	62.93	62.39	47.27	57.26
9	舟山	57.08	58.60	47.23	54.16
10	衢州	56.18	57.37	40.46	51.10
11	丽水	52.02	57.41	34.86	47.90

（资料来源：作者自制）

"杭州发布"是杭州市的官方政务微博，其基本简介为："西湖烟雨，龙井茶香，幸福天堂，你我共享。生活在这座美丽的城市，与 TA 一起成长。这里是杭州市人民政府新闻办公室官方微博，权威发布，沟通你我。"该账号设立的初衷是将其打造成全市权威信息的发布平台、热点事件的回应平台，为"美丽杭州"的建设作出贡献；坚持正确的舆论导向，拓展信息公开渠道，提高为民服务能力，为杭州经济社会发展营造良好氛围。截至 2023 年 3 月，"杭州发布"拥有 384.6 万粉丝，2016—2021 年共发布微博信息 43179 条，获得 970265 次转发，349424 条评论，68463288 个点赞。

表 5-4　《2021 年年度政务微博影响力报告》中杭州发布影响力得分

微博	传播力	服务力	互动力	认同度	总分
杭州发布	79.39	77.43	69.11	73.67	75.80

（资料来源：作者自制）

　　根据《2021 年年度政务微博影响力报告》，杭州发布的影响力得分为 75.8 分，其传播力、服务力、互动力和认同度均较高。具体来看，该市官方微博运营具有图文并茂、发文量大、内容较为广泛、与民众互动水平高等特征。

　　首先，从发布内容来看，"杭州发布"主要对养生贴士、市内重要建筑通知、节日祝福、政策通知等主题内容进行更新，微博内容主要来自原创，少有转发。在信息技术的不断更新背景下，"杭州发布"的微博内容也增加了许多视频内容，包括许多小视频和直播的内容。其次，从发布规律和发布形式来看，"杭州发布"的规律是：早晨以天气预报等"早安"博文开启发布日程，中途发布各种政务和民生信息，最后以"晚安"博文结束发布。不限于单一的文字形式，多以文字加图片或者视频的多形式结合体发布微博。另外，从微博互动情况来说，2019年发文点赞量基本上为 10 ~ 30，其中养生贴士、节日祝福的点赞量较少。事实上，2019 年 5 月 30 日的一条室内建筑"莲花碗"开放的内容点得到较高的赞量（40 个赞）。据了解，该建筑是 2022 年杭州亚运会的指定举办地点之一，评论区内有网友对此地大力支持。转发的用户包括杭州市青少年活动中心、党校、住房公积金、发改等其他部门的官方微博。同时，参考其他点赞量较少的微博，也有杭州财政发布、杭州党校、杭州发改等其他部门进行转发，进而让最新政策等在更大范围内广而告之。以新规定出台为例，2018 年 1 月 31 日，杭州市官方政务微博积极配合发表博文"明天起，这些新规将影响你我生活"，运用文字结合当时最高配图量——9 张图片更新公安、税务、宗教、法律、教育等新的规定。此条博文获得 11 个点赞量，数量偏少，但有 119 个转发数量，转发量大，其中仅有 4 个转发用户是民众个人账户，其余 115 个均为杭州市其他政府部门官微用户和杭州市企业用户，如"杭州财政发布""杭州司法""杭州民政""杭实集团"等，部门之间的壁垒因为数字技术得到一定程度上的打破，提高信息公开水平。总的来说，从互动情况看，"杭州发布"发布的微博政务微博、公共微博的转发量、评论、点赞均较多。

　　二、哈尔滨市政务微博的信息公开模式：保底式公开

　　哈尔滨位于中国东北地区北部，是黑龙江省省会城市，纬度较高，气候较为寒冷，别称"冰城"。2021 年，哈尔滨市全年实现地区生产总值为 0.5 万亿元。

在《2021 年数字经济发展百强城市排行榜》中，哈尔滨市排名 36，并连续多年被评为数字经济二线城市。

与全国其他地级市的政务微博相比，哈尔滨市政务微博竞争力较弱。据人民网舆情中心发布的《2021 年年度政务微博影响力报告》显示，虽然哈尔滨市政务微博的竞争力指数在黑龙江省各地级市中排名第 1，但在全国城市中排名第 35，且与杭州市有 17.65 分的差距，与郑州市有 5.64 分的差距。哈尔滨市政务微博的传播力、服务力和互动力均较弱，尤其是在互动力方面，哈尔滨市政务微博的发展空间极大。

表 5-5　《2021 年年度政务微博影响力报告》中黑龙江省地级市政务微博排名

排名	城市	传播力	服务力	互动力	竞争力指数
1	哈尔滨	68.29	65.23	58.39	63.76
2	鹤岗	62.77	58.98	64.13	61.92
3	大庆	67.40	57.69	61.07	61.79
4	牡丹江	60.01	57.41	66.62	61.41
5	双鸭山	54.31	52.37	59.12	55.31
6	绥化	55.00	56.67	50.99	54.18
7	齐齐哈尔	55.84	56.58	47.44	53.16
8	黑河	52.87	53.06	44.27	49.93
9	鸡西	52.41	57.83	30.30	46.57
10	伊春	46.09	54.03	37.05	45.71
11	佳木斯	50.00	53.08	33.62	45.34
12	七台河	45.31	47.81	42.00	45.02
13	大兴安岭	55.41	50.90	28.41	44.38

（资料来源：作者自制）

"哈尔滨发布"作为哈尔滨官方政务微博，是哈尔滨市政府为了回应打造学习型、服务型、创新型政府的现实需要而开设的。数字时代下，政务微博已逐渐成为党委政府与广大群众交流互动的重要渠道，截至 2023 年 3 月初，该微博已经拥有 341.3 万关注者，2016—2021 年，共发布博文 9663 条，获得转发 141904 次，评论 96174 条，点赞 9026256 个。

表 5-6　　《2021 年年度政务微博影响力报告》中哈尔滨发布影响力得分

微博	传播力	服务力	互动力	认同度	总分
哈尔滨发布	60.05	63.79	55.06	48.49	48.49

（资料来源：作者自制）

根据《2021 年年度政务微博影响力报告》，"哈尔滨发布"的影响力得分为 48.49 分，总体分数偏低。同时，其互动力和认同度存在较为明显的缺陷，存在形式主义公开，缺少与公众互动等问题。整体来说，"哈尔滨发布"的信息发布，主要有三个特点：一是布局合理，错落有致；二是类别齐全，疏密有序；三是内容贴近百姓，形式通俗活泼。

一方面，通过浏览该市官方政务微博可发现，其博文极具条理，开头均带有话题，方便分类查阅，且主题较为明确。其次，常用话题有："冰城新闻""法治哈尔滨""热点新闻回放""早安哈尔滨""晚安""温馨提示"等，话题涉及面广泛，发布频率较为均衡。再次，"冰城新闻"话题下的内容聚焦于当地发生的事件，比如某领域的发展规划等，以政务新闻为主；"热点新闻回放"话题下信息来源扩展到全球，如各重大会议，其他国家的一些资讯等；"早安哈尔滨""晚安"话题下多发心灵鸡汤、生活贴士等，这些博文内容均为公众日常需求较多的信息部分。最后，在形式方面，@哈尔滨发布采用文字、图片、视频等多样化方式发布信息，以吸引网民的阅读和关注。并且，@哈尔滨发布会在发布信息的开头，以"【】"的方式对信息进行总结，方便网民能快速获得主要信息内容。

另一方面，@哈尔滨发布上公开的信息内容较为贴近公众生活，能满足大部分公众的信息需求，但当遭遇重大突发事件时，其信息公开的形式主义问题逐渐凸显。如疫情防控期间，政务微博会对新冠确诊病例的流调信息进行公布，但由于疫情严峻，部分流调信息公开较为简陋，并未明确具体时间、地点，并不能满足疫情防控的信息需求，受到公众的强烈质疑。此外，@哈尔滨发布的微博中，网民在评论区留言较多，但官方从未对相关问题和建议予以回应和回答。单方面的官方信息发布和单方面的公众留言，导致@哈尔滨发布的互动仅具有形式主义功能，并未实际取得政民沟通的效果。

哈尔滨发布
20-12-31 来自 微博 weibo.com

#出行提示#【元旦假期出行停车攻略】元旦将至，市民走亲访友、外出游玩增多，为给广大市民和游客提供安全良好的节日出行体验，哈市交警部门将全警上路，持续深入开展维护旅游道路交通安全"冬季护游"专项行动，同时发布隐患道路提示，提醒市民多留意。

图 5-3　哈尔滨发布信息示例

（资料来源：作者自制）

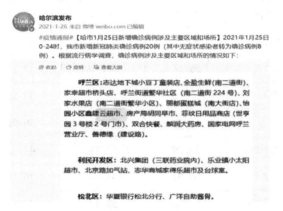

图 5-4　疫情期间@哈尔滨发布关于流调信息的公开示例

（资料来源：作者自制）

三、郑州市政务微博的信息公开模式：中庸式公开

郑州是河南省的省会，是中国中部重要的中心城市，也是北方经济水平较高的城市之一。总面积 7446 平方千米，常住人口 1035.2 万人，城镇人口 772.1 万人，城镇化率 74.6%。2021 年，郑州国内生产总值达到 1.2 万亿元，在省会城市中排名第七。在《2021 年数字经济发展百强城市排行榜》中，郑州市排名 13，

被评为数字经济新一线城市。

与全国其他地级市的政务微博相比,郑州市政务微博竞争力一般。据人民网舆情中心发布的《2021 年年度政务微博影响力报告》显示,郑州市政务微博的竞争力指数在河南省地级市中排名第 1,在全国城市中排名第 16,政务微博竞争力虽落后于杭州市,但相比哈尔滨市更大。可见,近几年,郑州市政务微博建设取得一定的成就,但在传播力和服务力方面仍有较大的进步空间。

表 5-7 《2021 年年度政务微博影响力报告》中河南省地级市政务微博排名

排名	地区	传播力	服务力	互动力	竞争力指数
1	郑州	66.55	66.18	75.07	69.40
2	开封	71.12	74.55	60.38	68.56
3	洛阳	64.57	66.27	69.10	66.75
4	南阳	60.23	62.57	48.98	57.11
5	焦作	59.68	59.99	49.17	56.11
6	商丘	57.30	58.79	52.10	56.00
7	新乡	53.48	57.58	46.91	52.61
8	安阳	53.29	58.79	44.51	52.15
9	平顶山	52.31	57.24	36.12	48.37
10	驻马店	52.38	59.14	29.11	46.60
11	三门峡	50.73	53.26	32.71	45.31
12	鹤壁	45.44	52.65	36.66	44.89
13	许昌	49.42	55.95	28.08	44.24
14	信阳	48.80	55.28	28.63	44.01
15	周口	52.47	54.51	25.41	43.71
16	漯河	46.20	53.54	28.71	42.65
17	濮阳	46.73	51.58	25.02	40.83

(资料来源:作者自制)

　　"郑州发布"，是中国共产党郑州市委员会、郑州市人民政府新媒体权威发布平台，集政务信息发布、舆论引导、便民服务和媒体融合传播四大功能于一体。"郑州发布"是河南省政务微博的头部账号，它是郑州市委宣传部、市政府的"发声器"，经过不断完善，在发布郑州本地资讯、服务郑州市民、传播郑州声音、宣传郑州形象等方面摸索出一条独特的发展道路。"郑州发布"的 IP 形象"郑小布"已成为党委政府和市民之间的一座桥梁。我们可以从其微博简介："真实、客观、准确、及时!"看出其运营的宗旨。"郑州发布"的粉丝数截至 2023 年 3 月初期为 135.7 万，相比 2014 年 11 万左右的粉丝数量有了大幅提升。2016—2021 年，@郑州发布共更新微博 9663 条，获得 141904 次转发，96174 条评论，9026256 个点赞。

　　回溯"郑州发布"的信息公开实践，在内容方面，该市的博文内容偏向官方形象宣传，主要展示郑州的文化资源、美貌景色、正能量事件等。@郑州发布开设有"郑等你来""发现郑州之变""印象郑州""我在郑州过年"等话题，对郑州独特的文化、生活、景色等进行宣传介绍，吸引网民的关注。其政务微博也发布有"国际郑"城市形象宣传片、郑州园博园宣传片、"70 秒城市印象"城市系列宣传片等，展现了郑州的独特形象，传递了郑州城市魅力。在发文形式上，与其他政务微博类似，@郑州发布主要采用图文、视频的方式发布信息，此外，较为特殊的是直播也是@郑州发布频繁采用的信息发布形式，如新闻发布会的直播，高考送考直播等。公众在直播中以平等的主体身份与政务人员一起参政议政，共同参与城市建设与社会治理，同时也彰显出政府部门积极执政的心态，让人们感受到政府"阳光行政"的诚意(沈霄、王国华，2018)。

表 5-8　　《2021 年年度政务微博影响力报告》中郑州发布影响力得分

年度	传播力	服务力	互动力	认同度	总分
2021	78.00	68.35	70.88	71.06	73.26

(资料来源：作者自制)

　　此外，据《2021 年年度政务微博影响力报告》中"郑州发布"的评分情况，可知"郑州发布"的互动力建设较为成功。具体来说,"郑州发布"2020年平均每条微博有17条网民留言,2021年平均每条微博有10条网民留言,并且,官方会对部分评论和建议予以回复。如2020年5月11日22点42分,名为"悲伤永夜"的网友留言道:"郑州的兄弟们现在都穿什么啊,准备回去了不知道穿啥衣服。"7分钟后,"郑州发布"官方回复道:"小布觉得短袖长裤还不错。"随后,该网友回复:"那就谢谢小布的意见喽。"这一段简短的交流互动,足以体现郑州市官方政务微博的回应速度快,回复内容实际,回复的语言平易近人的特征。

但在信息公开实践中,郑州市政务微博仍存在信息公开数量不足、服务力不够等问题。从发文数量来看,郑州市官方政务微博发文量较少,2016年全年仅发布716条微博,2017年全年发布310条微博,2018年发布210条微博,这段时间,郑州市政府并未认识到政务新媒体的重要性,未重视政务微博的发展建设。2019年到2021年,发文量增加,三年共发布了8427条微博,但数量仍较少。在服务力方面,"郑州发布"的主要信息公开内容包括文化、景色、新闻等,关于便民服务的信息更新较少,在满足公众的服务需求方面较为欠缺。关于政务服务的内容主要依靠官方网站、微信公众号等实现。

第五节　数字时代下地方政府信息公开模式的多案例比较

数字时代下,地方政府的信息公开模式呈现不同的特征,这与地方政府所处的时代背景和空间环境有密切的关系,因此我们进一步对地方政府的信息公开模式在时间维度和空间维度进行对比,以深描数字时代下地方政府信息公开的模式特征和规律。

一、时间维度

(一)突发事件的外部冲击:公众诉求压力

杭州市官方政务微博@杭州发布从2016年到2021年共发布43179条微博,其间,发文量近似"N型"发布形态,即先上升,再下降又上升的特征。2020年为信息发布的低谷期,2019年和2021年为信息发布量的高峰期。哈尔滨市官方政务微博@哈尔滨发布在同期共发布 21380 条微博，其每年的微博信息发布量呈波浪形变化，2016 年到 2018 年呈减少趋势，2018 年为拐点，微博信息发布量逐步增加，并在 2020 年达到顶峰，此后又随之减少。郑州市官方政务微博@郑州发布在该时间段的全量微博数量为 9663 条，其每年发布的信息数量呈 U 形变化趋势，2018 年为信息发布最少的年份。从时间上看，三个城市的政务官方微博的信息发布数量的变化形式存在差异，但三个城市的信息公开实践具有一个共同点，即 2020 年和 2021 年，三市政府的官方微博信息发布数量远高于前几年，这可能与 2020 年新冠疫情的冲击相关。

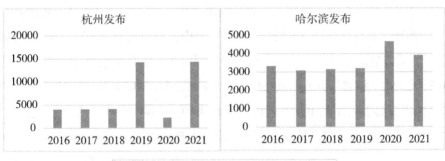

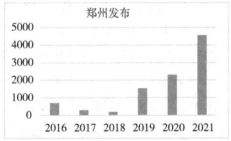

图 5-5　杭州发布、哈尔滨发布、郑州发布微博发文量统计图

（资料来源：作者自制）

新冠疫情的冲击使公众对信息需求发生了巨大的变化，迫使地方政府调整信息公开内容，提高信息公开水平。常态化情境下，公民个人对教育、就业、社保等与生活和工作相关的信息主题更为关注。因此，地方政府信息公开内容以回应公众对信息主题的需求为主。如@杭州发布的内容主要有新闻类、服务类、宣传类、互动类等内容，所运营的话题除了#早安#、#晚安#之外，还有重点介绍杭州

辖区权威信息、大事、好事，传递杭州人文气息、文化底蕴等独具一格的话题。@哈尔滨发布的内容主要包括新闻类、服务类和宣传类，长期沿用的话题有#冰城新闻#、#冰城美食#、#便民服务#、#医疗服务#、#出行服务#、#冰城旅游#等。@郑州发布所充当的角色只是单一的信息发布平台，所发布的内容单一，基本集中于"新闻信息"发布，多见于转发信息。新闻主题也集中于就业、社保、医保、住房、出行等民生方面。

2020年新冠疫情暴发，使得民众亟需相关信息以判断自身所处形势和决定采取何种方式以应对危机。相比常规状态，公众在公共危机中更需要准确的信息，以便调整自己的行为，如果信息可访问性不强，信息需求无法得到满足，公众则可能放弃相关行动，也可能会伴随出现紧张、恐慌等负面情绪，威胁社会稳定。在2020—2021年的政务微博的公众互动中，可以明显发现，公众对政府信息公开的关注显著增强。事实上，@杭州发布2016年全量信息获得的点赞量为34943个，2021年增长到68150519个。@杭州发布在2020年1月22日发布的主题为"杭州卫健委公布全市发热门诊及疾控机构24小时值班电话"的消息中，一位名为"一口能吃三个瓜"的网友评论道："强烈建议置顶。"@杭州发布在2020年1月19日发布的新增确诊病例情况一文中，获得108个点赞，61条评论。其中，网友"独孤求败2446991471"评论道："表述清晰明了，点赞。"网友"plikestar"评论说："情况公布快速清晰，点赞。"@郑州发布2016年全量信息获得的点赞量为2064个，评论数为972条，2020年点赞量增长到180149个，评论数增长为39697条，2021年点赞数为8803224个，评论数为47412条。在#关注郑州新冠肺炎疫情#话题下，多名网友留言要求，公布郑州市疫情详细情况、确诊病例的详细活动轨迹等。@哈尔滨发布2016年全量信息获得的点赞量为36508个，2020年增长到8662138个，2021年为229653个。@哈尔滨发布在2020年1月23日发布的一则疫情通报中，网友在评论区展开激烈讨论。网友"玛约"评论道："通过什么路径来哈？是否相关公共交通工具？目前有多少密切接触人员在隔离？"网友"hhebly"回复说："这也是哈市民众最关心的事情！希望官方能及时披露信息！"

总之，三个官方政务微博均呈现出疫情冲击下信息发布数量增加、频率提高的趋势。因此本研究认为在危机事件冲击下，回应公众的诉求压力构成地方政府信息公开的主要动力。

(二)重要会议召开：上级政府规范压力

地方政务微博承担着"上情下达"的重要职能。其中，"上情"包括上级政府重要会议内容、重要文件、重要计划和规划，上级领导重要指示等。实际上，"上情"的传递要求已然形成了一种无形的上级政府压力，使得地方政府不得不积极提高信息公开水平，借用政府网站、政务微博、政务微信等手段将"上情"传递给公众。如党的十九大期间，由于上级政府规范压力的增加，地方政务微博的信息公开水平明显提升。

据统计，@哈尔滨发布党的十九大期间共发布 116 条信息，包括会议相关信息 69 条，常规信息 47 条，平均每天更新 14.5 条信息。而 2017 年 1—9 月期间，@哈尔滨发布平均每天仅更新 8.6 条信息，11—12 月期间平均每天仅更新 8.27 条信息，这两个时间段内的日更新率均低于十九大期间。@郑州发布在十九大期间共发布 17 条消息，其中 13 条是会议相关内容，平均每天更新 2.13 条。据统计，1—9 月@郑州发布的更新频率仅为 0.84 条/天，11—12 月更新频率为 0.81 条/天。同样的，这两个时间段内@郑州发布的日更新率均低于十九大期间。但杭州市由于经济发展水平高，整体信息公开水平较高，党的十九大的召开并未引起较为明显的信息公开水平波动。党的十九大召开期间，@杭州发布共发布 14 条会议相关微博，76 条常规微博信息，平均每天发布 11.25 条信息。2017 年 1—9 月@杭州发布每天平均发布 11.36 条信息，2017 年 11—12 月平均每天发布 10.86 条信息，三个时间段日更新率相差不大。

总之，为完成"上情下达"的使命，三地地方政府在十九大期间均增加更新频率，因此重大会议期间的信息公开主要由上级政府规范压力推动。

表 5-9　**2017 年 10 月 17 日—10 月 24 日政务微博十九大会议信息发布情况统计**

微博名称	发布量	点赞量	转发量	评论量	转发微博	原创微博
杭州发布	14	146	383	50	9	5
哈尔滨发布	69	176	1158	48	53	16

微博名称	发布量	点赞量	转发量	评论量	转发微博	原创微博
郑州发布	13	25	8	0	10	3

注：党的十九大会议召开时间为 10 月 18 日—24 日，为全面描述政务微博信息公开情况，选择以 10 月 17 日—25 日作为统计期限。

（资料来源：作者自制）

（三）政务微博影响力评估：横向竞争压力

根据绩效差距理论，决策者会通过比较自身绩效与同类组织的平均绩效来评估本组织绩效是否领先于其他同类政府机构，这是一种典型的横向绩效对比方式。正向的绩效差距会赋予组织成功者的身份，为组织带来有形或者无形的富余资源，决策者往往需要考量如何运用富余资源（Meier et al.，2015）。负向的绩效差距则会给组织带来更直接的问责压力，组织决策者往往需要发现问题和寻找解决问题的途径（Salge，2011）。当然，绩效差距与组织决策行为是一种非线性关系。由于公共部门的决策要兼顾绩效增长和组织稳定，因此，当组织绩效略高或者略低于绩效目标的时候，决策者往往会对机构革新采取观望的态度，只有当绩效差距的绝对值达到一定程度，管理决策才会出现显著改变（朱凌，2019）。

据人民网舆情中心每年公布的《政务微博影响力报告》政务微博影响力指数显示，在横向绩效差距方面，@杭州发布影响力一直处于领先地位，@郑州发布在 2018 年之前的竞争力最低，@哈尔滨发布的影响力居中。一方面，2019 年地方政务微博影响力的横向绩效差距达到顶峰，突破了绩效差距的"无差异空间"，哈尔滨市政府和郑州市政府不得不积极探寻政务微博建设中存在的问题，并寻求提高政务微博影响力的方法。其中绩效偏低的地方政府增加信息发布数量以弥补差距，如@郑州发布 2018 年发布微博 210 条，2020 年发布 2323 条，2021 年发布 4562 条，@哈尔滨发布 2018 年发布微博 3153 条，2020 年发布 4667 条，2021 年发布 3923 条。另外，低绩效地方政府试图增加与公众互动的积极性。《政务微博影响力报告》显示，@郑州发布的互动力评估结果从 2019 年的 49.30 分增长到 2020 年的 70.23 分。此外，上述地方政府通过探索新的信息发布形式，以提高传播力。例如，@郑州发布采用直播的方式，吸引网民的参与，并号召其他政务微博账号转发直播信息，扩大传播面。另一方面，受 2020 年新冠疫情的冲击，公众对危机信息需求的暴增，地方政府必须利用政务微博、政府网站等方式，积极公开信息，以满足公众信息诉求。因此，在 2020 年，《政务微博影响力报告》中@郑州发布、@哈尔滨发布的政务微博影响力指数在 2020 年显著提高。具体来看，政务微博影响力指数也从 2019 年的 52.65 分急速增长为 71.95 分；政务微博影响力指数也从 2019 年的 55.18 分上涨为 64.11 分。

表 5-10　　**2017—2021 年《政务微博影响力报告》政务微博影响力指数**

年份	杭州发布	哈尔滨发布	郑州发布
2017	76.56	61.13	未上榜
2018	77.22	64.59	未上榜
2019	70.74	55.18	52.65
2020	73.37	64.11	71.95
2021	75.80	57.49	73.26

注：2017 年政务微博影响力指数评价指标体系调整，2016 年与后续年份无法在同一维度比较，故 2016 年不包含在比较范围内。

（资料来源：作者自制）

整体来看，时间维度上，地方政务微博的信息公开行为的变化受到自下而上的公众诉求压力、自上而下的制度压力和横向政府的竞争压力的影响较大。但地方政府资源和能力也为政府信息公开行为的选择提供重要支撑。如@杭州发布的信息公开水平持续稳定在高水平上，离不开其经济发展水平、财政资源、数字技术水平、组织资源等的支撑。此外，当地方政府面临重大信息公开行为调整时，政府能力和资源的作用更加凸显。如 2020 年哈尔滨市面临新冠肺炎疫情冲击、2021 年郑州市遭遇特大暴雨侵袭需要提高信息公开水平时，它们有限的财政资源、数字技术水平、组织资源等都成为限制信息公开质量提高的关键因素。

二、空间维度

从发文数量上看，@杭州发布在 2016 年到 2021 年发布 61241 条微博，@哈尔滨发布在同时期一共发布 21296 条微博，郑州市官方政务微博 @ 郑州发布在该时间段的全量微博数量为 9175，杭州市的微博更新数量远远多于其他两地，其全量信息甚至达到 @ 郑州发布的六倍左右。

从发布内容上看，@ 杭州发布在 2016 年到 2021 年间发布的微博内容特征是图文并茂、发文量大，且以原创的形式为主，并且信息主题涉及较为广泛，主要有各种养生贴士、市内重要建筑通知、节日祝福、政策通知等。@ 哈尔滨发布具有布局合理、类别齐全、独具特色、内容贴近百姓、形式通俗活泼等特点。而 @ 郑州发布所充当的角色只是单一的信息发布平台，所发布的内容单一，基本集中于"新闻信息"发布，多见于转发信息。

可见，不同的地方政府信息公开数量和质量存在较大的差异。那么，我们如何看待这些差异？其他地方政府的信息公开行为是否也会存在这些差异？是什么原因导致了差异的存在？鉴于此，本节将运用"合法性-效率性"的框架，对三个城市政务微博信息公开模式的差异及其差异化原因进行深描。

表 5-11　　　　　三个城市"合法性-效率性"程度以及公开特点

城市	合法性	效率性	信息公开特点
杭州	+	+++	高效式公开
哈尔滨	+++	+	保底式公开
郑州	++	++	中庸式公开

注："+"表示存在，"+"越多表示程度越强

（资料来源：作者自制）

（一）浙江省杭州市：效率性考量下的高效式公开模式

@ 杭州发布在 2016 年到 2021 年发布 61241 条微博，杭州市的微博更新数量远远多于其他两地，其全量信息甚至达到 @ 郑州发布的六倍左右。@ 杭州发布月均发文 850 条，更新频率显著优于哈尔滨市。此外，@ 杭州发布的发文内容图文并茂、发文量大，涉及的信息主题较为广泛，包括养生贴士、市内重要建筑通知、节日祝福、政策通知等。整体来看，杭州市政府微博信息公开呈现高效化

特点。

一方面，杭州市政府面临较大的合法性压力。首先，上级政府(部门)为确保任务落实，会对下级政府(部门)的注意力选择展开竞争和引导。浙江省于2016年到2021年间，出台258条关于信息公开的地方规范性文件，以回应自上而下的制度要求。作为下级地方政府，杭州市政府将信息公开作为重要职责之一，严格按照上级要求提高信息公开水平。

表5-12　**2016—2021年浙江省、黑龙江省、河南省信息公开相关制度规范**

条目	浙江省	黑龙江省	河南省
地方性法规(部)	11	4	6
地方性政府规章(部)	11	6	2
地方性规范文件(件)	258	222	219
地方工作文件(件)	376	374	392

(资料来源：作者自制)

其次，@杭州发布粉丝量高达384.6万，且官微发文转发、评论、点赞数整体偏多，与另外两个地方政务微博相比(见表5-13所示)，评论总数多，点赞率高，公众对杭州市政府微博信息公开较为关注，并且乐于通过政务微博与政府互动。每条微博平均转发量为22.47次，平均评论数为8.09条，平均点赞量高达1585个。不置可否的是，杭州市政府对于公众的信息诉求回应十分积极。如2016年1月30日，@杭州发布公布了一条【过年养这些植物不错哟！快养起来！】微博，评论区出现一条留言，有网友问到"能关心一下杭州还在停水的几千户居民吗？停了一个星期了，什么说法都没有。"该留言内容与该微博内容完全无关，即便如此，博主于网友留言15分钟内回复："您好，您可向杭州热线87826789反映，如果热线打不进去，可向所在社区反映。"该网友后对博主的迅速回复表示感谢，并继续说明了情况，博主再次进行做法回复及政府方面情况说明。公众有需求，@杭州发布积极回应，不同于形式化的信息发布，该城市的政务微博真正起到了政民互动的作用，进一步发挥了电子技术与政务结合服务于民的积极作用，针对性满足公众多样化需求，得到公众肯定。

表 5-13　　　　　　　　　　三个城市政务微博的基本情况概述

微博名称	发博总数	转发总数	平均转发数	评论总数	平均评论数	点赞总数	平均点赞数
杭州发布	43179	970265	22.47	349424	8.09	68463288	1585
哈尔滨发布	9663	141904	14.68	96174	9.95	9026256	934
郑州发布	21380	323213	15.11	204263	9.55	9200529	430

（资料来源：作者自制）

最后，从横向绩效差距来看，浙江省内经常举行信息公开绩效排行（如政务微博影响力排行），为了保持靠前甚至顶尖的排名，杭州市在政务微博的信息公开方面持续发力，保持高效、高质。杭州市虽然没有作为后来者被淘汰的压力，但作为信息公开领头人，这个角色赋予的动力同样构成横向的合法性压力。

另一方面，在效率性方面，优质的政务微博运营依赖于所依托的政府资源，政府资源禀赋对政府政务微博信息发布有显著的正向影响（樊博、顾恒轩，2023）。首先，就可支配财政资源来看（见表 5-14），杭州市一般公共预算收入占 GDP 的比重均在12%以上，税收收入占一般公共预算收入的90%以上，最高达到94%。与此同时，一般公共预算支出占 GDP 的比重逐年增加，最高占 GDP 比重达13.21%；一般公共预算支出占一般公共预算收入的比重平均在100%，最低仅为94.08%。这意味着，杭州市经济发展水平高，财政资源丰富。税收收入是杭州市政府财政收入的主要来源，并且杭州市地方政府的一般公共预算收入能满足一般公共支出的资金需求，偶有年份存在财政结余。杭州市政府丰富的资源为政府的信息收集、处理和公开提供了资金支持。并且，作为具有经济和财政绩效领先地位的地方政府，杭州更有条件和意愿宣传其发展的表现和成就，以获得上级政府认可和公众满意。

表 5-14　　　　　　　　　　杭州市经济发展水平和财政水平

时间	GDP（亿元）	一般公共预算收入（亿元）	税收收入占一般公共预算收入比重	一般公共预算收入占 GDP 比重	一般公共预算支出（亿元）	一般公共预算支出占 GDP 比重	一般公共预算支出占一般公共预算收入比重
2016	11050	1402.38	91.93%	12.69%	1404.31	12.71%	100.14%
2017	12556	1567.40	90.41%	12.48%	1540.92	12.27%	98.31%

时间	GDP（亿元）	一般公共预算收入（亿元）	税收收入占一般公共预算收入比重	一般公共预算收入占GDP比重	一般公共预算支出（亿元）	一般公共预算支出占GDP比重	一般公共预算支出占一般公共预算收入比重
2018	13509	1825.10	90.47%	13.51%	1717.10	12.71%	94.08%
2019	15373	1966.00	91.11%	12.79%	1952.90	12.70%	99.33%
2020	16106	2093.39	94.52%	13.00%	2069.70	12.85%	98.87%
2021	18109	2386.59	93.59%	13.18%	2392.60	13.21%	100.25%

（资料来源：杭州市国民经济和社会发展统计公报）

　　其次，杭州市是将数字技术运用于政府治理的领头羊。据清华大学社会科学学院《中国数字政府发展研究报告》显示，浙江省数字政府发展指数位列省级政府第二名，杭州市位列副省级城市第二名，同时，杭州市数字政府发展水平位于省会城市比拼中的第一梯队。杭州的数字技术为政府信息公开赋能。杭州市城市大脑3.0版本，形成11大系统、48个场景同步推进的局面，日均协同数据超过1.2亿条，完成了从"治堵"向"治城"、"量变"到"质变"的转变。新冠肺炎疫情期间，杭州"城市大脑"与华数互动电视相结合，进入老百姓家中。打开电视，市民足不出户就能实时了解疫情最新资讯和数据发展、查询患者同行的交通信息，更为在家隔离和即将上班的居民给出了全场景多维度的预防措施。

　　从组织协作水平方面来看，@杭州发布的粉丝中，包括杭州疾控、杭州司法、杭州发改、杭州水务、杭州财政等杭州市职能部门官方微博。@杭州发布的日常信息推送中，杭州司法、杭州共青团、杭州财政等官方微博的转发和评论的频率很高。此外，杭州城市大脑建成后，杭州实现了市级、区（县、市）级、镇街级和市级部门间的互联互通，打破信息壁垒，联通数据孤岛。

　　从领导注意力方面来看，2016年到2021年，杭州市发布涉及"信息公开"内容的地方性法规3部、地方政府规章3个、地方规范性文件102件、地方工作文件174件。相比哈尔滨市和郑州市，杭州市颁布的涉及"信息公开"相关内容的制度规范数量更多，这意味着，杭州市在信息公开领域呈现出更高的领导注意力。此外，政府官员个人微博的信息公开情况也能反映领导注意力水平。因为政府官员的政治地位和个人魅力推动了其已经认证的个人官方微博成为意见领袖，围绕他们形成了一定的"粉丝圈"，在这个圈内该官员所发表的意见和信息能引起广泛的重视和影响，并且通过和"粉丝"的交流沟通，进一步深化信息内容。比如说，2011 年时任浙江省委常委、省委组织部部长蔡奇的个人官方微博进入"十大官员微博排行榜"。他主要通过微博对组织工作的相关问题进行公开的答疑解惑，其姿态平和，往往积极主动听取博友的意见建议。他还推出了"周末夜话"等栏目与网民进行深度沟通。除此之外，他还积极推动其他各级官员、各部门官方微博的开设，形成了浙江省内颇具特色的"微博政府"，提高了政府部门的服务效能和公信力。

综上所述，杭州市政府信息公开呈现高效率的特征，根本原因是杭州市政府拥有丰富的资源禀赋，为地方政府信息收集、整合、处理、反馈和公开提供了支撑和保障。值得注意的是，以效率为导向的政府信息公开模式也促进了政府合法性的实现，使地方政府获得更多的上级政府认可和社会公众的支持。目前杭州市政府的高效式信息公开模式获得公众好评。据《2021 年度杭州综合考评社会评价意见报告》调查显示，社会各界对杭州市政府部门的政务公开和依法行政的满意度高达 98.93%，相比 2020 年的 98.71%，有一定的上涨。并且，以数字技术支撑信息公开和数据共享的方式也获得上级政府肯定，被列为地方政府学习典范。2020 年 8 月份，浙江省就下发通知，要在全省全面推广城市大脑杭州经验。

(二)黑龙江省哈尔滨市：合法性压力下的保底式公开模式

从发文数量上看，@哈尔滨发布在 2016 年到 2021 年一共更新 21296 条微博，月均发文 296 条，发文数量相比于@杭州发布少，较于@郑州发布多。从发布内容上看，@哈尔滨发布的博文内容贴近百姓生活，形式通俗活泼，但也存在政民互动形式主义的问题。可见，哈尔滨官方政务微博的信息公开采取的是回应公众信息诉求的保底式公开模式。

在当今社会数字化趋势下，政府主导信息公开单向传播的时代已经结束，多元信息需求主体迫使信息公开朝着双向化的趋势转变。哈尔滨市政府紧跟信息公开理念变化的潮流，重视公众信息诉求表达渠道的建设。官方政务微博@哈尔滨发布并未开启精选评论功能，也并未对微博内容设置不可评论，公众可以在评论区畅所欲言，发表意见和建议。据统计，@哈尔滨发布每条微博平均评论量为 9.55 条，公众参与政务微博的互动较为积极主动。但@哈尔滨发布的信息公开也存在一定的问题。哈尔滨政务微博的信息公开还处于单方面的信息发布和公众单方面的诉求表达，并未实现真正意义上的政民双向互动。我们随机抽取 2016—2021 年 5 月 10 日 @哈尔滨发布的微博统计发现，每年该天都有网友在评论区留言表达问题诉求，但政务微博并未对这些留言进行回复。

自 2008 年国家出台《中华人民共和国政府信息公开条例》后，信息公开工作开始受到政府的关注和重视。据统计，2016—2021 年，黑龙江政府出台了涉及"信息公开"工作的地方性法规 4 部，地方政府规章 6 部，地方性规范文件 222 件，地方工作文件 374 件。黑龙江政府出台的信息公开相关政策文件与浙江省相比略少，但远远多于河南省。可以推测，哈尔滨市承担的上级政府的制度规范压力相对较大。信息公开政策和建立的问责机制直接影响地方政府的决策（马亮，2012；李月琳等，2022）。

从横向角度绩效差距来考察哈尔滨市政府信息公开行为，我们发现，@哈尔滨发布在黑龙江省的 12 个城市中，信息公开绩效差距呈正向优势状态，而与辽宁省的省会城市沈阳相比，则处于明显的负向差距状态。据《人民日报》发布的《2021 政务微博影响力报告》的评估显示（表 5-15），@哈尔滨发布总分 57.49 分，领先于同省份其他城市的官方政务微博，但与 @沈阳发布相差 13.61 分，与 @长春发布相差 11.41 分，其传播力、服务力、互动力、认同度均与周边的省会城市的政务微博有一定的差距。尤其是，在《2021 政务微博影响力报告》中，@沈阳发布的"借势传播打造城市品牌，符号化宣推传递城市精神"被作为典型案例进行介绍推广。未来，@哈尔滨发布需要学习其他城市政务微博的建设经验，在加强信息公开传播、政务服务、公众互动等方面建设外，需要寻找符合哈尔滨城市建设特色的政务微博发展之路。

表 5-15　　　　　　　**2020 年度政务微博影响力部分城市排名**

排名	微博	认证信息	传播力	服务力	互动力	认同度	总分
1	沈阳发布	中共沈阳市委宣传部官方微博	74.69	69.07	70.24	66.79	71.10
2	长春发布	长春市委宣传部官方微博	73.45	81.64	60.15	55.81	68.90
3	哈尔滨发布	中共哈尔滨市委宣传部官方微博	60.05	63.79	55.06	48.49	57.49

续表

排名	微博	认证信息	传播力	服务力	互动力	认同度	总分
4	伊春发布	伊春市委宣传部官方微博	46.28	34.82	45.93	29.01	40.46
5	绥化发布	黑龙江省绥化市互联网信息工作办公室官方微博	45.10	36.78	29.59	29.59	39.99

（资料来源：作者自制）

　　首先，从效率角度来说，哈尔滨位于中国东北，是中国工业化起步较早的城市之一。然而，长期积累的体制性和结构性矛盾使哈尔滨的发展遇到困难和挑战，体现为哈尔滨市 GDP 逐年下降，2021 年，哈尔滨市 GDP 仅为 5351.7 亿元，在省会城市中排名第 17 位。此外，哈尔滨市的财政实力相对较弱。据 2016—2021 年《哈尔滨市国民经济与社会发展统计公报》可知，哈尔滨市的每年的一般公共预算收入均低于 400 亿元，税收收入占一般公共收入的比重均低于 85%，最低仅为 69%，一般公共预算支出占一般公共预算收入的比重均高于 230%，最高达到 342.23%（表 5-16）。可见，哈尔滨市的财政收入，尤其是税收收入并不足以支撑财政支出的需求，往往需要依靠上级补助收入、使用上年结转资金、调入资金、调入预算稳定调节基金、争取一般债券收入等项目的支撑。

表 5-16 　　　　　　　哈尔滨市经济发展水平和财政水平

时间	GDP（亿元）	一般公共预算收入（亿元）	税收收入占一般公共预算收入比重	一般公共预算收入占GDP比重	一般公共预算支出（亿元）	一般公共预算支出占GDP比重	一般公共预算支出占一般公共预算收入比重
2016	6101.6	376.2	69.43%	6.17%	876.3	14.36%	232.93%
2017	6355.0	368.1	80.20%	5.79%	958.5	15.08%	260.39%
2018	6300.5	384.4	84.39%	6.10%	962.2	15.27%	250.31%
2019	5249.4	370.9	82.53%	7.07%	1101.1	20.98%	296.87%
2020	5183.8	339.6	82.95%	6.55%	1162.2	22.42%	342.23%
2021	5351.7	365.8	76.85%	6.84%	992.1	18.54%	271.21%

（资料来源：哈尔滨市国民经济和社会发展统计公报）

其次，哈尔滨市政府的数字技术水平较低。根据清华大学社会科学学院数据治理研究中心 2021 年《中国数字政府发展研究报告》显示，哈尔滨市数字政府发展指数得分为 54.9 分，在省会政府中排名第 18 名，低于平均水平 8.244 分。尤其是，在数字技术运用于信息公开方面，哈尔滨政府的发展空间仍然非常大。2021 年常态化疫情防控时期，上海、广州、杭州等地方政府能高效利用数字技术助力疫情信息公开，对于新增确诊病例的流行病学信息调查、公开等能迅速精确地完成，获得公众一致好评。而哈尔滨市政府在遇到散点式或局部性疫情暴发的情景时，数字技术并未很好地助力烦琐的、复杂的流调信息调查和公开，因而疫情期间频频遭到公众质疑和声讨。其中，网友"辣非的女仔"对哈尔滨的疫情信息公开情况评论道："轨迹越来越简单了，无语！"网友 iflife 也说："能不能别学人家上海了，咱没那大数据，还是写清楚点吧。"近期，随着数字经济在中国各地形成了探索热潮，作为中国东北老工业基地，哈尔滨市政府也开始高度重视发展数字经济，先后印发了《数字经济"十四五"发展规划》《新型智慧城市建设总体规划》《新型基础设施建设行动计划》《促进大数据产业发展行动计划》《数字经济创新发展示范城市建设方案》《加快数字经济发展实施方案（2022—2024 年）》《支持数字经济加快发展若干政策》和《推进数字经济加快发展 2022 年工作要点》。哈尔滨市政府试图把数字经济做大做强，奋力把数字经济打造成哈尔滨全面振兴全方位振兴的新动能新引擎。

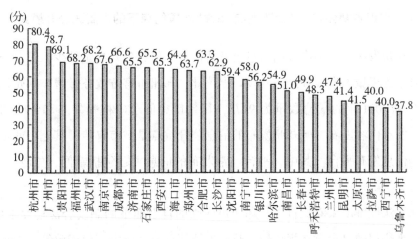

图 5-6　2021 年《中国数字政府发展研究报告》：省会城市数字政府发展指数得分

（资料来源：作者自制）

在组织资源方面，纵观哈尔滨的官方政务微博，我们发现，该城市各个类型的信息均及时更新，政务类信息和民生类信息均被该市其他政府部门转发。并且，哈尔滨市官方政务微博发文数量较多，但有很多转发于其他政务微博并非原创。可见，哈尔滨市政府在信息公开过程中，部门协作程度相对较高。此外，在领导权威资源方面，2016—2021 年，哈尔滨市政府出台与"信息公开"相关的地方性法规 3 部、地方性规范文件 68 件、地方工作文件 141 件。地方领导对于信息公开的注意力与郑州市政府的差异不大。

总体来看，数字化背景下，哈尔滨市政府面临较大的合法性压力，其中自下而上的公众参与压力巨大，并且，哈尔滨市政府的政府能力较为欠缺，政府资源较为薄弱，尤其是财政能力和数字技术能力。哈尔滨市政府往往会出于对合法性的回应，而公开公众需要的信息，但由于资源的制约，在信息公开的及时性、完整性和有效性方面，仍存在欠缺。这一原因导致哈尔滨市政府的信息公开具有信息公开数量较多、信息公开内容贴近百姓生活，但政民互动脱节、信息公开形式化的特征。值得注意的是，合法性的积累有助于效率性的提升。当公众和上级政府对地方政府的行为表示满意时，上级政府的资源倾斜、投融资的聚集等都会成为助力地方政府发展的重要资源。

（三）河南省郑州市："合法性-效率性"双重约束下的中庸式公开模式

@郑州发布呈现中庸式的信息公开特征，即信息公开数量较少，信息公开内容主要服务于城市发展和经济建设。据统计，郑州市官方政务微博@郑州发布在 2016 年到 2021 年的微博数量为 9175，其数量远低于@杭州发布和@哈尔滨发布。从发布内容上看，@郑州发布的信息公开重点是城市宣传，其充当的角色是单一的信息发布平台。其中，平台经常发布的信息主题包括新闻、旅游、文化、美食、美景等。

从合法性维度来看，首先，郑州市面临的自上而下的制度合法性要求中等，上级政策法规的出台意在规范地方政府疫情信息公开行为，由于政策压力承载着较强的"政治势能"，有助于政策目标的实现（贺东航，孔繁斌，2019）。河南省于 2016 年到 2021 年出台关于"信息公开"的地方性法规 6 部、地方性政府规章 2

部、地方性规范文件219件、地方工作文件392件，以规范地方政府的信息工作行为。相较于其他两个省，河南省发文的数量居中，即自上而下的政府制度规范压力相对平缓。

其次，郑州市面临的自下而上的公众参与压力相对居中。郑州发布现有粉丝135.8万，与另外两个城市相比，评论数相对具有优势，其平均评论数为9.95条，点赞量居中，每天微博平均点赞量为934个。纵观@郑州发布的评论，在日常状态下，网民与官方的互动，较多的为"早安""晚安""大美郑州""好酷"等较为和谐的夸赞和问候的评论。但在出现较为重大的突发事件时，网民的评论则较为激烈。如新冠肺炎疫情期间，针对疫情信息公布情况，网友"sprinkle-Zz"评论道："疫情信息呢？"网友"梵西西 fun"紧随其后回复："今天还能发布吗？等~"网友"sprinkle-Zz"也评论："真的是一天比一天晚！"郑州特大暴雨期间，网友"飘零雪 jj"留言道："啥时候来水，啥时候来电，小郑。"网友"发泽建装"留言："你们检查了吗？检查了哪里？哪个店？物价情况？一无所知，只有通告，我们小区附近纯净水都卖到70多24瓶了，你们监管力度在哪里？靠什么检查和宣导？用什么方法保障灾难下物资稳定状态？只会吹牛逼。"突发事件发生时，每一位公众的生命健康受到危机威胁，公众对危机信息的诉求急剧上涨。地方政府作为危机防控的主力军，掌握着及时的权威的危机信息，是公众信息诉求表达的主要对象。地方政府面对严峻的合法性压力，必须积极公开信息以回应公众，缓和双方矛盾。

从横向角度绩效差距来考察郑州市政府信息公开行为，我们发现（见表5-17），据《人民日报》发布的《政务微博影响力报告》的评估显示，@郑州发布近几年扭转了政务微博影响力评分局势，逐渐从在河南省的38个城市中，信息公开绩效并不具有明显优势，与邻近的省会城市合肥、西安和石家庄相比，则处于明显的负向差距的状态，转变为领先于河南省其他城市，并且反超西安、石家庄等邻近省会城市的状态。可见，横向绩效差距确实可能成为激励地方政府调整信息公开行为的重要因素。此外，@郑州发布2021年的评分仅为73.26分，整体分数偏低，未来，郑州市政务微博仍有较大的发展空间。

表 5-17 《政务微博影响力报告》：部分城市政务微博影响力得分情况

微博	认证信息	2016	2017	2018	2019	2020	2021
郑州发布	郑州市委宣传部官方微博	未上榜	未上榜	未上榜	52.65	71.95	73.26
西安发布	西安市互联网信息办公室官方微博	70.03	75.10	76.88	71.31	80.81	70.65
石家庄发布	河北省石家庄市人民政府新闻办公室官方微博	62.02	61.51	56.05	47.70	49.14	51.50
微博洛阳	洛阳市互联网宣传官方微博	69.24	62.34	64.16	57.34	58.51	61.93
微博商丘	河南商丘市委宣传部官方微博	69.60	70.04	61.86	60.00	63.18	54.98

（资料来源：作者自制）

从效率性来考察，首先就经济条件而言，郑州市的经济发展水平一般。近年来，郑州市经济发展水平较为稳定增长，2021年，郑州市全年生产总值为12691亿元，在省会城市中排名第7位。郑州市一般公共预算收入增长缓慢，且占GDP的比重逐年下降，甚至低于10%。税收收入占一般公共预算收入比重在70%左右。一般公共预算支出占GDP比重逐年下降，2021年接近12%的水平，一般公共预算支出占一般公共预算收入比重高于130%。可见，郑州市在三个城市中，经济发展水平中等，财政能力也一般，税收收入能满足大部分的公共预算支出，但仍需要一定的上级补助收入、下级上缴收入、上年结转、动用预算稳定调节基金、调入资金、债务转贷收入等的补充。因此，郑州市的经济资源和财政能力，并不能像杭州市一样助力信息公开水平的提升。

表 5-18 郑州市经济发展水平和财政水平

时间	GDP（亿元）	一般公共预算收入（亿元）	税收收入占一般公共预算收入比重	一般公共预算收入占GDP比重	一般公共预算支出（亿元）	一般公共预算支出占GDP比重	一般公共预算支出占一般公共预算收入比重
2016	8114.0	1011.2	71.53%	12.46%	1321.6	16.29%	130.70%
2017	9130.2	1056.7	73.36%	11.57%	1514.9	16.59%	143.36%

续表

时间	GDP（亿元）	一般公共预算收入（亿元）	税收收入占一般公共预算收入比重	一般公共预算收入占GDP比重	一般公共预算支出（亿元）	一般公共预算支出占GDP比重	一般公共预算支出占一般公共预算收入比重
2018	10143.3	1152.1	74.60%	11.36%	1763.3	17.38%	153.05%
2019	11589.7	1222.5	73.04%	10.55%	1910.6	16.49%	156.29%
2020	12003.0	1259.2	69.10%	10.49%	1721.3	14.34%	136.70%
2021	12691.0	1223.6	68.14%	9.64%	1624.4	12.80%	132.76%

（资料来源：郑州市国民经济和社会发展统计公报）

此外，郑州市的数字技术水平在河南省居于首位，但与全国的城市相比，处于中等水平，仍有较大发展空间。根据《河南省数字经济发展报告（2022年）》，2021年，郑州数字经济规模首次突破5000亿元，持续在全省领跑。全市大数据相关企业数量达到18453家，大数据产业园数量达到76个，产业数字化升级改造项目达到220家（个）。据2021年《中国数字政府发展研究报告》数据显示，郑州市数字政府发展指数得分63.7分，在省会城市中排名第12位，略高于平均分数。此外，郑州市的数字技术应用能力仍有待提升。尤其是在2021年的郑州大暴雨事件的预警和应急中，郑州市的数字技术体现出明显的缺陷，比如出现洪水预警不及时；预警信息覆盖面狭窄，并未引起公众关注；相关部门未对预警予以重视并及时采取防范措施等问题。事实上，智慧化的技术平台能实现高效雨情、水情、工情、险情、灾情的预报、预判、预警、预案、预演，进而提高地方政府的危机应对能力和信息公开水平。

另外，郑州市官微发文缺乏与其他部门的沟通合作以及互动，组织协作能力低，未见明显矩阵联动能力，这并不利于信息公开水平的提升。据统计，@郑州发布平均每条微博转发量为14.68次，以个人账号转发为主，其他政务微博并未频繁与@郑州发布互动。在政府领导权威资源方面，2016—2021年，郑州市发布信息公开相关的地方性法规2部、地方政府规章8部、地方规范性文件63件，地方工作文件138件。其制度规范的发布数量比杭州市和哈尔滨市略少。可见，郑州市政府领导在数字化背景下对信息公开工作的重视程度并不突出。

　　总体来看，数字时代下，郑州市政府的信息公开水平具有中庸式的信息公开特征，即郑州市面临的合法性压力一般，政府资源禀赋也较为普通，郑州市往往在两者之间进行权衡，以选择信息公开行为。但由于合法性压力和资源禀赋都不具备明显的优势，导致地方政府信息公开行为也中规中矩，无明显的优势，也无明显的缺陷。

本 章 小 结

　　本章立足于我国地方政务微博的信息公开实践，对地方政府的信息公开行为进行模式划分，并进一步分析其背后的行为逻辑。首先，本章借鉴组织社会学中的新制度主义理论，依据"合法性"和"效率性"两个维度，将数字时代下地方政府信息公开划分为高效式公开、保底式公开以及中庸式公开三类。其次，运用多案例分析法对杭州市、郑州市和哈尔滨市政务微博进行对比分析，以更加细致地分析数字时代下地方政府信息公开的模式及其背后的行为逻辑。总体而言，本章在定量评估地方政务微博信息公开效率的基础上，秉承"合法性-效率性"的分析框架，对数字时代下地方政府的信息公开模式及其背后的行为逻辑进行较为系统的阐述。接下来，本章将进一步探究影响数字时代下地方政府信息公开的核心因素有哪些，这些因素之间究竟是如何共同影响地方政府的信息公开行为。

第六章　数字时代下政府信息公开的驱动路径研究

——以地方政务微博平台为例

第一节　引　　言

近年来，微博作为一种新兴的网络社交方式快速普及，不同领域的组织和个人都开始加入这个社交平台，进行网络交流分享。作为新的媒体工具和传播渠道，各级政府也逐渐意识到微博平台在提供信息服务等方面的重要性，并主动顺应数字化转型的发展趋势，依托各大政务新媒体平台有力地推动了各级政府的政务信息公开向透明化、即时化、移动化转变，为企业和公众获取便捷高效的政务服务提供可靠保障。其中政务微博平台发展迅猛，增长幅度较为强劲，各级政府机构通过政务微博发布各类政务信息或者与公众及时进行信息沟通和互动交流，取得了良好的效果。据新浪微博提供的数据显示，截至 2022 年 12 月，经过新浪平台认证的政务机构微博达到 14.5 万个。从地域上看，目前我国 31 个省（区、市）均已开通政务微博，横向上广泛地发展到政府机构的各个部门，其中河南省各级政府共开通政务机构微博 10017 个，居全国首位；其次为广东省，共开通政务机构微博 9853 个①。进一步来看，通过分析全国 36 个重点城市以"××发布"命名的政务微博平台，其自注册以来累计发布 224 多万条微博信息，各类视频的累计播放量达 13.9 亿次，累计产生的互动量（包括转发、评论和点赞等）也超过 1.6 亿次。可以说，政务微博已经成为各级政府政务公开、提供服务、政民互动

---

① 数据来源：https：//www.cnnic.net.cn/n4/2023/0302/c199-10755.html.

的重要窗口，不仅可以改善公众获取政务信息的效率，而且也有利于提升政府的开放和透明水平（孙宗峰、郑跃平，2021）。

事实上，我国在 2013 年发布的《关于进一步加强政府信息公开回应社会关切提升政府公信力的意见》就明确指出，各地区各部门应积极探索利用政务微博等新媒体，主动及时发布各类权威政务信息，充分利用这些新媒体扩大信息受众面，增强信息影响力，实现与公众的协调沟通。经过近十余年的发展，以政务微博为代表的政务新媒体平台的信息公开工作在整体上取得了长足进步，但在公开的广度和深度、政策解读引导、网络舆情回应和群众需求回应、信息互通共享等方面与公众期望还有较大差距，制约了政府新媒体平台在信息公开过程中的良性发展以及价值的发挥（向东，2020）。此外，各地政务微博平台在信息公开水平上仍存在明显的地区差异性（如东部城市政务新媒体平台在疫情防控期间的疫情信息公开质量，都远远超过绝大多数中西部地区），这在一定程度上影响了各地区政府的应急处置效果（郑思尧、孟天广，2022）。通过对上述现象的思考，本章提出几个问题：影响不同地区政府信息公开水平的因素有哪些？各个影响因素中，哪些是核心因素，哪些是边缘因素？各个影响因素如何组合作用并带来较高的政府信息公开水平，即地方政务微博信息公开水平的生成逻辑是怎样的？不同经济发展水平地区间，在以上几个问题的表现上是否存在差异性？进一步，不同经济发展水平的地区提升政务微博信息公开水平的路径有何差异，不同路径的关键点是什么？

基于此，本章立足于数字时代下我国地方政府的信息公开实践，选取全国 32 个重点城市（包括副省级城市和省会城市）的政务微博平台作为研究样本，试图从治理合法性和治理效率性两个维度出发，梳理影响数字时代下地方政府信息公开的因素以确定具体的条件变量，并整合到一个结构化的框架中，运用模糊集定性比较分析方法（Fuzzy Set Qualitative Comparative Analysis，fsQCA），对治理合法性和治理效率性两个维度的不同因素条件组合如何影响并提升地方政府信息公开水平展开研究，并寻求高水平地方政府信息公开与低水平地方政府信息公开的组态解，再结合典型案例城市政务微博的信息公开状况进行比较分析，从而识别出数字时代下地方政府信息公开的驱动路径。

第二节　理论框架

按照社会学家斯科特(W. Richard Scott)的观点，组织不仅面临技术环境，而且身处制度环境，因此组织要想生存和发展则必须设法寻求效率资源以适应技术环境(威廉姆森，2011)，同时获取合法性资源以应对制度环境(周雪光，2008)。具体到政府的信息公开行动，影响地方政府信息公开水平的因素也可以使用"效率性-合法性"两种机制予以解释：一是地方政府基于效率逻辑提供各类政务信息及其信息服务，是出于对组织运转的有效性和效率的考虑。即地方政府遵循成本的最小化或产出的最大化，将政府信息公开过程中所需的各类资源有效地组织起来，通过有效地组织管理达到提高效率的目的。二是地方政府遵循合法性逻辑通过以政务微博等为代表的新媒体平台发布权威信息，旨在提高组织在制度环境中的合法性的需要。即地方政府提升信息公开水平并非由于它们可以提升政府治理效率，而是需要遵循现有的法律制度、文化制度以及观念制度，以避免出现"合法性"的危机。也就是说，效率逻辑是从组织内部的角度来解释数字时代下地方政府的信息公开行动，而合法性逻辑则聚焦于从组织外部的角度强调外部制度环境对于政府信息公开的形塑。可见，这种结合"效率逻辑"和"合法性逻辑"来理解数字时代下地方政府信息公开驱动逻辑的理论视角是值得借鉴的。然而，由于国内外公共管理实践之间存在一定差异性，国外研究所提炼或验证的一些影响因素，可能并不能有效地解释我国数字时代下地方政府的信息公开行动，相反需要一些契合我国公共管理实践的特有变量来予以阐释。因此，本章立足于我国各大城市政务微博的信息公开实践，从合法性和效率性的双重逻辑出发，构建了影响数字时代下地方政府的信息公开的理论模型框架。

一、数字时代下政府信息公开的效率性逻辑

数字时代下地方政府信息公开行动的效率逻辑侧重于地方政府的内部组织因素，从地方政府自身资源约束出发分析政府信息公开水平的影响因素。在数字时代，政府信息公开水平的高低正是政府提供政务信息及其信息服务的一种能力体现，背后反映的是技术资源、权威资源、人力资源、财政资源等多种资源的协同

作用。本章基于我国地方政务微博的信息公开实践,将数字服务能力、城市行政级别、人力资本水平以及财政资源供给四个二级条件作为影响地方政府内部运转效率的主要指标。

(一)信息化水平

在"互联网+政务服务"时代下,大数据、云计算、区块链等科技的应用在很大程度上丰富了政府信息的来源和应用范围,有效提升了政府提供的信息与公众需求之间的匹配度。可以说,数字时代下地方政府的信息公开离不开其自身的信息化建设水平的支撑。已有研究表明,政府的技术设施建设、数字技术应用水平以及公务员的技术管理能力与信息素养直接影响着地方政府的信息公开水平(王惠娜、郭慧,2021;高萍、李爱生,2021)。而在数字时代,地方政府是否具备高水平的数字服务能力,在很大程度上决定着各地政府信息化水平,反映的是政府拥有技术资源的多寡。

(二)平台运营时长

在数字时代下,地方政务微博信息公开水平也会受到微博运营时长的影响。直观地看,运营时间较长的政务微博往往更能了解公众的信息需求,能够有针对性地发布相关信息。事实上,有研究已经表明,注册时间较早且运营时间较长的政务微博平台,其发博量就越大,积累的运营经验越丰富,获得的粉丝关注越多,社会影响力就越大(郭高晶,2017)。因此,本研究将平台运营时长作为影响政务微博信息公开水平的重要因素。

(三)人力资本水平

地方政府在向社会公众提供政务信息及其信息服务的过程中,人力资源发挥着不可或缺的作用。在数字时代下,以政务微博为代表的新媒体平台作为地方政府进行信息公开的重要窗口,需要一支既具备专业知识又掌握互联网技术的综合性人才队伍。以往研究表明,高水平的人才资源可以有效推动地方政府信息公开水平的提升。因此,本研究将人力资本作为分析地方政府信息公开水平的重要因素之一。

(四)财政资源供给

政府信息公开作为数字政府建设的产物,除需要应用大数据、云计算、人工智能等前沿科技,也离不开财政资源提供的支持和保障。一般来说,各级政府在进行财政资源分配时,通常倾向于将有限的财政资源优先划拨给必需项目,在充分保障日常行政支出、公共服务供给之后才有余力发展政务新媒体。事实上,已有研究表明,一个地区的财政资源越丰富,财政基础越雄厚,其政务新媒体的信息公开水平也越高(马亮,2012)。因此对于地方政府而言,可支配的财政资源是数字时代下地方政府信息公开的物质基础。

二、数字时代下政府信息公开的合法性逻辑

不同于基于理性选择的效率逻辑,合法性逻辑聚焦于诱使或迫使组织采取在外部环境中具有合法性的行为模式的制度力量。合法性压力虽然不直接参与地方政府信息公开过程,但却影响着和支配着政府治理体系内部各类资源之间的协作,进而影响着数字时代下地方政府的信息公开水平。在政府信息公开过程中,合法性逻辑侧重于强调来自外部利益相关者所形塑的合法性压力,包括自上而下的制度规范压力、同级政府产生的横向竞争压力和自下而上的公众诉求压力,这会推动地方政府提高在信息公开活动的投入,进而影响到地方政府的信息公开水平。因此,本章基于我国地方政务微博的信息公开实践,用上级政府压力、横向竞争压力以及公众诉求压力三个指标来衡量地方政府在进行信息公开行动时所承受的合法性压力。

(一)上级政府压力

官僚控制理论认为组织通常是按照一定的层级结构建构的,下级组织的决策行为往往受到上级组织的影响(Meier,2015)。具体来说,当中央政府或省级政府发出政务微博平台建设的信号时,地市级政府会纷纷响应上级政府的号召建设好地级市政务机构微博平台,并通过其向公众提供政府信息及其信息服务。事实上,来自西方学者的研究表明,国际组织对一国政府的透明度有显著影响(Grigorescu,2003)。此外,众多中国学者也认同这一观点,指出上级政府压力

对我国地方政府的信息公开有显著正向影响（马亮，2012；王惠娜、郭慧，2021）。因此，这种自上而下的行政压力强化了上下级的命令和服从关系，进而驱使下级地方政府提高信息公开水平。

（二）横向竞争压力

组织决策理论强调为了赢得竞争优势，组织间往往会彼此参照，出现模仿跟随的标杆竞争行为（刘金东，2019）。问题在于，这种竞争机制到底是"逐顶"还是"逐底"？有研究表明，如果邻近或相似地区的电子政务发展水平较高，那么所在地区迫于竞争压力或学习动机，其电子政务发展水平也会提高（马亮，2012）。也有学者指出，政府信息公开并非单纯的"为晋升而竞争"，除了有声誉收益，还涉及风险成本（赖诗攀，2013）。因此，同级政府间的竞争机制对数字时代下政府信息公开行为可能会产生双重影响。一方面，出于对声誉效应的考虑，地方政府在竞争过程中往往会采取创新性的信息公开措施，避免陷入被动地位从而失去竞争优势。另一方面，出于对规避外部利益相关者监督风险的考虑，地方政府可能会避免投入过多的政府资源，在政府信息公开水平上展开逐底竞争。

（三）公众诉求压力

委托代理理论认为政府的公权力源于公民的授权和委托，而作为委托人的公民与作为代理人的政府之间往往存在信息不对称现象，因此需要公众的参与和监督才能保证政府正确地使用公权力。但就我国地方政府的信息公开实践而言，公众参与是否就一定能够改善政府信息公开状况，以及怎么样的公众参与能够更好地实现上述目标，则是一个存在争议的问题（刁伟涛、任占尚，2019）。现有文献大多认可公众参与对于政府信息公开的积极作用（黄艳茹等，2017；韩万渠，2020），但没有直接回答公众参与以何种具体形式或满足怎样的条件更为有效。事实上，公众参与并非对政府信息公开直接产生影响，而是依赖于上级政府监督（Gao et al.，2020）、媒体曝光（Gao et al.，2018）等其他利益相关者的共同作用。

综上所述，数字时代下地方政府信息公开水平的高低，可能受到上级政府压力、横向竞争压力、公众诉求压力、数字服务能力、平台运营时长、人力资本水平以及财政资源供给等7个因素的影响。由此可以建立一个囊括7个自变量和一个因变量的理论模型(如图6-1)。

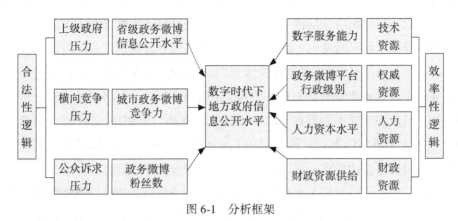

图 6-1　分析框架

(资料来源：作者自制)

第三节　研究方法、数据及测量

一、研究方法：模糊集定性比较分析

定性比较分析方法(Qualitative Comparative Analysis，QCA)是社会学家查尔斯·拉金(Charles C. Ragin)所提出的一种针对中小样本案例开展研究的分析方法，其旨在探究如何从有限的案例样本中寻求复杂社会现象的原因组合路径和影响方式(Ragin & Fiss，2008)。该方法借助集合论和布尔代数规则等技术手段，同时整合了定性研究所强调的"对个案的丰富诠释和理论构建"和定量研究所强调的"研究结果客观性和可复制性"，试图通过提炼案例本身成因复杂的结构和影响条件，并对有限的案例样本进行比较分析来建立简洁直观的因果关系。从已有文献可以发现，国外学术界对 QCA 的研究起步较早，经过数年的发展已经积累起较为丰富的研究成果，而国内学者以西方学者的研究成果为基础透视我国复杂社会现象，也提出了许多富有启发意义的观点和结论。

由于地方政府信息公开受到多种因素相互作用的结果，因此本章尝试从组态视角出发，应用定性比较分析法分析数字时代下地方政府信息公开背后的多元驱动路径是十分妥帖的。第一，传统的统计分析方法聚焦于采用自变量的替代关系或累加关系来解释因变量的变异程度，而非完全等效关系(王凤彬等，2014)，而影响各地政府信息公开水平的路径可能存在多条导向同一结果的"等效"因果链，这使得能够有效识别出不同前因条件组态的 QCA 方法在本研究中具有更好地适应力。第二，与传统的分析技术不同，定性比较分析法主要强调不同的条件变量组合如何导致了结果的发生，而影响数字时代下地方政府信息公开的因素往往是复杂的多重多样的且存在"多重并发因果"，使得 QCA 方法能够从整体关系角度来探究诸多因素对政府信息公开水平的作用机制。第三，根据定性比较分析方法的惯例，其所需的样本通常在 20～40 为最佳(万筠、王佃利，2019)，本章选取 32 个城市作为研究样本来对数字时代下政府信息公开的驱动机制展开研究，样本选取符合该方法的要求，可以有效弥补无法进行大样本研究的不足。

当前，定性比较分析主要有清晰集定性比较分析(csQCA)、模糊集定性比较分析(fsQCA)、多值集定性比较分析(mvQCA)三种具体方法。其中，清晰集定性比较分析法适用于比较明确且可以直接二分的概念；模糊集定性比较分析法则适用于变量无法直接进行二元处理的情况，即变量处于 0 和 1 之间的模糊状态；而多值集定性比较分析则是在上述两种定性比较分析法的基础上，进一步探究那些赋值为 0、1、2 甚至更多的数值的变量，类似于统计分析中的定类变量。囿于本章中所采用的政府信息公开水平、上级政府压力、横向竞争压力、公众诉求压力、信息服务能力、城市行政级别、人力资源水平、财政资源供给等变量不能够简单地采用"属于和不属于"的逻辑进行隶属分类，适合采取隶属程度这样的模糊集。基于此，本章拟采用模糊集定性比较分析方法 (fuzz-set Qualitative Comparative Analysis，简称 fsQCA)来探究数字时代下地方政府信息公开的驱动机制，其基本步骤为：(1)选取典型案例；(2)设定变量和研究模型；(3)构建逻辑真值表；(4)数据处理及结果分析。

二、案例样本选取及数据收集

本章着眼于地市级层面的政务微博平台，以经过新浪平台认证的 32 个重点城市的政务微博①为案例进行分析，原因如下：

_____

① 　注：本研究以微博平台中 36 个重点城市的政务微博(如长沙发布、武汉发布等)为研究对象，其中北京发布、上海发布、天津发布和重庆发布均属于省级政务微博平台，不在本研究的研究范围内，故本研究最终选取了 32 个省会城市或副省级城市中以"××发布"命名的政务微博作为样本数据。

第一，明确研究范围。根据《第 51 次中国互联网络发展状况统计报告》的统计数据显示，尽管我国目前已注册的各层级政务机构微博高达 14.5 万个，但各层级政府、不同类型的政务机构微博的平台建设、发展策略、人财物投入等方面存在较大差异，如果同时将所有的政务机构微博都纳入研究范畴，将会大大增加研究的难度和复杂性，且不同层级或不同类型的样本放在同一框架内进行比较缺乏针对性和合理性。因此，本章立足于地市级政务微博的信息公开实践，同时考虑到不同类型政务微博存在的差异性，将研究范围限制为地市级以"××发布"命名的政务机构微博，一方面能够避免过于繁重复杂的工作量，另一方面可以增加研究的可操作性和针对性。

第二，具备可操作性。目前，以政务微博为代表的新媒体平台逐渐成为地方政府进行信息公开的重要窗口和渠道，且国内外众多学者在评估地方政府的信息公开效果时大多选择政务微博平台作为研究对象，从传播力、服务力、互动力以及认同力等维度展开全面评估。因此，本章借鉴已有研究成果的处理方式，选取 32 个重点城市的政务机构微博来反映地方政府的信息公开现状。此外，对于政府信息公开，不仅可以通过网络搜索获取政务微博的有关信息，还可以通过网络爬虫方式获取微博平台上各大城市的政务微博发布的全量信息，以进行深度的文本分析，识别出内容属性、传播属性等可用指标。

第三，具有代表性和可比性。首先，各大城市以"××发布"命名的政务微博从 2010 年开始运营，历经十余年的发展已经成为当前各地政府重要的信息发布平台，能够较好地反映当前各地的政府信息公开状况。其次，全国各地各级的政务官微表现较为活跃的主要以成都发布、南京发布、苏州发布等[①]地市级政务机构微博，而非省级的政务机构微博，这在 2020—2022 年全国各地爆发的局部性或散发性疫情中表现得尤为明显。最后，在数字时代下，各地基本做到了及时公开权威性信息，但由于各地的信息化水平、财政资源供给能力、公众信息需求水平等方面存在较大差距，使得各地区政府在信息公开水平上存在明显的差异性，满足案例之间的相似性又具有异质性的要求，能够确保案例间的充分比较与

---

① 注：成都发布、南京发布和苏州发布分别是成都市人民政府新闻办公室、南京市委宣传部新闻发布以及苏州市人民政府新闻办公室的官方微博。

结论的外部有效性。

关于 32 个地方政务微博平台的基本情况如表 6-1 所示：

表 6-1 　　　　　　　　　　**32 个重点城市政务机构微博的平台简介**

平台名称	地点	层级	举办单位	平台域名	上线时间
北京发布	北京市	省级城市	北京市政府新闻办公室	https：//weibo.com/bjfbt	2011 年 11 月
上海发布	上海市	省级城市	上海市政府新闻办公室	https：//www.weibo.com/shanghaicity	2011 年 11 月
天津发布	天津市	省级城市	天津市政府新闻办公室	https：//www.weibo.com/tjszfxwbfb？refer_flag = 1005050010_	2011 年 11 月
重庆发布	重庆市	省级城市	天津市政府新闻办公室	https：//www.weibo.com/cqszfxwb？refer_flag = 1005055013_	2011 年 5 月
哈尔滨发布	哈尔滨市	副省级城市	哈尔滨市委网络安全和信息化委员会办公室	https：//www.weibo.com/hrbfb？is_all = 1	2012 年 11 月
长春发布	长春市	副省级城市	长春市委网络安全和信息化委员会办公室	https：//www.weibo.com/u/3270346463？is_hot = 1	2013 年 4 月
沈阳发布	沈阳市	副省级城市	沈阳市委网络安全和信息化委员会办公室	https：//www.weibo.com/syfbt	2012 年 7 月
大连发布	大连市	副省级城市	大连市政府新闻办公室	https：//www.weibo.com/u/6396634787	2022 年 10 月
石家庄发布	石家庄市	省会城市	石家庄市政府新闻办公室	https：//www.weibo.com/sjzfabu？refer_flag = 1005050010_	2012 年 9 月
济南发布	济南市	副省级城市	济南市政务发布平台	https：//www.weibo.com/jinangov	2013 年 1 月
青岛发布	青岛市	副省级城市	青岛市政府新闻办公室	https：//www.weibo.com/qdfb	2011 年 7 月
太原发布	太原市	省会城市	太原市政府新闻办公室	https：//www.weibo.com/u/3268152967？is_all = 1	2013 年 3 月

续表

平台名称	地点	层级	举办单位	平台域名	上线时间
郑州发布	郑州市	省会城市	郑州市委宣传部	https：//www.weibo.com/zzfb？is_hot＝1	2011年11月
合肥发布	合肥市	省会城市	合肥市政府新闻办公室	https：//www.weibo.com/u/2403752844？refer_flag＝100808&is_all＝1	2011年9月
南京发布	南京市	副省级城市	南京市委宣传部	https：//www.weibo.com/njfb	2011年4月
武汉发布	武汉市	副省级城市	武汉市政府新闻办公室	https：//www.weibo.com/u/2759348142？refer_flag＝1005055013_	2013年7月
南昌发布	南昌市	省会城市	南昌市委宣传部	https：//www.weibo.com/nanchangfabu？is_hot＝1	2012年3月
长沙发布	长沙市	省会城市	长沙市委网信办	https：//www.weibo.com/u/3329420380？refer_flag＝1001600002_	2013年4月
杭州发布	杭州市	副省级城市	杭州市政府新闻办公室	https：//www.weibo.com/u/5211979483？from＝hissimilar_home	2014年8月
宁波发布	宁波市	副省级城市	宁波市政府新闻办公室	https：//www.weibo.com/nbfb？refer_flag＝1005055013_	2011年11月
福州发布	福州市	省会城市	福州市政府新闻办公室	https：//www.weibo.com/u/2639029341？refer_flag＝100808	2012年2月
厦门发布	厦门市	副省级城市	厦门市政府新闻办公室	https：//www.weibo.com/xiamenfabu？is_all＝1	2015年10月
中国广州发布	广州市	副省级城市	广州市互联网信息办公室	https：//www.weibo.com/guangzhoufabu？refer_flag＝1005050010_	2011年12月
深圳微博发布厅	深圳市	副省级城市	深圳市互联网信息办公室	https：//www.weibo.com/shenzhenfabu？refer_flag＝1005055014_	2012年7月
南宁发布	南宁市	省会城市	南宁市委宣传部	https：//weibo.com/nnfabu？nick＝%E5%8D%97%E5%AE%81%E5%8F%91%E5%B8%83&noscript＝1	2013年12月
昆明发布	昆明市	省会城市	昆明党务政务信息公开平台	https：//weibo.com/u/3816699409？nick＝%E6%98%86%E6%98%8E%E5%8F%91%E5%B8%83&noscript＝1	2013年9月

续表

平台 名称	地点	层级	举办单位	平台域名	上线 时间
成都 发布	成都市	副省级 城市	成都市政府新闻 办公室	https：//weibo.com/xwfbc	2010 年 6 月
贵阳 发布	贵阳市	省会 城市	贵阳市委宣传部	https：//weibo.com/u/2645846213	2012 年 3 月
西安 发布	西安市	省会 城市	西安发布官方微 博	https：//www.weibo.com/u/3757167087？from = hissimilar_home	2013 年 11 月
兰州 发布	兰州市	省会 城市	兰州市委宣传部、 兰州互联网新闻 中心	https：//www.weibo.com/u/2626472787？ is_all = 1	2012 年 4 月
夏都 西宁	西宁市	省会 城市	西宁市委外宣办	https：//www.weibo.com/u/3881282682？refer _ flag = 1005055013_	2013 年 10 月
银川 发布	银川市	省会 城市	银川市新闻传媒 集团	https：//www.weibo.com/yinchuanxcb？is_all = 1	2010 年 12 月
呼和浩 特发布	呼和浩 特市	省会 城市	呼和浩特市政府 办公室	https：//www.weibo.com/u/5234716148？refer _ flag = 1001600002_	2014 年 8 月
乌鲁木 齐发布	乌鲁木 齐市	省会 城市	乌鲁木齐市委网 信办	https：//weibo.com/wlmqfb	2012 年 3 月
拉萨 发布	拉萨市	省会 城市	拉萨市委宣传部	https：//weibo.com/n/%E6%8B%89%E8%90% A8%E5%8F%91%E5%B8%83	2014 年 1 月
海口 发布	海口市	省会 城市	海口市政府新闻 办	https：//www.weibo.com/u/5623185245	2015 年 10 月

（资源来源：作者自制）

三、变量测量及数据来源

为更好地揭示影响地方政府信息公开效果的组态路径，提出具有针对性和创新性的建设路径，本章根据上述理论分析，从治理合法性和治理效率性两个维度选择上级政府压力、横向竞争压力、公众诉求压力、数字服务能力、平台运营时长、人力资本水平以及财政资源供给 7 个条件变量。为方便起见，上级政府压力用"SP"表示，其反向条件变量表示为"~SP"；横向竞争压力用"CI"表示，其反向条件变量表示为"~CI"；公众诉求压力用"PP"表示，其反向条件变量表示为"~PP"；数字服务能力用"IR"表示，其反向条件变量表示为"~IR"；平台运营时长用"TR"表示，其反向条件变量表示为"~TR"；人力资本水平用"HR"表示，其反向条件变量表示为"~HR"；财政资源供给用"FR"，其反向条件变量表示为"~FR"。此外，选取地方政府信息公开水平作为结果变量，用"IDS"表示，其反向条件变量表示为"~IDS"。具体结果变量与每项条件变量的数据观测值与来源如表6-2所示。

(一)地方政府信息公开水平

纵观我国地方政务微博的信息公开实践，尽管各大城市政务微博基本做到了及时公开各类权威性信息，但在信息公开水平上存在明显的地区差异性，如一些城市的政务微博发布信息的数量在10万条以上，而有些城市的政务微博则仅发布1万余条信息。因此，本章将各大城市政务微博的信息发布数量作为一个客观变量，可以用于衡量及判断数字时代下地方政府信息公开的水平。

(二)上级政府压力

采取各大城市所在省级政务微博平台发布信息的数量与各大城市的政务微博发布信息的数量之间的差值来测量上级政府压力。也就是说，如果省级政务微博发布的信息总量要大于城市政务微博所发布的信息总量，这意味省级政务微博向地级市政务微博的信息公开行动传递一种正向的自上而下的压力，反之则压力很小。

(三)横向竞争压力

当某一地区政府对政务微博平台有着高水平的综合应用能力和应用效果时，往往会激发其他地级市提升政务微博平台建设的热情。具体到政府信息公开行动，本章采取政务微博地区竞争力指数来测量其他城市对该城市政务微博信息公开的横向竞争压力。数据来源于《2021年度政务微博影响力报告》，该报告通过传播力、服务力和互动力三个维度来测量城市政务微博的竞争力指数。

（四）公众诉求压力

在本章中，我们选取各大城市以"××发布"命名的政务机构微博的粉丝数作为衡量公众诉求压力的指标。即城市政务微博的粉丝数越多，表明该社会公众对该城市政务微博信息公开的需求越大。

（五）信息化水平

本章中的数字服务能力的衡量依据是通过收集各大城市的数字政府服务能力状况，并进一步识别地方政府运用数字技术的能力。数据来源于中国软件评测中心发布的《2021年数字政府服务能力评估结果暨第二十届政府网站绩效评估报告》，该报告对政府服务成效、数据质量和创新探索等维度对各地区的数字政府服务能力进行评估。

（六）平台运营时长

本章采用城市政务微博开设账号的天数来测量平台运营时长。其中，每个城市政务机构微博账号的首条微博发布时间即为其微博开设时间，开设天数即为微博开设时间至数据收集当天（截至2021年12月31日）的相差天数。

（七）人力资本水平

人力资本水平主要通过地方政府"信息传输、计算机服务和软件业人数"来进行衡量。在进行资料搜集的过程中，有许多可替代变量的选取，比如政府规模等，但由于本章的案例对象属于地市级政府，在统计年鉴、统计公报等相关资料中的统一程度不高。因此，为保证研究的可行性以及数据的可获得性，同时确保数据的统一性，本章选择《中国城市统计年鉴》中关于地方政府信息传输、计算机服务和软件业人数的数据。

（八）财政资源供给

一般来说，一个地区的政府财政资源越丰富，其在政务微博平台建设方面的人力、物力、技术等方面的投入才会越高，进而有利于该地区提升政务微博的信息公开水平。因此，本章采用一般公共预算支出来衡量各大城市的地方政府对信息公开的财政支持力度。数据来源于各大城市的《中国城市统计年鉴》或《国民经济和社会发展统计公报》。

表 6-2 变量设定及数据来源

变量分类	变量名称	测量指标	变量校准规则	数据来源
结果变量	地方政府信息公开水平（IDS）	城市政务微博的信息发布量	三个锚点分别为95%分位值、50%分位值、5%分位值	各大城市政务机构微博平台检索（截至2021年12月31日）
条件变量 · 合法性逻辑	上级政府压力（SP）	省级政务微博信息发布量与城市政务微博的信息发布量的差值	差值大于0为1，数字小于0为0	各大城市所在省级政务机构微博平台检索（如"湖北发布"）
	横向竞争压力（CI）	城市政务微博的竞争力指数	三个锚点分别为95%分位值、50%分位值、5%分位值	《2021年度政务微博影响力报告》
	公众诉求压力（PP）	城市政务微博的粉丝数		各大城市政务机构微博平台检索（截至2021年12月31日）
	信息化水平（IR）	数字政府服务能力	卓越为1，优秀为0.8，良好为0.6，发展为0.4，准备为0.2	《2021年数字政府服务能力评估暨第二十届政府网站绩效评估报告》
条件变量 · 效率性逻辑	平台运营时长（TR）	城市政务微博开设账号的天数	三个锚点分别为95%分位值、50%分位值、5%分位值	各大城市政务机构微博平台检索
	人力资本水平（HR）	信息传输、计算机服务和软件业从业人数		《中国城市统计年鉴2021》
	财政资源供给（FR）	地方一般公共预算支出		《中国城市统计年鉴2021》或《国民经济和社会发展统计公报》

（资源来源：作者自制）

四、数据处理

根据案例的实际情况和变量的衡量标准，本章选取的是模糊集定性比较分析法(简称 fsQCA)。不同于清晰集的二分法测量方式，按照 fsQCA 的分析步骤，需要将前因变量和结果变量进行校准操作，即将各变量的原始分数转换为 0 至 1 之间模糊集隶属分数，这种方式能够更合理地呈现 QCA 分析结果的组态效应，进而深入揭示复杂社会现象背后的原因逻辑关系，扩大了 QCA 分析的适应范围，具体的数据运算步骤需要借助 fsQCA3.0 软件进行。此外，本章试图分析正向的地方政府信息公开水平和负向的地方政府信息公开水平背后的组态效应，其中正向表示"高政府信息公开水平"，分析过程主要是指哪些条件因素组合会产生非常好的政府信息公开效果；负向则表示"非高政府信息公开水平"，分析过程主要是指哪些条件因素组合会带来非常不好的政府信息公开效果。需要注意的是，在本研究中，高与非高并不是绝对数值对应的关系，需要从集合论的视角对其加以理解。

参考既有文献，本研究根据各变量的样本特征，选取 Ragin(2008)提出的直接校准法，将 7 个条件变量和 1 个因变量的三个锚点进行标准操作。具体来说，本研究参照杜运周和贾良定(2017)的校准标准以及案例的实际情况，将地方政府信息公开水平、横向竞争压力、公众诉求压力、平台运营时长、人力资本水平以及财政资源供给等变量的三个锚点分别对应隶属度为 0.95、0.5、0.05，称之为完全隶属点、交叉点以及完全不隶属点。值得注意的是，由于"上级政府压力"和"数字服务能力"两个条件变量并非连续变量且已经属于0~1，无需对其进行校准工作。根据 QCA 相关理论，各变量的校准结果见表 6-3 所示。

表 6-3　　　　　　　　条件变量与结果变量的校准锚点

变量类别	条件与结果	校准		
		完全隶属 (0.95)	交叉点 (0.5)	完全不隶属 (0.05)
结果变量	政府信息公开水平(IDS)	125730.9	50962.5	12026.3

续表

变量类别	条件与结果	校准		
		完全隶属 (0.95)	交叉点 (0.5)	完全不隶属 (0.05)
合法性 逻辑	上级政府压力(SP)	—	—	—
	横向竞争压力(CI)	80.95	69.42	49.48
	公众诉求压力(PP)	42.86	14.64	11.5
效率性 逻辑	数字服务能力(IR)	—	—	—
	平台运营时长(TR)	139.35	17.23	87
	人力资本水平(HR)	26.35	9	0
	财政资源供给(FR)	2675.25	1012.2	320.57

(资源来源：作者自制)

在此基础上，对上述条件变量与结果变量进行锚点后，通过 fsQCA3.0 软件的 calibrate(x, n1, n2, n3) 程序继续校准，形成 fsQCA 后续分析可用的校准数据。具体数据如表 6-4 所示。

表 6-4　　　　　　　定性比较分析模糊集校准后数据

政务微博名称	条件变量							结果变量
	SP	CI	PP	FR	IR	TR	HR	IDS
哈尔滨发布	0	0.4	0.86	0.48	0.6	0.45	0.03	0.36
长春发布	1	0.24	0.56	0.45	0.4	0.35	0.07	0.5
沈阳发布	0	0.51	0.82	0.51	0.6	0.58	0.1	0.66
大连发布	1	0.44	0.06	0.47	0.6	0	0.16	0.11
石家庄发布	0	0.34	0.65	0.54	0.4	0.49	0.02	0.07
微博济南	0	0.74	0.56	0.62	0.8	0.21	0.44	0.68
青岛发布	0	0.66	0.92	0.78	0.8	0.94	0.2	0.71
太原发布	1	0.32	0.09	0.16	0.6	0.37	0.65	0.13
郑州发布	0	0.55	0.51	0.75	0.4	0.87	0.46	0.12

续表

政务微博名称	条件变量							结果变量
	SP	CI	PP	FR	IR	TR	HR	IDS
合肥发布	1	0.67	0.2	0.59	0.8	0.91	0.6	0.23
南京发布	0	0.96	0.93	0.81	0.6	0.97	0.88	0.7
武汉发布	0	0.76	0.9	0.9	0.6	0.3	0.18	0.99
南昌发布	0	0.62	0.46	0.35	0.6	0.75	0.7	0.8
长沙发布	0	0.38	0.25	0.72	0.8	0.35	0.17	0.17
杭州发布	0	0.95	0.9	0.92	1	0.53	0.91	0.85
宁波发布	0	0.72	0.55	0.84	0.8	0.87	0.52	0.78
福州发布	0	0.48	0.38	0.41	0.8	0.79	0.62	0.62
厦门发布	1	0.21	0.04	0.52	0.8	0.05	0.92	0.02
中国广州发布	0	0.73	0.97	0.97	1	0.85	0.84	0.76
深圳微博发布厅	0	0.69	0.73	1	1	0.58	0.98	0.89
南宁发布	0	0.5	0.68	0.26	0.6	0.22	0.08	0.25
昆明发布	1	0.68	0.24	0.41	0.4	0.27	0.11	0.56
成都发布	0	1	1	0.9	0.8	0.62	1	0.98
贵阳发布	1	0.23	0.07	0.19	0.8	0.75	0.64	0.14
西安发布	0	0.84	0.58	0.7	0.4	0.24	0.4	0.91
兰州发布	0	0.5	0.25	0.09	0.4	0.71	0.56	0.87
夏都西宁	0	0.03	0.05	0.05	0.2	0.25	0.19	0.17
银川发布	0	0.25	0.11	0.04	0.6	0.98	0.07	0.22
呼和浩特发布	1	0.27	0.05	0.07	0.4	0.13	0.09	0.06
乌鲁木齐发布	1	0.12	0.1	0.07	0.2	0.75	0.73	0.08
拉萨发布	1	0.02	0.07	0.05	0.2	0.2	0.71	0.04
海口发布	0	0.06	0.08	0.04	0.6	0.05	0.67	0.5

（资源来源：作者自制）

第四节　数据分析与实证结果

本章运用模糊集定性比较分析法分析了前文命题中所有前置因果条件与地方政府信息公开水平之间的关系。为了获知每个前置因果条件对结果变量的解释力，我们选取 fsQCA3.0 软件中的模糊集定性比较分析(fsQCA)模块展开运算，并综合明细分析(specify analysis)和标准分析两种方法(standard analysis)得出影响数字时代下地方政府的信息公开水平的复合方案、吝啬方案以及中间方案。接下来，本节将进一步论证前文中的命题。

一、单变量的必要性、充分性分析

根据模糊定性比较分析法(fsQCA)的一般研究步骤，在对结果变量的原因组合路径分析前，首先需要对单个条件变量进行必要性和充分性分析。在 QCA 的运算过程中，单个原因变量和结果变量之间是否存在充分关系或必要关系主要通过一致性指标(Consistency)来进行判断(杜运周等，2017)，其计算公式如下所示：

$$\text{Consistency}(X_i \leqslant Y_i) = \sum |\min(X_i,\ Y_i)| - \sum X_i$$

QCA 认定，在必要条件检测中，如果一致性指标大于 0.9，则可认为将条件 X(单个条件或条件组合)视为 Y(结果)的必要条件，并且该条件(或组合)变量将在后续的充分条件分析中排除。如果一致性指标大于 0.8 时，可以认为 X 是 Y 的充分条件，即此单一条件或组合变量构成解释结果的一种路径；此外，在对条件变量或变量组合做充分或必要性分析后，可进一步运用覆盖率指标(Coverage)来判断条件变量或条件组合对于结果变量的解释力，其公式可以简化如下：

$$\text{Consistency}(X_i \leqslant Y_i) = \sum |\min(X_i,\ Y_i)| - \sum Y_i$$

该指标描述了条件(或组合)X 对结果 Y 的解释力度。例如当覆盖率为 0.8，即认为该条件(或组合)变量能够解释 80% 的案例。通过 fsQCA 软件进行运算后得到单个条件变量的必要性分析结果(见表 6-5)。

表6-5 单一条件变量的必要性分析结果

条件变量	"高水平"地方政府信息公开(IDS)		"非高水平"政府信息公开水平(~IDS)	
	一致性	覆盖率	一致性	覆盖率
SP	0. 125251	0. 187000	0. 476274	0. 813000
~SP	0. 874749	0. 593636	0. 523726	0. 406364
CI	0. 843268	0. 793321	0. 484476	0. 521109
~CI	0. 490958	0. 454433	0. 807850	0. 854929
PP	0. 778968	0. 795486	0. 824839	0. 810126
~PP	0. 502344	0. 431530	0. 824839	0. 810126
IR	0. 854655	0. 651020	0. 707088	0. 615816
~IR	0. 495646	0. 596774	0. 599297	0. 825000
TR	0. 722706	0. 658730	0. 573521	0. 597680
~TR	0. 558607	0. 533931	0. 672525	0. 734955
HR	0. 673141	0. 683674	0. 507909	0. 589796
~HR	0. 596115	0. 514451	0. 727592	0. 717919
FR	0. 799062	0. 761814	0. 504980	0. 550447
~FR	0. 528466	0. 482864	0. 781488	0. 816401

(资料来源：fsQCA 软件运行结果，其中"～"表示逻辑运算的"非")

参照必要性分析中一致性为0.9的衡量标准，关于"高水平"地方政府信息公开的必要条件结果如表6-5(左)所示，上述7个条件变量中没有前置因果条件达到必要条件标准。值得注意的是，"上级政府压力""横向竞争压力""信息化水平"和"财政资源供给"变量的一致性指标的值为0.8~0.9，可将其视为充分条件，也即低上级政府压力(~SP)、高横向竞争压力(CI)、高信息化水平(IR)和高财政资源供给(FR)对"高水平"的地方政府信息公开具有一定的推动作用，但仅充当充分条件，不能视为必要条件。因此，尽管上级政府压力、横向竞争压力、信息化水平和财政资源供给与地方政府信息公开水平之间具有高度相关性，但并不能通过必要条件分析论证上述四个变量直接影响"高水平"地方政府信息公开的出现。其他变量如公众诉求压力、平台运营时长、人力资源水平等四个变量的一致性和覆盖率两个指标的值也很接近标准，但只能说明这些变量在一定程度上能够解释"高水平"地方政府信息公开背后的驱动逻辑，但不能充当结果发生的充分或必要条件。

　　同样，根据表 6-5(右)所示，上述 7 个条件变量都不是"非高水平"地方政府信息公开的必要条件。通过进一步分析，我们发现"横向竞争压力"和"公众诉求压力"等两个变量的一致性指标的值为 0.8 ~ 0.9，可将其视为充分条件，也即低横向竞争压力(~ CI)、高公众诉求压力(PP)和低公众诉求压力(~ PP)对"非高水平"的地方政府信息公开具有一定的推动作用，但仅充当充分条件，不能视为必要条件。因此，尽管横向竞争压力、公众诉求压力与地方政府信息公开水平之间存在高度的相关性，但并不能通过必要条件分析论证上述两个变量直接导致"非高水平"地方政府信息公开的出现。值得注意的是，无论是高公众诉求压力，还是低公众诉求压力，均与"非高水平"地方政府信息公开之间存在高度相关性，这在一定程度上说明公众诉求压力并不能作为"非高水平"地方政府信息公开的核心影响因素。其他变量如上级政府压力、信息化水平、平台运营时长、人力资源水平以及财政资源供给等 5 个变量的一致性均低于 0.8。也就是说，这些变量仅在一定程度上能够解释为何会出现"非高水平"的地方政府信息公开，但不能充当结果发生的充分或必要条件。

　　综上所述，鉴于数字时代下地方政府的信息公开水平并非单一因素所决定的，而是"多重复杂并发因果"，因此，本章有必要进一步分析上述 7 个条件变量的不同组合对地方政府信息公开水平的影响。

二、真值表构建

　　在上述必要性条件分析之后，本研究按照 QCA 分析流程，对校准后的条件变量与结果变量的数据组合进行分析，即构建真值表(Truth table)。采用 fsQCA3.0 对 32 个重点城市政务微博的数据进行分析，选择频数为 1，原始一致性阈值大于 0.8，PRI 一致性阈值设置为 0.7，得到"高水平"地方政府信息公开和"非高水平"地方政府信息公开的真值表数据如表 6-6 和表 6-7 所示。其中，数量(number)表示满足该条件的案例数；原始一致性(raw consist)指向量空间角中的隶属度是结果隶属度子集的一致性程度；PRI 一致性(PRI consist)是基于误差计算中准比例减少的模糊集合的另一种一致性计算公式。SYM 一致性(SYM consist)指是基于 PRI 一致性对称版本的模糊集合的一致性替代度量。两个真值表中未出现矛盾组态，即相同条件变量组合情况下同时出现 0 和 1 的结果，因此目前数据可以正常进行模糊集定性比较分析。

表6-6　　　　　　　　"高水平"地方政府信息公开（IDS）真值表

IR	SP	FR	TR	HR	PP	CI	number	IDS	raw consist.	PRI consist.	SYM consist
1	0	0	1	1	0	1	1	1	0.959248	0.87963	0.87963
1	0	0	0	1	0	0	1	1	0.955326	0.74	0.925
1	0	1	1	1	1	1	6	1	0.954397	0.914894	0.914894
1	0	0	1	1	0	0	1	1	0.951456	0.833333	0.833334
0	1	0	0	0	1	0	1	1	0.911765	0	0
1	0	1	0	0	1	1	2	1	0.908482	0.755953	0.755952
0	0	1	0	0	1	1	1	1	0.904255	0.733333	0.733333
1	0	1	1	0	1	1	2	1	0.873106	0.666667	0.666667
0	0	1	0	0	1	0	1	1	0.84273	0.43617	0.43617
0	0	1	1	0	1	1	1	1	0.818859	0.451128	0.451128
1	0	0	0	0	0	1	1	0	0.787179	0.330645	0.330645
1	0	0	1	0	0	0	1	0	0.777512	0.363014	0.363014
1	0	1	0	0	0	1	1	0	0.764151	0.21875	0.21875
0	0	0	0	0	0	0	1	0	0.747396	0.276119	0.276119
1	1	1	1	1	1	0	1	0	0.639098	0	0
0	1	0	0	0	0	1	1	0	0.622318	0.12	0.123711
1	1	1	0	1	0	0	1	0	0.563758	0	0
1	1	0	1	1	0	0	1	0	0.492908	0	0
0	1	0	0	0	0	1	1	0	0.47351	0	0
1	1	0	1	1	0	0	1	0	0.427184	0	0
0	1	0	1	1	0	0	1	0	0.420792	0	0
1	1	0	0	1	0	0	1	0	0.377778	0	0
0	1	0	0	1	0	0	1	0	0.372807	0	0

（资料来源：fsQCA 软件运行结果）

表 6-7   **"非高水平"地方政府信息公开(～IDS)真值表**

IR	SP	FR	TR	CI	HR	PP	number	～IDS	raw consist.	PRI consist.	SYM consist
0	1	0	0	0	0	0	1	1	1	1	1
1	1	0	0	0	0	0	1	1	1	1	1
0	1	0	0	0	1	0	1	1	1	1	1
1	1	0	0	0	1	0	1	1	1	1	1
1	1	1	0	0	1	0	1	1	1	1	1
0	1	0	1	0	1	0	1	1	1	1	1
1	1	0	0	0	0	0	1	1	1	1	1
1	1	1	1	1	1	0	1	1	1	1	1
0	1	0	0	0	0	1	1	1	0.963235	0.583334	1
0	1	0	0	1	0	0	1	1	0.935622	0.85	0.876289
1	0	1	0	0	0	0	1	1	0.933962	0.78125	0.78125
0	0	0	0	0	0	0	1	1	0.903646	0.723881	0.723881
1	0	0	0	0	0	1	1	1	0.894872	0.669355	0.669355
0	0	1	0	0	0	1	1	1	0.878338	0.56383	0.56383
1	0	0	1	0	0	0	1	1	0.873206	0.636986	0.636986
0	0	1	1	0	0	1	1	1	0.851117	0.548872	0.548872
1	0	0	0	0	1	0	1	1	0.838488	0.06	0.075
1	0	0	1	1	0	0	1	0	0.757281	0.166666	0.166666
1	0	1	1	1	0	1	2	0	0.746212	0.333333	0.333333
0	0	1	0	1	0	1	1	0	0.736702	0.266667	0.266667
1	0	1	0	1	0	1	2	0	0.716518	0.244048	0.244048
1	0	0	1	1	1	0	1	0	0.702194	0.12037	0.12037
1	0	1	1	1	1	1	6	0	0.509772	0.0851063	0.0851063

(资料来源:fsQCA 软件运行结果)

三、条件组合分析

条件组合分析旨在揭示不同的条件变量组合如何导致结果变量发生,其原理是运用布尔运算来推测多个条件变量的组态集合是否构成结果变量发生的子集(杜运周、贾良定,2017)。一般来说,经过 fsQCA3.0 软件的运算,会得到复合方案(Complex solution)、吝啬方案(Parsimonious solution)以及中间方案

（Intermediate solution）三种结果。其中，复合方案是对案例样本中各个变量上取值组合的直接呈现，吝啬方案则包含了案例样本中未观察到但理论上存在的原因组合，而中间方案居于二者之间，含有部分虚拟组合但没有简单解多。因此，为最大程度上获取影响地方政府信息公开的条件组合，同时考虑到组态路径的可解释性，本研究在条件组合分析中主要采取中间方案来揭示数字时代下地方政府信息公开水平的组态路径。

在分析结果中，整体覆盖率（solution coverage）表示上述条件组合可以解释结果变量的比例，即整体覆盖率越趋近于1，条件组合对结果变量具有越高的解释程度。而解的一致性（solution consistency）则旨在衡量整个方案是结果集合的子集的程度，即解的一致性越高，说明该条件组合适合用来解释结果变量。具体对于每个组合路径来说，覆盖度还包括原始覆盖度（raw coverage）和唯一覆盖度（unique coverage），其中原始覆盖度表示每一个组合路径测量了完整解所解释结果的隶属度的比例，唯一覆盖度则表示仅由每个组合路径解释的结果隶属度的比例。

（一）"高水平"地方政府信息公开的分析结果

通过 fsQCA3.0 软件对"高水平"地方政府信息公开的真值表进行分析，得到中间解如图 6-2 所示，其中中间解主要包含的路径共有六条，每一条组态路径的一致性均高于 0.8。同时，中间解的整体覆盖率为 0.747488，说明可以覆盖 75% 左右的案例，一致性为 0.902913，处于较高水平。

```
File: C:/Users/lings/Desktop/re_weibo1.csv
Model: CA_IDS = f(SP1, CA_CI, CA_PP, IR1, CA_TR, CA_HR, CA_FR)
Algorithm: Quine-McCluskey

--- INTERMEDIATE SOLUTION ---
frequency cutoff: 1
consistency cutoff: 0.818859
Assumptions:

                                         raw        unique
                                      coverage     coverage    consistency
                                     ----------   ----------   -----------
~SP1*CA_CI*CA_PP*~CA_HR*CA_FR         0.38781     0.0442063     0.879939
~SP1*~CA_CI*~CA_PP*IR1*CA_HR*~CA_FR   0.230409    0.0301406     0.932249
~SP1*CA_PP*~IR1*CA_TR*~CA_HR*CA_FR    0.229069    0             0.865823
~SP1*~CA_PP*IR1*CA_TR*CA_HR*CA_FR     0.221701    0.0154052     0.956647
~SP1*CA_CI*CA_PP*IR1*CA_TR*CA_FR      0.495646    0.183523      0.916976
SP1*~CA_CI*CA_PP*~IR1*~CA_TR*~CA_HR*~CA_FR  0.0830542  0.0830541  0.911765
solution coverage: 0.747488
solution consistency: 0.902913
```

图 6-2　"高水平"地方政府信息公开（IDS）分析中间解

（资料来源：fsQCA 软件运行结果）

将指标转化为中文名称的结果如表 6-8 所示。

表 6-8 "高水平"地方政府信息公开(IDS)分析的中间解及案例分布

中间解	原始覆盖率	唯一覆盖率	一致性	覆盖案例
财政资源供给 * 非人力资源水平 * 非上级政府压力 * 横向竞争压力 * 公众诉求压力	0.38781	0.0442063	0.879939	武汉发布、青岛发布、西安发布、微博济南、沈阳发布、郑州发布
非财政资源供给 * 人力资源水平 * 信息化水平 * 非上级政府压力 * 非横向竞争压力 * ~非公众诉求压力	0.230409	0.0301406	0.932249	海口发布、福州发布
财政资源供给 * 非人力资源水平 * 非信息化水平 * 非平台运营时长 * 非上级政府压力 * 公众诉求压力	0.229069	0	0.865823	
非财政资源供给 * 人力资源水平 * 信息化水平 * 平台运营时长 * 非上级政府压力 * 非公众诉求压力	0.221701	0.0154052	0.956647	福州发布、南昌发布
财政资源供给 * 信息化水平 * 平台运营时长 * 非上级政府压力 * 横向竞争压力 * 公众诉求压力	0.495646	0.183523	0.916976	中国广州发布、青岛发布、成都发布、南京发布、深圳微博发布厅、宁波发布、杭州发布、沈阳发布
非财政资源供给 * 非人力资源水平 * 非信息化水平 * 非平台运营时长 * 上级政府压力 * ~非横向竞争压力 * 公众诉求压力	0.0830542	0.0830541	0.911765	长春发布
整体覆盖率	0.747488			
整体一致性	0.902913			

(资料来源:fsQCA 软件运行结果)

(二)"非高水平"地方政府信息公开的分析结果

通过 fsQCA3.0 软件对"低水平"地方政府信息公开的真值表进行分析,得到中间解如图 6-3 所示,其中中间解包含的路径共有 13 条,每一条组态路径的一致性均高于 0.8。同时,中间解的整体覆盖率为 0.758055,说明可以覆盖 76%左右的案例,一致性为 0.915782,处于较高水平。

```
File: C:/Users/lings/Desktop/re_weibol.csv
Model: ~CA_IDS = f(SP1, CA_CI, CA_PP, IR1, CA_TR, CA_HR, CA_FR)
Algorithm: Quine-McCluskey

--- INTERMEDIATE SOLUTION ---
frequency cutoff: 1
consistency cutoff: 0.838488
Assumptions:

                                              raw         unique
                                           coverage     coverage    consistency
                                           --------    ---------    -----------
SP1*~CA_CI*~CA_PP*~CA_TR*~CA_FR             0.264792    0.0205038    1
SP1*~CA_CI*~CA_PP*CA_HR*~CA_FR             0.232572    0.0521382    1
~CA_CI*~CA_PP*~IR1*~CA_TR*~CA_HR*~CA_FR     0.380199    0.0322202    0.946064
SP1*~CA_PP*~IR1*~CA_TR*~CA_HR*~CA_FR        0.183948    0.00702983   0.954407
SP1*~CA_CI*~IR1*~CA_TR*~CA_HR*~CA_FR        0.180434    0.00351495   0.984026
~CA_CI*~CA_PP*IR1*~CA_TR*CA_HR*~CA_FR       0.274751    0.00995898   0.908915
SP1*~CA_CI*~CA_PP*IR1*~CA_TR*CA_HR          0.149971    0.0181605    1
~SP1*~CA_CI*CA_PP*IR1*~CA_TR*~CA_HR*~CA_FR  0.204452    0.0175747    0.894872
~SP1*CA_CI*CA_PP*IR1*~CA_TR*~CA_HR*~CA_FR   0.213825    0.0427651    0.873206
~SP1*~CA_CI*~CA_PP*~IR1*~CA_TR*~CA_HR*CA_FR 0.173404    0.00644398   0.878338
~SP1*~CA_CI*~CA_PP*IR1*~CA_TR*CA_HR*CA_FR   0.173989    0.0210897    0.933962
~SP1*~CA_CI*CA_PP*IR1*CA_TR*CA_HR*CA_FR     0.200937    0.0292912    0.851117
SP1*CA_CI*~CA_PP*IR1*CA_TR*CA_HR*CA_FR      0.0779145   0.0152314    1
solution coverage: 0.758055
solution consistency: 0.915782
```

图 6-3 "非高水平"地方政府信息公开(~IDS)分析中间解

(资料来源:fsQCA 软件运行结果)

将指标转化为中文名称的结果如表 6-9 所示。

表 6-9 "非高水平"地方政府信息公开(~IDS)分析的中间解及案例分布

中间解	原始覆盖率	唯一覆盖率	一致性	覆盖案例
上级政府压力 * 非横向竞争压力 * 非公众诉求压力 * 非平台运营时长 * 非财政资源供给	0.264792	0.0205038	1	拉萨发布、呼和浩特发布、太原发布、大连发布
上级政府压力 * 非横向竞争压力 * 非公众诉求压力 * 人力资源水平 * 非财政资源供给	0.232572	0.0521382	1	乌鲁木齐发布、拉萨发布、太原发布、贵阳发布

中间解	原始覆盖率	唯一覆盖率	一致性	覆盖案例
非横向竞争压力 * 非公众诉求压力 * 非信息化水平 * 非平台运营时长 * * 非人力资源水平 * 非财政资源供给	0.380199	0.0322222	0.946064	夏都西宁、呼和浩特发布
上级政府压力 * 非公众诉求压力 * 非信息化水平 * 非平台运营时长 * 非人力资源水平 * 非财政资源供给	0.183948	0.00702983	0.954407	呼和浩特发布、昆明发布
上级政府压力 * 非公众诉求压力 * 非信息化水平 * 非平台运营时长 * 非人力资源水平 * 非财政资源供给	0.180434	0.00351495	0.984026	呼和浩特发布、长春发布
非财政资源供给 * 非人力资源水平 * 非信息化水平 * 非平台运营时长 * 上级政府压力 * ~非横向竞争压力 * 公众诉求压力	0.274751	0.00995898	0.908915	太原发布、海口发布
非横向竞争压力 * 非公众诉求压力 * 信息化水平 * 非平台运营时长 * 人力资源水平 * 非财政资源供给	0.149971	0.0181605	1	厦门发布、太原发布
上级政府压力 * 非横向竞争压力 * 非公众诉求压力 * 信息化水平 * 非平台运营时长 * 人力资源水平	0.204452	0.0175747	0.894872	哈尔滨发布
非上级政府压力 * 非横向竞争压力 * 公众诉求压力 * 信息化水平 * 非平台运营时长 * 非人力资源水平 * 非财政资源供给	0.213825	0.0427651	0.873206	银川发布
非上级政府压力 * 非横向竞争压力 * 公众诉求压力 * 非信息化水平 * 非平台运营时长 * 非人力资源水平 * 财政资源供给	0.173404	0.00644398	0.878338	石家庄发布

续表

中间解	原始覆盖率	唯一覆盖率	一致性	覆盖案例
非上级政府压力＊非横向竞争压力＊非公众诉求压力＊信息化水平＊非平台运营时长＊非人力资源水平＊财政资源供给	0.173989	0.0210897	0.933962	长沙发布
非上级政府压力＊横向竞争压力＊公众诉求压力＊非信息化水平＊平台运营时长＊非人力资源水平＊财政资源供给	0.200937	0.0292912	0.851117	郑州发布
上级政府压力＊横向竞争压力＊非公众诉求压力＊信息化水平＊平台运营时长＊人力资源水平＊财政资源供给	0.0779145	0.0152314	1	合肥发布
整体覆盖率	0.758055			
整体一致性	0.915782			

（资料来源：fsQCA 软件运行结果）

第五节　数字时代下地方政府信息公开水平的组态解讨论

为尽可能清晰地反映条件组态中各要素的相对重要性，本研究借鉴 Ragin 和 Fiss（2008）提出的"QCA 图示法"来呈现条件组态结果。具体来说，如果某个前因条件同时出现在中间解和简约解中，则认定该条件为核心条件；而如果某个前因条件仅出现在中间解中，则该条件为边缘条件。需要注意的是，必要条件分析中一致性不少于 0.9 的也属于分析结果中的核心条件。

一、数字时代下"高水平"地方政府信息公开分析结果

从表 6-10 可以看出，在治理合法性和治理效率性的双重逻辑下，影响数字时代下高水平地方政府信息公开的条件组态整体一致性和整体覆盖率分别为 0.90

和0.74，这意味着所生成的条件组态能够解释约74%的案例，具有较强的解释力。从分析的结果可以看出，有六条组态获得较高的一致性且均大于0.8，证明了组态视角"多元并发"特征，其中组态2、组态4、组态5和组态6的一致性大于0.9，可以作为结果变量发生的充分条件。值得注意的是，组态3的一致性水平尽管在0.8以上，但由于其唯一覆盖率为0，这意味着现实中没有唯一的样本案例可以由这条路径来解释，因此本研究暂不讨论该路径。

表6-10　　　　　　　　产生高水平地方政府信息公开的条件组态

条件变量	"效率性驱动"路径		"合法性驱动"路径	"合法性—效率性联动"路径		\
	路径2	路径4	路径6	路径1	路径5	路径3
上级政府压力	⊗	⊗	●	⊗	⊗	⊗
横向竞争压力	⊗	—	⊗	●	●	—
公众诉求压力	⊗	⊗	●	●	●	●
信息化水平	●	●	●	●	●	⊗
平台运营时长	—	●	⊗	●	●	⊗
人力资源水平	●	●	⊗	⊗	—	⊗
财政资源供给	⊗	⊗	⊗	●	●	●
原始覆盖率	0.23	0.22	0.08	0.39	0.50	0.22
唯一覆盖率	0.03	0.015	0.08	0.04	0.18	0
一致性	0.93	0.96	0.91	0.88	0.92	0.86
总体覆盖率	0.74					
总体一致性	0.90					

注：•或●表示条件组态中该条件存在，●表示核心条件，•表示边缘条件。⊗或⊗表示条件组态中该条件缺失，⊗表示核心条件不存在，⊗表示边缘条件不存在。—代表条件可存在也可不存在。

（资料来源：fsQCA软件运行结果）

从各要素在五种条件组态中的总体分布状况来看，其中"横向竞争压力""公众诉求压力""信息化水平""平台运营时长"以及"财政资源供给"是所有组态中覆盖率最高的组合方式。也就是说，高水平的地方政府的信息公开在很大程度上取决于其他利益相关者对其所施加的合法性压力（包括横向竞争压力、公众诉求压力等两个变量）、地方政府自身的效率性因素（包括信息化水平、财政资源供给水平、平台运营时长等三个条件变量）。此外，"人力资源水平"作为重要的核心条件，也是影响数字时代下高水平地方政府信息公开的重要因素。值得注意的是，"上级政府压力"在大多数路径中作为核心条件缺失而存在，即当上级政府压力非常低时，高水平的地方政府信息公开更容易产生。

为进一步分析上述五种条件组态，可以发现数字时代下高水平地方政府信息公开的组态路径主要有三种。

（一）"效率性驱动"路径

组态 2 的一致性为 0.93，原始覆盖率为 0.23，唯一覆盖 0.03，这表明该路径可以解释超过 23% 的案例，且约 3% 的案例仅能被该条路径来解释（如表 6-10所示）。从组态 2 的构成来看，可以发现"人力资源水平"（效率性）发挥了核心作用，"信息化水平"（效率性）则主要发挥着辅助作用。"上级政府压力"（合法性）、"横向竞争压力"（合法性）、"公众诉求压力"（合法性）以及"财政资源供给"（效率性）四个条件则不存在，其中"上级政府压力"是作为核心条件不存在。此外，平台运营时长（效率性）相对其他条件而言无关紧要，可有可无。这意味着当城市政务微博的信息公开行动受到省级政务微博的压力较小时，且该城市拥有数量庞大的信息传输、计算机服务和软件业从业人员，并在高水平信息化技术资源的支持下，其政务微博的信息公开水平较高。在该路径下，效率性层面的人力资源水平和信息化水平分别作为核心条件和辅助条件存在，而其他条件变量或不存在，或可有可无，因此我们可以将该条路径命名为"效率性导向"路径。具体来说，福州市在 2021 年的数字政府服务能力评估中获得"优秀"，表明其具备较高信息化水平，能够满足"福州发布"的各类信息发布工作。此外，相比于其他城市，福州市拥有数量较为庞大的信息传输、计算机服务和软件业从业人员，这在一定程度上满足了对地方政务微博信息公开专业性人才的需要。总的来说，上述因素的叠加在一定程度上推动了地方政务微博的高水平信息公开。

在组态 4 中，其一致性分别为 0.96，原始覆盖率分别为 0.22，唯一覆盖率为 0.015，这说明这条路径可以解释约 22% 的案例，且有约 1.5% 的案例仅能被这条路径所解释(如表 6-10)。与组态 2 不同的是，组态 4 中除了"人力资源水平"(效率性)和"信息化水平"(效率性)分别发挥了核心作用和辅助作用，"平台运营时长"(效率性)也发挥了辅助作用。"上级政府压力"(合法性)、"公众诉求压力"(合法性)以及"财政资源供给"(效率性)三个条件则不存在，其中"上级政府压力"是作为核心条件不存在。此外，横向竞争压力(合法性)相对其他条件而言无关紧要，可有可无。在该路径下，较高的人力资源水平和信息化水平、较丰富的平台运营经验等能够冲破人力资源、技术资源以及时间资源等限制，进而促使其达到高水平的政府信息公开。由于效率层面的人力资源水平、信息化水平以及平台运营时长分别作为核心条件和辅助条件存在，而其他条件变量或不存在，或可有可无，因此我们仍将该路径命名为"效率性导向"路径。

(二)"合法性驱动"路径

在组态 6 中，其一致性分别为 0.91，原始覆盖率分别为 0.08，唯一覆盖率也为 0.08，这说明这条路径有约 8% 的案例仅能被这条路径所解释(如表 6-10)。从组态 6 的构成来看，"上级政府压力"(合法性)和"公众诉求压力"(合法性)的存在发挥了辅助作用，"横向竞争压力"(合法性)、"信息化水平"(效率性)、"平台运营时长"(效率性)、"人力资源水平"(效率性)、"财政资源供给"(效率性)五个条件则不存在。这意味着当城市官方政务微博的信息公开行动同时受到较高的省级政务微博的压力和公众诉求压力时，其政务微博的信息公开水平较高。在该路径下，合法性层面的上级政府压力和信息诉求压力作为辅助条件存在，而其他条件变量不存在，因此我们可以将该条路径命名为"合法性驱动"路径。观察该组态对应的案例，可以发现：长春市拥有较高的上级政府压力(合法性)和较高的公众诉求压力(合法性)，具有显著的合法性驱动特征。具体来说，长春市政务微博(如长春发布)的信息发布量要明显低于其省级政务微博(如吉林省发布)的信息发布量，这意味着长春市政务微博将受到来自吉林省政务微博平台传递的压力。此外，相比于其他城市而言，长春市政务微博平台的粉丝数量要远高于其他城市，这也表明公众对长春市政务微博平台具有较高的信息需求。总的来说，上述因素的叠加在一定程度上推动了地方政务微博的高水平信息公开。

(三)"合法性-效率性"联动路径

在组态 1 中，其一致性分别为 0.88，原始覆盖率分别为 0.39，唯一覆盖率也为 0.04，说明这条路径可以解释约 39% 的案例，且有约 4% 的案例仅能被这条路径所解释(如表 6-10)。从组态 1 的构成来看，"财政资源供给"(效率性)、"横向竞争压力"(合法性)和"公众诉求压力"(合法性)发挥了辅助作用，"上级政府压力"(合法性)、"人力资源水平"(效率性)三个条件则不存在。此外，"信息化水平"(效率性)和"平台运营时长"(效率性)相对其他条件而言无关紧要，可有可无。这意味着高水平的政府信息公开在一定程度上受到财政资源供给能力、横向竞争压力和公众诉求压力等的制约。在该路径下，无论是合法性层面的横向竞争压力和公众诉求压力，还是效率性层面的财政资源供给均作为辅助条件存在，具有较为明显的"合法性"和"效率性"联动的特征，因此我们将该路径命名为"合法性-效率性"联动路径。观察该组态对应的案例，可以发现：相比于其他城市而言，武汉、西安、济南等城市的政务微博均拥有数量庞大的粉丝数量，且其所在城市同时具备较高的城市政务微博竞争力和财政资源供给能力，这在一定程度上对于推动高水平的政府信息公开具有积极作用。

在组态 5 中，其一致性分别为 0.92，原始覆盖率分别为 0.50，唯一覆盖率为 0.18，这说明这条路径可以解释约 50% 的案例，且有约 18% 的案例仅能被这条路径所解释(如表 6-10)。与组态 1 不同的是，"信息化水平"(效率性)、"平台运营时长"(效率性)和"财政资源供给"(效率性)的存在发挥了核心作用，"横向竞争压力"(合法性)和"公众诉求压力"(合法性)则主要发挥着辅助作用。"上级政府压力"(合法性)是作为核心条件不存在。此外，人力资源水平(效率性)相比其他条件而言无关紧要，可有可无。这意味着当城市政务微博拥有较长的运营经验，且所在城市有较高的信息化水平和财政资源供给能力，并在较高横向竞争压力和公众诉求压力的支持下，该城市政务微博的信息公开较高。在该路径下，效率性层面的信息化水平、平台运营时长、财政资源供给作为核心条件存在，合法性层面的横向竞争压力和公众诉求压力则作为辅助条件存在，因此我们仍将该条路径命名为"合法性-效率性"联动路径。观察该组态对应的案例，可以发现：广州、深圳、杭州等城市的政务微博(以"中国广州发布"为例)均在 2013 年左右在新浪微博平台上获得认证，历经十余年的发展已经具有良好的运营经验，且所在城市均具备较高的数字政府服务能力和财政资源供给能力，其中广州市、深圳市和杭州市在 2021 年数字政府服务能力评估中的结果均为"卓越"。此外，与其他城市相比，上述城市的政务微博同时拥有较高的竞争力水平和较多的粉丝数量，这表明其来自横向的竞争压力和公众的诉求压力也是推动高水平政府信息公开的重要因素。总的来说，合法性层面因素和效率性层面因素的叠加在一定程度上推动了地方政务微博的高水平信息公开。

二、数字时代下"非高水平"地方政府信息公开分析结果

从图 6-3 可以看出，在治理合法性和治理效率性的双重逻辑下，影响数字时代下"非高水平"地方政府信息公开的条件组态整体一致性和整体覆盖率分别为 0.92 和 0.76，这意味着所生成的条件组态能够解释约 76% 的案例，具有较强的解释力。从分析的结果可以看出，有 13 条组态获得较高的一致性且均大于 0.8，证明了组态视角"多元并发"特征，其中除组态 8、组态 9、组态 11 和组态 12 之外，其他组态的一致性均大于 0.9，可以作为结果变量发生的充分条件。值得注意的是，组态 4、组态 5、组态 6 和组态 8 的一致性水平尽管在 0.8 以上，但由于其唯一覆盖率接近 0，这意味着现实中没有唯一的样本案例可以由这条路径来解释，因此本章暂不讨论上述路径。

表 6-11　　　　产生"非高水平"地方政府信息公开的条件组态

条件变量	路径 1	路径 2	路径 3	路径 4	路径 5	路径 6	路径 7	路径 8	路径 9
上级政府压力	●	●	—	•	⊗	⊗	⊗	⊗	•
横向竞争压力	⊗	⊗	⊗	⊗	⊗	⊗	⊗		
公众诉求压力	⊗	⊗		⊗	•	⊗	⊗	•	⊗
信息化水平	—	—	⊗	•	•	•	•	⊗	•
平台运营时长	⊗	—		•	•	•	•	●	•
人力资源水平		•	⊗	⊗	⊗	⊗	⊗	⊗	•
财政资源供给	⊗	⊗	⊗	•		•	⊗		•

条件变量	路径1	路径2	路径3	路径4	路径5	路径6	路径7	路径8	路径9
原始覆盖率	0.26	0.23	0.38	0.14	0.20	0.17	0.21	0.20	0.08
唯一覆盖率	0.02	0.05	0.08	0.02	0.02	0.02	0.04	0.03	0.02
一致性	1	1	0.95	1	0.89	0.93	0.87	0.85	1
总体覆盖率	0.76								
总体一致性	0.92								

注：●或●表示条件组态中该条件存在，●表示核心条件，•表示边缘条件。⊗或⊗表示条件组态中该条件缺失，⊗表示核心条件不存在，⊗表示边缘条件不存在。—代表条件可存在也可不存在。

组态 1 表示尽管拥有较高的上级政府压力(核心条件)，但囿于缺乏横向竞争压力(核心条件)和平台运营时长(核心条件)，该城市政务微博很难获得"高水平"的信息公开。与组态 1 类似，上级政府压力也是组态 2 的核心条件，其可以表示尽管城市政务微博信息公开遭受较高的上级政府压力，且在较高人力资源水平的支持下，其政务微博的信息公开水平仍然不高。

组态 3 表示在缺乏横向竞争压力(核心条件)、平台运营时长(核心条件)和人力资源水平(核心条件)的情况下，地方政务微博很难获得"高水平"的政府信息公开。进一步，组态 4 则表示在缺乏横向竞争压力(核心条件)和平台运营时长(核心条件)的情况下，尽管地方政务微博平台具有较高的信息化水平(辅助条件)、财政资源供给(辅助条件)，且承受较大的上级政府压力(辅助条件)，其仍然不能获得"高水平"的政府信息公开。

由于组态 5 和组态 6 的核心条件一样，可以将其归类于同一种简约解。因此，组态 5 和组态 6 可以表示在缺乏上级政府压力(核心条件)、横向竞争压力(核心条件)、平台运营时长(核心条件)和人力资源水平(核心条件)的情况下，地方政务微博难以获得"高水平"的政府信息公开。

组态 7 表示在缺乏上级政府压力(核心条件)、横向竞争压力(核心条件)和人力资源水平(核心条件)的情况下，尽管地方政务微博平台拥有较高信息化水平(辅助条件)和较长的政务微博运营经验(辅助条件)，其仍然不能获得"高水平"

的政府信息公开。

组态8表示尽管拥有较长的政务微博运营经验(核心条件)，且在横向竞争压力(辅助条件)、公众诉求压力(辅助条件)以及财政资源供给(辅助条件)的支持下，但囿于缺乏上级政府压力(核心条件)和信息化水平(核心条件)，该城市政务微博很难获得"高水平"的信息公开。

组态9表示当上级政府压力、横向政府压力、信息化水平、平台运营时长、人力资源水平、财政资源供给等作为辅助条件出现时，也可能产生"非高水平"的政府信息公开。

第六节　数字时代下政府信息公开水平影响
因素的地区差异性分析

上一节从整体上分析数字时代下政府信息公开水平的重要解释路径及核心条件。但在我国政务微博的信息公开实践中，经济发展处于不同地区，因组织制度偏好及其面对外部环境的差异，其城市政务微博信息公开生成逻辑及其水平高低可能不同。基于此，本节试图在经济发展水平分区的基础上，对不同类别地区城市政务微博信息公开水平的影响因素进行比较分析。

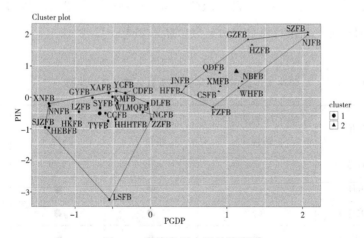

图6-4　经济发展水平的聚类图

（资料来源：作者自制）

　　为简便起见，本节参照马茹等(2019)的做法，选择人均地区生产总值(简称PGDP)和人均可支配收入(简称PIN)两个指标，对上述32个重点城市仅划分为经济发达城市和经济欠发达城市两类(如图6-4所示)。其中，深圳(SZFB)、广州(GZFB)、杭州(HZFB)、南京(NJFB)、宁波(NBFB)、青岛(QDFB)、武汉(WHFB)、厦门(XMFB)、福州(FZFB)、长沙(CSFB)、合肥(HFFB)、济南(JNFB)等12个重点城市归属于经济发达城市，而大连(DLFB)、郑州(ZZFB)、南昌(NCFB)、昆明(KMFB)、乌鲁木齐(WLMQFB)、成都(CDFB)、拉萨(LSFB)、西宁(XNFB)、南宁(NNFB)、海口(HKFB)、呼和浩特(HHHTFB)、石家庄(SJZFB)、兰州(LZFB)、西安(XAFB)、银川(YCFB)、贵阳(GYFB)、太原(TYFB)、沈阳(SYFB)、长春(CCFB)、哈尔滨(HEBFB)则为经济欠发达城市。

一、经济发达城市政务微博信息公开的影响因素及驱动路径

　　通过对经济发达地区的12个重点城市分析可知，信息化水平(IR)、低政府上级压力($\sim$SP)、财政资源供给(FR)的必要性一致率大于0.9，说明这三个因素可视为经济发达城市中高水平政务微博信息公开的必要条件。具体来说，在经济发达城市，高水平政务微博信息公开的城市都具有非常高的信息化水平和丰富的财政资源供给，且受到很少来自省级政务微博所传递的信息公开压力。进一步，本小节将对条件变量进行组合分析，分析结果如表6-12所示。

表6-12　　　　　　**经济发达城市高水平政府信息公开的条件组态**

条件变量	"效率性驱动"路径	"合法性—效率性联动"路径		\
	路径1	路径2	路径3	路径4
上级政府压力	$\otimes$	$\otimes$	$\otimes$	$\otimes$
横向竞争压力	—	●	●	●
公众诉求压力	$\otimes$	●	●	—
信息化水平	●	●	●	●
平台运营时长	●	—	●	●

续表

条件变量	"效率性驱动"路径	"合法性—效率性联动"路径		\
	路径 1	路径 2	路径 3	路径 4
人力资源水平	●	⊗	—	•
财政资源供给	—	●	●	●
原始覆盖率	0.28	0.438	0.636	0.558
唯一覆盖率	0.028	0.087	0.004	0
一致性	1	0.976	0.983	1
总体覆盖率	0.757			
总体一致性	0.986			

注：•或●表示条件组态中该条件存在，●表示核心条件，•表示边缘条件。⊗或⊗表示条件组态中该条件缺失，⊗表示核心条件不存在，⊗表示边缘条件不存在。—代表条件可存在也可不存在。

表 6-12 显示，解释经济发达城市高水平政务微博信息公开的组合条件主要有三条路径①。这三条路径可以分为两类：

（1）较重要的解释路径为路径 2 和路径 3，其唯一覆盖率为 9.1%，即有 9.1%的样本可仅有这两条路径解释。在这两条路径下，无论是合法性层面的横向竞争压力和公众诉求压力，还是效率性层面的信息化水平、平台运营时长以及财政资源供给，具有较为明显的"合法性"和"效率性"联动的特征，因此我们将这两条路径命名为"合法性-效率性"联动路径。

（2）第二类驱动路径为路径 1(~上级政府压力×~公众诉求压力×信息化水平×平台运营时长×人力资源水平)，其解释力为 28%，且其唯一的解释性在 2.8%左右。在该路径下，高水平政务微博信息公开主要依赖于其信息化水平、平台运营时长等效率性因素，因此我们将其命名为效率性驱动路径。

---

① 注：路径 4 尽管一致性水平在 0.8 以上，但由于其唯一覆盖率为 0，说明该路径在现实中并没有唯一的样本案例予以验证，因此本研究暂不讨论该路径。

二、经济欠发达城市政务微博信息公开的影响因素及驱动路径

对经济欠发达地区的 20 个重点城市进行 fs-QCA 一致性分析，结果表明，7
个条件变量的必要性一致率均为达到 0.9，且覆盖率较高，意味这 7 个条件变量
是影响经济欠发达城市政务微博信息公开的重要因素。因此，有必要进一步对条
件变量进行组合分析，分析结果如表6-13 所示。

表6-13　　　　　　经济欠发达城市高水平政府信息公开的条件组态

条件变量	"合法性驱动"路径	"效率性驱动"路径	"合法性-效率性联动"路径		
	路径 1	路径 2	路径 3	路径 4	路径 5
上级政府压力	●	⊗	⊗	⊗	⊗
横向竞争压力	⊗	⊗	●	•	•
公众诉求压力	●	⊗	●	⊗	•
信息化水平	⊗	•	⊗		•
平台运营时长	⊗	⊗	⊗	•	•
人力资源水平	⊗	●	⊗	●	●
财政资源供给	⊗	⊗	●	⊗	•
原始覆盖率	0.150	0.231	0.293	0.223	0.234
唯一覆盖率	0.150	0.078	0.158	0.043	0.082
0.862 一致性	0.871	0.930	0.870	0.928	0.862
总体覆盖率	0.692				
总体一致性	0.864				

注：•或●表示条件组态中该条件存在，●表示核心条件，•表示边缘条件。⊗或⊗表
示条件组态中该条件缺失，⊗表示核心条件不存在，⊗表示边缘条件不存在。—代表条件可
存在也可不存在。

表6-13 显示，解释欠发达城市高水平政务微博信息公开的路径主要有 5 条。

这 5 条路径可以分为三类：

(1)路径 1 以上级政府压力和公众诉求压力为核心变量。这类路径体现了合法性压力对欠发达城市高水平城市政务微博信息公开的正向作用，说明当城市的信息化水平较低和财政资源供给能力不强时，上级政府压力和公众诉求压力是推动欠发达城市高水平政务微博信息公开的重要因素。

(2)路径 2 以人力资源水平为核心变量，信息化水平为辅助变量。这类路径体现了效率性因素对欠发达城市高水平政务微博信息公开的正向作用，说明当上级政府压力缺失时，人力资源水平和信息化水平是推动欠发达城市高水平政务微博信息公开的重要因素。

(3)路径 3 以横向竞争压力、公众诉求压力以及财政资源供给为核心变量。路径 4 以人力资源水平为核心变量，横向竞争压力、信息化水平以及平台运营时长为辅助变量。路径 5 以人力资源水平为核心变量，横向竞争压力、公众诉求压力、信息化水平、平台运营时长以及财政资源供给为辅助变量。这三条路径均具有明显的"合法性"和"效率性"联动的特征，说明在上级政府压力缺失下，横向竞争压力等合法性因素和人力资源水平等效率性因素共同推动了欠发达城市高水平政务微博信息公开。

三、两类城市政务微博信息公开驱动路径的比较

通过对比上述两类城市政务微博信息公开驱动路径，结果如表 6-12 所示。在两类城市，高水平政务微博信息公开的重要驱动路径呈现出一定的差异性。其中，经济发达城市的必要条件是信息化水平、财政资源供给以及非上级政府压力，核心条件是平台运营时长、公众诉求压力以及横向竞争压力，重要的路径有两类："效率性驱动"路径和"合法性-效率性联动"路径。经济欠发达城市没有必要条件，核心条件组合较为多元，重要路径有 5 条，大致可以分为"效率性驱动"路径、"合法性驱动"路径以及"合法性-效率性联动"路径。5 条路径中以路径 1 ("合法性驱动"路径)和路径 3 ("合法性-效率性联动"路径)的唯一覆盖率最高，分别达到 15%和 15.8%。可见在欠发达城市高水平政务微博更多受到合法性压力的影响。

表 6-12　不同经济发展程度城市高水平政务微博信息公开条件组合的比较

	经济发达城市	经济欠发达城市
必要条件	信息化水平(IR)、低上级政府压力(~SP)、财政资源供给(FR)	无
核心条件	平台运营时长(TR)＊低上级政府压力(~SP) 公众诉求压力(PP) 横向竞争压力(CI)＊低上级政府压力(~SP)	人力资源水平(HR)＊低上级政府压力(~SP) 公众诉求压力(PP)＊上级政府压力(SP) 公众诉求压力(PP)＊低财政资源供给(~FR)＊低信息化水平(~IR) 信息化水平(IR)＊低平台运营时长(~TR)＊低上级政府压力(~SP) 公众诉求压力(PP)＊横向竞争压力(CI)＊低平台运营时长(~TR)
重要解释路径的数量	3	5

（资料来源：作者自制）

本 章 小 结

本章立足于数字时代下我国地方政务微博的信息公开实践，从合法性和效率性的双重逻辑出发，分析数字时代下地方政府信息公开的核心影响因素及其驱动路径。具体来说，首先本章基于"合法性-效率性"的分析框架，构建了数字时代下地方政府信息公开的驱动模型，选取我国 32 个重点城市(包括副省级或省会城市)政务微博作为研究对象，并运用模糊集定性比较分析方法(fsQCA)探究数字时代下地方政府信息公开的核心影响因素及其驱动机制。此外，本章在经济发展水平分区的基础上，对不同类别地区城市政务微博信息公开水平的影响因素进行比较分析。

第七章　数字时代下政府信息公开的
传播效应评估
——以地方政务微博平台为例

第一节　引　　言

伴随移动互联网和社会化媒体的快速发展，以政务微博、政务微信以及政务短视频等为代表的政务新媒体已经渗透到公众生活的方方面面，同时也在现代社会的经济、政治以及文化等领域中扮演着越来越重要的角色。政务新媒体平台具有的即时性、交互性、社交性、移动性等特点，不仅直接改变了社会公众与政府之间的信息交流方式，也在很大程度上重塑了原有单项垄断的信息传播结构，并进一步改变了社会公众的生活和思维方式。在数字时代下，各类政务新媒体的广泛应用为社会公众行使知情权和发言权提供了便捷的渠道，极大地激活了他们参与各类公共事务的积极性(刘密霞等，2015)，这一点在突发公共事件中表现得尤为明显(沈霄等，2021)。事实上，有研究指出政务新媒体作用的发挥取决于账号本身的传播力、服务力、互动力以及认同度，而用户互动性和参与度是政务新媒体平台运营的关键所在(李新祥、李墨涵，2019)。然而，在当前我国政务新媒体的信息公开实践中，部分地区政务新媒体信息公开过程中的公众参与度并不高，没有达到预期的传播效果(王立华，2018)。因此，对于大多数政务新媒体平台而言，在实际行为层面提升公众参与政务微博的广度和深度至关重要。

针对政务新媒体信息公开的传播效应，目前学术界已经在相关方面展开了丰富的研究，大致可以分为两条路径。一是"信息发布者"层面的传播效应，主要探究政务新媒体的信息传播行为对政府形象构建、政府公信力、政府舆情治理等方面产生的影响。例如有学者结合语料库和批评话语分析的方法对政务微博平台所发布的信息内容展开研究，指出政务微博话语对于服务型政府形象构建具有积极作用(邹煜等，2020)。也有学者以政务微信为研究对象，论述了政务微信对于政府公信力提升的重要作用(杨畅、张彩，2020)。此外，还有学者将政务新媒体视为开展社会舆情治理的重要载体，重点分析了政务新媒体在网络舆情/舆论疏导、网络辟谣等方面的积极作用(刘晓娟、王晨琳，2021；邓喆等，2020；强月新、孙志鹏，2020)。二是"信息接收者"层面的传播效应。该路径主要探究政务新媒体的信息传播对信息接收者在心理、态度和行为等方面产生的影响。例如王立华重点关注政务微博信息公开对信息接收者的浏览行为和互动行为产生的积极影响(王立华，2018)。Bonsón 等学者也持相似观点，他们基于公众的点赞、转发和评论行为构建政府 Facebook 公众参与指数，并指出政府 Facebook 发布的信息内容类型和内容表达方式显著影响公众参与(Bonsón et al.，2015)。此外，也有不少学者基于主观问卷调查法来测量网络信息传播对于受众态度和行为的影响(Gilly et al.，1998)。

总的来说，国内外学者对政务新媒体信息公开的传播效应进行了较为丰富的研究，为本研究的展开提供了参考与借鉴。然而，已有研究多从"信息发布者"视角来研究政务新媒体的信息传播效应，较少探究政务新媒体信息传播对"信息接收者"的影响效应(Weerakkody，2019)。基于此，本章聚焦于我国政务微博平台的信息公开实践，试图从公众参与的视角出发探讨数字时代下地方政府信息公开的传播效应，重点回答以下问题：在我国政务微博平台中，地方政府信息公开对公众参与行为存在怎样的影响效应？公众满意度在地方政府信息公开和公众参与行为之间是否存在中介效应？粉丝质量在地方政府信息公开和公众参与行为之间是否存在调节效应？期待能够为自下而上"倒逼式"推动数字时代下地方政府信息公开的精准性提供经验证据与理论支持。

第二节 文献综述

一、公众参与的内涵

"公众参与"一词最早来源于 Arnstein 提出的"公众参与阶梯"，是政治学与行政学科中的重要概念(Arnstein，1969)。所谓的公众参与，是指有参与愿望的公众或社会组织通过一系列的正式的和非正式的途径试图影响公众政策和公共生活的活动(王周户，2011)。具体内涵包括：首先，参与主体包括自然人和企业、社会组织、自治组织以及新闻媒体等以组织形式存在的法人。其次，参与环节涵盖政策问题认定、政策议程设置、公共政策制定以及公共政策执行等，贯穿于公共政策制定与实施的全过程。再次，参与方式和途径既有传统的民主恳谈会、听证会、座谈会、论证会等，也有数字时代下的在线调查、市长信箱、地方领导留言板、12345热线以及微博问政等。最后，参与价值旨在增强社会公众对各级政府的政治信任、支持度和满意度。

二、政务新媒体信息传播中公众参与的影响因素

近年来，伴随移动互联网和社会化媒体的快速发展，以微博为代表的新媒体平台逐渐成为社会公众参与公共事务的新途径，推动着数字时代下公众参与向电子参与迈进。与线下政治参与模式不同，数字技术支持下的公众参与不仅大大提升了公众的话语权，同时也有利于激发公众的参与热情(Yetano & Royo，2017；韩万渠，2021)。事实上，已有文献指出，政务新媒体的出现在一定程度上重塑了国家和社会的基本权力格局，大大强化了公众获取信息的能力，同时增进了公众之间的联系，进而为公众的政治参与提供了机遇(Dezuniga et al.，2012；黄晗，2014；徐琳，2015；王喆、韩广富，2019)。然而，需要注意的是，"数字鸿沟"及"网络暴力"等现象的出现也容易引致网络参与代表性不足和网络公众参与的非理性等问题，进而影响到网络参与的有效性(李锐、毛寿龙，2014)。

目前，关于政务新媒体信息传播中公众参与的影响因素大致可以归纳为以下三种解释路径。其一，以用户为中心的影响因素。该路径主要关注政务新媒体用户的个人属性、心理特征等方面对政务新媒体信息传播过程中公众参与的影响。例如，王立华(2018)通过对政务微博和政府网站的信息公开展开实证研究，指出公众满意度对政务新媒体信息传播过程中的公众浏览和互动行为产生积极的影响。冯小东等(2019)学者采用文本挖掘方法分析政务微博的信息传播效果，发现公众的情感倾向和行为习惯等因素对公众参与行为具有显著影响。此外，李文健和张淇鑫(2016)则以公安类微信公众号为研究对象，通过实证分析发现和微信使

用者自身直接相关的公共安全服务信息受到更高的关注度。其二，以政务新媒体平台为中心的影响因素。该路径主要关注政务新媒体平台自身对公众参与的影响（Hao et al.，2016）。例如，刘晓娟等（2013）在分析机构类别与公众转发行为之间的关系时，发现政府外宣类政务机构微博信息传播过程中公众的转发数量最高，而就机构级别来说，他们指出厅局级的政务微博信息传播过程中公众的转发数量最高，县处级政务机构微博次之。梁芷铭（2014）在对"@上海发布"政务微博群进行网络结构分析时，发现政务微博发布机构在互相关注网络中的网络结构对传播意愿和传播能力具有显著的影响。此外，宁海林和羊晚成（2021）借鉴"启发-系统模型"构建政务短视频传播效果理论模型，生产能力、粉丝数以及微博影响力显著影响到突发事件情景下公众参与短视频传播的广度和深度。其三，以政务新媒体信息内容为中心的影响因素。该路径的文献主要关注内容数量、类型以及质量等对政务新媒体信息传播过程中公众参与的影响。例如，有学者指出内容主题、内容情绪以及标题特征等均显著影响政务新媒体信息传播过程中公众参与的点赞、转发和评论维度（高晓晶等，2021；黄艳等，2022；刘果、汪小伢，2020；陈强等，2020）。进一步，陈强等（2019）学者通过对政务短视频公众参与进行实证分析，发现信息类型会显著影响政务短视频公众参与，其中"时事热点"类信息能够同时激发公众参与的点赞维度、评论维度和转发维度，"军队形象宣传"类信息能够显著促进公众参与的点赞维度和评论维度；背景音乐情感属性方面，悲伤的音乐能够有效促进公众的评论行为。此外，还有学者聚焦于政务新媒体平台上的辟谣信息，指出谣言类型、辟谣方式、是否为原创及信息多样性特征显著影响辟谣信息的评论数和转发数（陈娟等，2018；易明等，2022）。

三、过往研究的局限

回顾上述文献，笔者认为现有研究还存在可拓展的研究空间：第一，已有文献聚焦于对政务微信、政务视频等政务新媒体信息公开对公众参与的影响，而直接针对政务微博信息公开中公众参与行为生成机理的研究较为匮乏，对该议题的理论关照度不足。第二，过往研究聚焦于单一视角，对政务微博信息公开过程中公众参与行为的探究缺乏系统的理论分析框架。一方面，从信息接收者来看，公众并不是政务微博信息的被动接受者，他们会依据自身对信息公开的态度来进行决策是否参与信息传播过程。另一方面，从信息发送者来看，政务微博的粉丝网络规模越大，政务微博信息传播的覆盖率也会越高，即政务微博依赖于其核心粉丝群可以提升其信息传播的广度和深度。因此，研究的关键点就在于厘清公众满意度和政务微博的粉丝质量如何影响政务微博信息公开过程中公众的浏览、转发等参与行为。综上所述，本章着眼于我国政务微博的信息公开实践，聚焦于公众满意度和粉丝质量视角，探讨地方政府信息公开影响公众参与行为的内在机制。

第三节　研究假设与分析框架

一、政府信息公开与公众参与

政府信息公开中的公众参与是促进政府治理透明化和保障公众合法权益的必要路径（彭强、陈德敏，2023；刘小康，2015）。正如国际透明组织所指出，政府信息公开赋予公众和其他利益相关者参与、监测和评估公共组织绩效的权利，进而强化公众对公共组织的问责能力（Garrido-Rodríguez et al.，2019）。在数字时代下，互联网和信息技术的广泛应用极大地提升了政府信息公开中公众参与水平（王益民、刘密霞，2016）。例如，有研究发现政府主动且有效的信息公开容易获得公众的信任，进而激发公众参与的积极性（Chen & Cho，2019；2021）。也有研究通过实证分析，发现个人对政府信息公开的感知越明显，参与和支持政府工作的意愿就越强烈（Porumbescu et al.，2020），相反则会导致公众产生社会消极情绪（刘晓娟、王晨琳，2021）。此外，还有研究进一步发现，政府信息公开对政务微博公众参与有着显著的正向影响（王立华，2018）。一般来说，公众在数字时代主要通过政府网站、政务微博以及政务微信等政务新媒体平台来获取自己感兴趣的信息和回复，这种有用性感知将激发公众进一步参与政府信息公开行动，包括继续浏览、转发或评论相关信息等。因此，本研究提出以下假设：

H1（a）：地方政府信息公开对政务微博平台中公众的信息浏览行为具有显著的正向影响。

H1（b1）：地方政府信息公开对政务微博平台中公众的信息转发行为具有显著的正向影响。

H1(b2)：地方政府信息公开对政务微博平台中公众的信息评论行为具有显著的正向影响。

二、公众满意度在地方政府信息公开与公众参与关系中的中介作用

随着"新公共管理运动"在公共领域内的发展，顾客满意度这一概念和工具从企业管理领域移植到了公共管理领域，由此"公众满意度"应运而生。已有文献指出，公众满意度是公众对政府服务水平的一项重要评价标准（周鑫、魏玖长，2020），而政府信息公开作为政务服务水平的一个重要维度，不仅关系到公众的知情权这一基本权利，也关系到政治制度的关键价值，譬如问责、合法性以及民主等（Gupta，2008）。关于政府信息公开与公众满意度间的关系，学者们普遍认为政府信息公开水平能够提升公众对政府信息公开的满意程度（孙振杰，2020）。例如，西方一些关于腐败的实证研究表明，反腐败信息公开对公众满意度有显著的正向影响（Park & Blenkinsopp，2011）。也有学者通过实证分析，进一步指出高质量的政府信息可以提升公众对政府信息的满意度，进而强化公众的政策遵从程度（郑思尧、孟天广，2022）。此外，还有研究表明，信息公开内容的丰富与方式的多样化会对公众信息需求满意度产生积极影响（韩玮等，2020）。因此，本研究提出以下假设：

H2：地方政府信息公开对公众满意度具有显著的正向影响，即地方政府信息公开的力度越大，公众对政务微博信息的满意度越高。

公众满意度表征了公众的认知评价和情感态度，是政府服务水平和行为意向之间的桥梁。认知行为理论主要用于解释认知和行为的关系。该理论认为，认知活动能够对人类行为产生重要的影响，而且人类行为会随着认知活动的改变而改变（Stephen et al.，2008）。公众满意度作为一种特殊的认知变量，对公众的参与行为具有良好的预测作用。有研究发现，公民对政府的满意度会影响其参与群体性事件、制度化维权行为以及基层人大选举等政治参与行为（李保臣、李德江，2013；卢海阳等，2016；刘伟、彭琪，2021）。与线下参与渠道不同，政务微博不受时间和空间的限制，为公众参与公共事务提供很大的便利性。基于认知行为理论，公众浏览、转发以及评价政务微博信息的行为在很大程度上受到公众对政府信息满意度的影响。也就是说，对政务微博信息更满意的的公众倾向于投入更多的注意力资源

去浏览、转发以及评价政务微博平台发布的各类政务信息。然而值得注意的是，部分公众尽管对政府信息公开不满意也有可能到政务微博平台上去浏览查找自己感兴趣的信息，并进行转发和评论等。因此，公众满意度在政府信息公开与公众参与之间可能只承担部分中介的作用。基于此，本研究提出以下假设：

H3(a)：公众满意度对公众的信息浏览行为具有显著的正向影响，即公众对政务微博信息的满意度越高，其浏览政务微博信息的可能性就越高。

H3(b)：公众满意度对公众的信息转发/评论行为具有显著的正向影响，即公众对政务微博信息的满意度越高，其转发/评论政务微博信息的可能性就越高。

H4(a)：公众满意度在地方政府信息公开与公众的信息浏览行为之间起中介作用，即地方政府信息公开通过提升公众对政务微博信息的满意度，进而促进公众的信息浏览行为。

H4(b1)：公众满意度在地方政府信息公开与公众的信息转发行为之间起中介作用，即地方政府信息公开通过提升公众对政务微博信息的满意度，进而促进公众的信息转发行为。

H4(b1)：公众满意度在地方政府信息公开与公众的信息评论行为之间起中介作用，即地方政府信息公开通过提升公众对政务微博信息的满意度，进而促进公众的信息评论行为。

三、粉丝质量在地方政府信息公开与公众参与关系中的调节作用

人与人之间的社会网络是一种不可见的资源，可以促进知识共享和信息传播（冯小东等，2019）。有研究发现微博空间中用户的信息传播行为大致符合线下人际交往的特性，但属于一种弱关系社会网络①。社会资本理论认为，社会资本作为一种嵌入社会关系中的社会资源且能够创造价值（林南，2005），其对于探究社会网络与政务微博信息传播之间的关系具有一定的借鉴意义。一般来说，已有研究主要从结构（Nahapiet & Ghoshal，1998）、关系（高红、王佃利，2021）以及认知（Yang & li，2016）三个维度来测量社会资本。例如有学者将 Twitter 社区中用户的粉丝数来测量其社会资本结构维度（Ye et al.，2012）。在此基础上，罗雨宁等学者通过实证分析进一步发现，政务微博拥有的粉丝特征与其影响力之间具有

---

① 注：弱关系社会网络包括一般熟人、网友等拓展性的人际关系。

显著的正向关系(罗雨宁等，2017)。

　　本研究认为，粉丝数量无法从本质上衡量政务微博在网络中的影响力，在定量评估政府信息公开的传播效果时，应分析政务微博的粉丝质量在政府信息公开与公众参与行为之间的中间作用。具体来说，一个政务微博的粉丝质量越高，说明其具有越强的社会资本和社会影响力，因而其所发布的微博信息能够覆盖到更多的社会公众，进而影响到公众的浏览、转发以及评论等行为。

　　H5(a)：粉丝质量在地方政府信息公开与公众的信息浏览行为之间起调节作用，即政务微博所拥有的粉丝质量越高，地方政府信息公开对公众的信息浏览行为的正向关系就越强。

　　H5(b1)：粉丝质量在地方政府信息公开与公众的信息转发行为之间起调节作用，即政务微博所拥有的粉丝质量越高，地方政府信息公开对公众的信息转发行为的正向关系就越强。

　　H5(b2)：粉丝质量在地方政府信息公开与公众的信息评论行为之间起调节作用，即政务微博所拥有的粉丝质量越高，地方政府信息公开对公众的信息评论行为的正向关系就越强。

　　基于数字时代下我国地方政务微博的信息公开实践，通过上述文献回顾以及相应的逻辑推理，从公众参与视角切入，定量评估地方政府信息公开的传播效应及其机制检验。针对地方政府信息公开对政务微博公众参与的直接影响、公众满意度和粉丝质量分别在地方政府信息公开与政务微博公众参与之间发挥的中介作用和调节作用提出研究假设，并得出数字时代下地方政府信息公开传播效应的分析模型。具体研究假设和分析模型如图 7-1 所示。

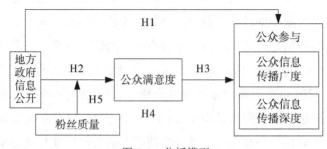

图 7-1　分析模型

(来源：作者自制)

第四节 研究设计

一、样本与数据来源

基于前文的机制分析，本章着眼于我国地方政务微博平台的信息公开实践，选取我国 2022 年 12 月在微博平台上注册的 295 个城市的党政新闻发布微博（命名方式为"××发布"）为研究对象，其中核心解释变量使用各大城市政务机构微博的信息发布量，被解释变量则为政务微博的公众参与行为，中介变量采取公众对政务微博所发布信息的满意度，调节变量则选择政务微博的粉丝质量。由于数据的可得性有限，本章借鉴苏任刚（2020）的做法，剔除数据缺失较多的城市，同时对于个别城市存在的缺失值采取线性插值法进行补齐，最终被解释变量采取 227 个城市政务微博平台中公众的信息传播广度和深度数据。

控制变量主要分为组织层面和城市层面两类，其中组织层面的控制变量主要包括微博运营时长、政务微博主办单位的行政级别，数据主要来源于各大城市政务机构微博的主页，城市层面的控制变量则主要包括居民受教育水平、城镇居民可支配收入、移动电话数等，数据主要来源于 2009—2022 年的《中国城市年鉴》以及各大城市的国民经济和社会发展统计公报。

二、变量操作化

（一）被解释变量：政务微博公众参与（CE）

政务微博作为公众参与的重要媒介和平台，近年来在社会治理和信息传达方面的作用越发凸显。所谓的政务微博公众参与，可以理解为公众参与政务微博的信息传播。本研究根据政务微博信息的传播特性，将政务微博公众参与划分为两个维度，包括公众的信息传播广度和公众的信息传播深度。其中公众的信息传播广度强调信息传播的覆盖面，对于政务微博而言，社会公众对于政务微博信息的浏览行为是政务微博公众参与最直接的展示形式，表明了政务微博信息对于社会公众的吸引力。与政务微信平台不同，政务微博平台并未采集社会公众的微博信息浏览行为，因此本研究采取各城市政务微博(如武汉发布)的视频累计播放量来衡量公众参与政务微博信息传播的广度。与公众参与政务微博信息传播的广度不一样，公众参与政务微博信息传播的深度则侧重于强调社会公众对于政务微博信息的接受度和认同度，而最能体现社会公众参与政务微博信息传播的深度就是评论数与转发数。公众的评论和转发行为表明公众对政务微博信息传播的主动参与行为，体现了信息传播者与信息接收者之间的互动程度。一般来说，政务微博信息的评论数和转发数越大意味着社会公众投入了更多的认知努力，在行为层面对政务微博信息表示支持，同时愿意进行传递和扩散(李秀峰，2022)。

(二)解释变量：地方政府信息公开(infor_dis)

政府信息公开是指各级政府向社会公众披露其有关行政过程和结果的信息，以使社会公众能够对政府滥用权力、管理不善和腐败行为进行有效的监督(马亮，2014)。如何对政府信息公开水平进行测量，西方学者们已经对此展开深入和丰富的研究。例如有学者基于英国的政府信息公开实践，试图从机构弹性、遏制腐败等维度着手构建"政治—行政"的二维评估框架，(Meijer et al.，2018)。此外，也有学者则从财务、人力、资产、行政四个维度来评估地方政府网站的信息透明度(Bearfield & Bowman，2017)。在我国，也有众多学者对政府信息公开的测量进行了诸多有益的探索。如王芳侧重于从公开内容、方式、表达等7个方面来测量地方政府网站信息公开能力(王芳，2011)。而中国社会科学院法学研究所发布的《中国地方政府透明度年度报告》则聚焦于信息公开目录完善状况、依申请公开平台有效性等六大板块。总的来说，已有文献主要聚焦于政府网站的信息公开，而对政务微博等政务新媒体平台的政府信息公开则较少关注。事实上，随着网络信息时代的迅速发展，以政务微博等为代表的政务新媒体平台逐步成为各级政府发布政务信息的主要渠道(Grimmelikhuijsen & Welch，2010)。因此，用各大城市政务机构微博累计发布的信息条数可以在很大程度上反映出政府信息公开状况。

(三)中介变量：公众满意度(SA)

所谓公众满意度是指社会公众对某一产品或服务提供了与消费或使用相关的实现水平或愉悦程度(Reynoso，2010)。在满意度测量方面，已有文献存在一定的分歧。一部分学者认为应将满意度视为一个整体性的感知现象，用公众对政府的整体满意度来进行测量(王立华，2018)，另一部分学者则聚焦于从公共服务的不同属性出发来测度公众满意度。政务微博信息公开的公众满意度是一个累积性的长期体现和感知的过程，因此本研究将公众满意度定义为社会公众对政务微博信息公开程度是否满意而产生的一种感知和反应，主要表现为公众对政务微博信息公开服务的期望程度以及享用政务微博平台提供的信息公开服务的感知水平，用政务微博信息的累计点赞数来衡量。其中，数据来源于各大城市政务机构微博的主页。

(四)调节变量：粉丝质量(Core_fans)

在数字时代下，以政务微博为代表的政务新媒体平台为各级政府的政务信息传播提供了一张巨大的有向拓扑网。而粉丝质量的高低将在很大程度上影响了政务微博信息传播的广度和深度。在本研究中，我们使用各政务微博的大V粉丝数来衡量政务微博的粉丝质量(Core_fans)。一般而言，粉丝数越多，意味着政务微博信息的受众也就越多，而其中大V粉丝作为一类具有较强信息传播能力的受众，能够大大拓展政务微博信息的传播范围，进而提升政务微博的信息传播效果。

(五)控制变量

在阅读大量文献的基础上，本研究将还控制了包括微博运营时长、微博行政级别等组织层面的变量和居民受教育水平、经济发展水平、信息化基础等城市层面的变量。

微博运营时长(Time)使用政务微博的注册时长来测量。其中，每个城市政务机构微博的首条微博发布时间为其政务微博的开设时间，开设天数即为微博开设时间至数据收集当天(截至2022年12月31日)的相差天数。一般来说，注册时间较早且运营时间较长的政务微博平台，其发博量就越大，积累的运营经验越丰富，获得的粉丝关注越多，社会影响力就越大(郭高晶，2017)。

微博行政级别(Level)使用各城市政务微博主办单位的行政级别来进行测量。一般来说，行政级别越高的城市政务微博往往具备高水平的政府信息公开，而低级别的城市政务微博在提供政府信息及其信息服务时则往往表现欠佳，因此有必要将政务微博主办单位的行政级别纳入控制变量中。

居民受教育水平(Education)用各城市每万名在校大学生的数量或教育支出水平来衡量。一般来说，居民受教育水平通常被视为影响一个地区电子政务发展水平的重要因素。具体到政务微博的信息传播效果来说同样如此。居民受教育水平越高，公众参与政务微博的信息传播的需求会越多，这也是推动政务微博信息传播的重要外部推动力量，因此也有必要将其纳入控制变量。

经济发展水平(Income)可以用城市居民可支配收入来衡量。经济发展水平也是影响政务微博信息传播效果的重要外部环境变量。一个城市的经济发展水平越高，公众(特别是城市居民)对政府信息的需求也就越大。因此，本研究将经济发展水平纳入控制变量。

信息化基础(Tel)用各城市每万人中的移动电话用户数来进行测量。一般来说，一个地区的移动电话用户数越多，意味着该地区的移动互联网用户基础越好，公众通过移动端来浏览、评论以及转发政务微博信息的概率也就越大(孙宗锋、郑跃平，2021)。因此，本研究将信息化基础也进行控制。

表 7-1　　　　　　　　　　　　　　　　变量名称及意义

变量类型	变量名称	变量符号	变量意义
被解释变量	微博信息传播广度	CE_width	各城市政务微博的视频累计播放量
	微博信息传播深度	CE_depth	各城市政务微博信息的累计转发数和评论数
解释变量	政府信息公开	Infor_dis	各城市政务微博的信息发布总数
中介变量	公众满意度	SA	各城市政务微博信息的累计点赞数
调节变量	公众需求水平	Core_fans	各城市政务微博的大V粉丝数
控制变量	微博运营时长	Time	各城市政务微博开设账号的天数
	微博行政级别	Level	各城市政务微博主办单位的行政级别
	居民受教育水平	Education	各城市每万人在校大学生的数量
	经济发展水平	Income	各城市的居民可支配收入
	信息化基础	Tel	各城市每万人中的移动电话用户数

(来源：作者自制)

三、模型设定

(一) 基准回归模型

为了实证评估数字时代下地方政府信息公开的传播效应，首先考虑构建基准回归模型：

$$\text{CE}_i = \beta_0 + \beta_1 \text{infor\_dis}_i + \sum \mu_j \text{Control}_i + \tau_i + \epsilon_i \tag{7-1}$$

其中，被解释变量为政务微博公众参与 CE_i，包括公众的信息传播广度 (公众视频浏览量) 和公众的信息传播深度 (公众评论数和公众转发数) 两个维度，反映的是社会公众对地方政务微博平台信息公开的传播参与度；核心解释变量为 infor_dis_i，用每个城市政务微博平台发布信息的总量来反映。β_1 表示地方政府信息公开对公众参与的影响大小；Control 表示控制量变量的指标，包括运营时长、政务微博主办单位级别、居民受教育水平、经济发展水平、信息化基础等组织或宏观层面的因素。i 分别表示城市 ($i = 1$, 2, 3, …, 227)。此外，为了回归结果的稳健性，本研究固定了样本个体，即 τ_i 为地区固定效应，β_0 为截距项，μ_j 表示为控制变量的系数，ϵ_i 为随机误差项。

(二) 中介效应模型

中介效应主要用于核心解释变量对被解释变量的影响过程和作用的中间机制。如果核心解释变量 X 可以通过影响变量 Mo 而对被解释变量产生影响，则将变量 Mo 称为中介变量。中介效应检验原理如图 7-2 所示，核心解释变量为 X，中介变量为 Mo，被解释变量为 Y，其中，$e_i (i = 1$, 2, 3) 为误差项，c、a、b 以及 c' 为回归系数，图示变量 X 和 M 均已中心化。

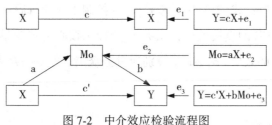

图 7-2　中介效应检验流程图

(来源：作者自制)

一般来说，逐步检验法常用于判断某变量是否在核心解释变量和被解释变量之间存在中介效应。主要包括以下步骤：第一步，检验回归系数 c 是否显著，如果显著则继续进行后续检验步骤，否则停止分析；第二步，依次检验回归系数 a 和 b，其中如果 a 和 b 均显著，则进行第三步的检验；第三步，主要检验 c'，如果 c' 不显著，则表明变量 Mo 在核心解释变量 X 和被解释变量 Y 之间起到完全中介作用，即核心解释变量 X 完全通过中介变量 Mo 才能对 Y 产生影响。反之如果 c' 显著，则表明变量 Mo 在核心解释变量 X 和被解释变量 Y 之间起到部分中介作用，即核心解释变量 X 中有一部分可以直接对被解释变量 Y 产生影响，还有部分可以通过中介变量 Mo 间接对被解释变量 Y 产生影响。

基于此，本章参照温忠麟等（2004）的做法，采用逐步回归检验法来探究地方政府信息公开是否通过公众满意度间接影响了公众参与政务微博的信息传播。具体来说，

$$SA_i = \alpha_0 + \alpha_1 \text{infor\_dis}_i + \sum \beta_j \text{Control}_i + \beta_i + \varepsilon_i \qquad (7\text{-}2)$$

$$CE_i = \tau_0 + \tau_1 \text{infor\_dis}_i + \tau_2 SA_i + \sum \beta_j \text{Control}_i + \beta_i + \varepsilon_i \qquad (7\text{-}3)$$

公众满意度（SA_i）为中介变量，用公众的点赞总数来衡量，反映的是公众对地方政府信息公开的满意度程度。式(7-1)、式(7-2)和式(7-3)分别对应中介效应的三个回归方程。其中，式(7-1)进行中介效应检验的基础，只有当地方政府信息公开对政务微博公众参与的回归系数显著，才可以继续检验公众满意度是否在地方政府信息公开和政务微博公众参与（包括信息传播广度和信息传播深度）之间存在中介效应。在式(7-1)中，系数 β_1 为核心解释变量 infor_dis 对被解释变量 CE 的总效应；式(7-2)中，SA 为中介变量，系数 α_1 为核心解释变量 infor_dis 对中介变量 SA 的效应；式(7-3)中，系数 τ_1 为控制中介变量后核心解释变量 infor_dis 对被解释变量 CE 的直接效应，系数 τ_2 为控制核心解释变量后，中介变量 SA 对被解释变量 CE 的效应。α_1 和 τ_2 分别通过公众满意度对公众参与政务微博信息传播的间接效用。

(三) 调节效应模型

调节效应旨在解释核心解释变量在何种条件下会影响被解释变量。也就是

说，如果核心解释变量 X 与被解释变量 Y 的相关大小或正负方向受到其他因素 Me 的影响时，那么变量 Me 被称为调节变量。调节效应检验原理如图 7-3 所示，核心解释变量为 X，调节变量为 Me，核心解释变量和调节变量的交互项为 X_Me，被解释变量为 Y，其中，$e_i(i=1,2)$ 为误差项，c、a、b 分别代表回归系数，图示变量 X 和 Me 均已中心化(作为连续变量)。

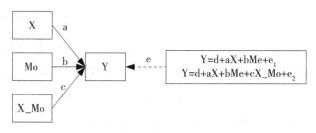

图 7-3 调节效应检验流程图

(来源：作者自制)

一般来说，交互项模型是判断某变量是否在核心解释变量和被解释变量之间起调节作用。主要包括以下步骤：第一步，分析核心解释变量、调节变量和被解释变量之间的关系；第二步，分析核心解释变量、调节变量、核心解释变量和调节变量的交互项和被解释变量之间的关系。根据已有文献，调节效应主要依据核心解释变量和调节变量的交互项 c 是否显著来进行判断。

基于此，本章在式(7-1)的基础上建立包括粉丝质量和地方政府信息公开的交互项的回归模型，估计粉丝质量在地方政府信息公开和公众参与政务微博信息传播之间的调节效应。

$$CE_i = \beta_{10} + \beta_{11}\text{infor\_dis}_i + \beta_{12}\text{Core\_fans}_i + \sum \beta_{1j}\text{Control}_i + \beta_{1i} + \gamma_{1i} \quad (7\text{-}4)$$

$$CE_i = \beta_{20} + \beta_{21}\text{infor\_dis}_i + \beta_{22}\text{Core\_fans}_i + \beta_{23}\text{infor\_dis}_i \times \text{Core\_fans}_i + \sum \beta_{2j}\text{Control}_i + \beta_{2i} + \gamma_{2i} \quad (7\text{-}5)$$

其中，CE_i 代表被解释变量，infor_dis_i 代表核心解释变量，Core_fans_i 是调节变量，用政务微博的大 V 粉丝数来测量，反映的是数字时代下政务微博的信息传播效应受到外部环境的制约。$\text{infor\_dis}_i \times \text{Core\_fans}_i$ 为粉丝质量和地方政府信息公开的交互项。

第五节　地方政府信息公开传播效应的实证检验

一、描述性统计分析与相关性分析

表 7-2 是解释变量 Infor_dis，被解释变量 CE_width、CE_depth，中介变量 SA，调节变量 Core_fans 以及控制变量的描述性统计分析。具体来说，就被解释变量政务微博的信息传播效果而言，我国各大城市政务微博的信息传播广度和深度的均值分别为 877.6、314235.8、171101，中位数分别为 83、30932 和 22331，因此有超过半数城市中公众参与政务微博信息传播的程度还处于一个较低的水平。就自变量政府信息公开而言，我国政务微博的信息发布量的均值为 33258.3，而中位数和标准差分别为 24159 和 30310，这也意味着我国大部分城市政务微博的信息发布情况相对较低且城市间政务微博的信息发布情况存在着较大的差距。中介变量公众满意度的均值和中位数分别为 576786 和 50682，这也在一定程度反映了公众对各大城市政务微博信息公开的满意度现状。此外，调节变量粉丝质量的平均值和中位数分别为 69.477 和 23.3，这表明公众参与各大城市政务微博的信息传播的程度还不够，具有较大提升空间。

表 7-2　　　　　　　　　　　　**变量的描述性统计**

变量类型	变量	样本值	均值	中位数	标准差	最小值	最大值
被解释变量	CE_width	221	877.6	83	2642.1	0	22300
	CE_depth_1	226	314235.8	30932	1028393	93	10582460
	CE_depth_2	226	171101	22331	516223.8	4	4181009
解释变量	Infor_dis	226	33258.3	24159	30310.6	724	180296
中介变量	SA	226	576786	50682	2508020.6	369	33116101
调节变量	Core_fans	226	69.477	23.3	145.3	0.033	1263.2

续表

变量类型	变量	样本值	均值	中位数	标准差	最小值	最大值
控制变量	Time	226	3439.1	3531	806.6	61	4787
	Level	226	1.3	1	0.5	1	2
	Education	226	114510	45337.3	182117.6	2487	1068674.1
	Income	226	24373.2	23440.3	8208.5	3224.5	51841.3
	Tel	222	516	364.2	510.6	43.2	3759.1

（来源：作者自制）

为了对变量之间的关系及相应的研究假设进行初步验证，本研究对研究变量进行相关性分析，分析结果如表7-3所示。具体来说，地方政府信息公开与公众参与政务微博信息传播的广度和深度呈现显著的正相关关系（$r=0.564$，$P<0.01$；$r=0.555$，$P<0.01$；$r=0.646$，$P<0.01$），研究假设 H1 得到初步证实。分析结果还显示，地方政府信息公开与公众满意度之间存在显著的正相关关系（$r=0.550$，$P<0.01$），公众满意度与公众参与政务微博信息传播之间也存在显著的正相关关系（$r=0.803$，$P<0.01$；$r=0.683$，$P<0.01$；$r=0.815$，$P<0.01$），因此，研究假设 H2 和研究假设 H3 得到初步证实。综合上述结果，可以初步得出公众满意度在地方政府信息公开与公众参与政务微博信息传播之间发挥着中介作用的结果，研究假设 H4 得到证实。此外，就行政层级、运营时长等控制变量与公众参与政务微博信息传播的相关性而言，政务微博注册机构的行政层级、城市教育水平、城市经济发展水平以及信息化基础等与公众参与政务微博信息传播呈现显著的相关关系，表明政务微博注册机构的行政层级、城市教育水平、城市经济发展水平以及信息化基础对公众参与政务微博信息传播具有显著影响，但政务微博的运营时长与公众参与政务微博信息传播的显著影响没有被证实。后续将通过实证分析进一步检验变量之间的关系。

表 7-3　　　　　　　　　　　变量的相关性分析（Pearson 相关系数）

Variables	1	2	3	4	5	6	7	8	9	10	11
Infor_dis	—										
CE_width	0.564 (0.000)	—									
CE_depth_1	0.555 (0.000)	0.765 (0.000)	—								
CE_depth_2	0.646 (0.000)	0.816 (0.000)	0.931 (0.000)	—							
SA	0.494 (0.000)	0.803 (0.000)	0.683 (0.000)	0.815 (0.000)	—						
Core_fans	0.550 (0.000)	0.803 (0.000)	0.790 (0.000)	0.800 (0.000)	0.746 (0.000)	—					
Level	0.188 (0.005)	0.258 (0.000)	0.235 (0.000)	0.259 (0.000)	0.183 (0.006)	0.254 (0.000)	—				
Time	0.323 (0.000)	0.180 (0.007)	0.188 (0.005)	0.212 (0.001)	0.166 (0.013)	0.235 (0.000)	−0.022 (0.745)	—			
Education	0.508 (0.000)	0.650 (0.000)	0.533 (0.000)	0.569 (0.000)	0.453 (0.000)	0.623 (0.000)	0.199 (0.003)	0.154 (0.020)	—		
Income	0.542 (0.000)	0.419 (0.000)	0.476 (0.000)	0.485 (0.000)	0.292 (0.000)	0.537 (0.000)	0.071 (0.288)	0.638 (0.000)	0.446 (0.000)	—	
Tel	0.445 (0.000)	0.550 (0.000)	0.388 (0.000)	0.425 (0.000)	0.371 (0.000)	0.616 (0.000)	0.147 (0.028)	0.121 (0.071)	0.708 (0.000)	0.502 (0.000)	—

注：***p<0.01，**p<0.05，* p<0.1

（来源：作者自制）

二、基准回归结果分析：地方政府信息公开对政务微博信息传播效果的
影响

地方政府信息公开对政务微博信息传播中公众参与广度影响的基准回归结
果如表 7-4 所示，其中，模型 1 为仅纳入地方政府信息公开变量，地方政府信

息公开的估计系数为 1.98(p<0.05)。在模型 1 的基础上，模型 2 纳入了组织特征和社会经济特征变量，此时地方政府信息公开的估计系数为 1.452(p<0.01)。此外，控制变量中只有居民教育水平与政务微博信息传播中公众参与广度存在显著相关关系，而政务微博注册机构的行政级别、政务微博运营时长、城市经济发展水平以及城市的信息化基础与政务微博信息传播中公众参与广度的显著关系没有被证实。居民教育水平与政务微博信息传播中公众参与广度之间存在显著的正相关的关系，表明居民教育水平越高，政务微博信息的传播范围也就越广。产生这种结果的原因可能是，居民的受教育水平的高低往往与其对政务信息服务的需求相联系。一般来说，拥有较高教育水平的居民，对政务信息服务具有较高的需求，因此他们有非常强烈的动机去浏览政务微博发布的各类信息。

模型 3 在模型 2 的基础上控制省份固定效应，结果表明，地方政府信息公开仍在 0.001 的显著性水平下正向影响政务微博信息传播过程中公众参与的广度，估计系数为 1.35。其原因可能在于，各级政府部门通过政务微博进行有效、及时的信息披露，使得公众可以容易获取自己感兴趣的信息和回复，这将进一步推动公众浏览政务微博所发布的各类信息。与模型 2 不同的是，控制变量除居民教育水平外，政务微博运营时长和城市信息化基础也显著影响政务微博信息传播过程中公众参与的广度。具体来说，政务微博的运营时长与政务微博信息传播过程中公众参与的广度之间存在显著正相关的关系，表明政务微博运营时长越大，政务微博信息传播的范围就越广。其原因可能是，政务微博注册时间越早，意味着其政务微博提供信息服务的经验越丰富，能够更好发布公众感兴趣的话题，因此社会公众更愿意浏览其所发布的信息。此外，城市的信息化基础与政务微博信息传播过程中公众参与的广度存在着显著的正相关的关系，表明信息化基础越好的城市，其政务微博信息的传播范围越广。这是因为信息化基础越好，意味着公众通过移动端使用政务微博来获取信息和服务的概率也就越大。

综上所述，地方政府信息公开水平越高，政务微博信息传播过程中公众参与的广度越大，故假设 H1(a)证明成立。

表 7-4　　　地方政府信息公开对政务微博信息传播过程中公众参与
广度(CE_width)的影响效应

变量类型	模型 1	模型 2	模型 3
Infor_dis	1.980**	1.452***	1.350***
	(0.05)	(0.00)	(0.00)
Time		1.164	1.942*
		(0.147)	(0.052)
Level		0.278	0.141
		(0.348)	(0.662)
Education		0.560***	0.384*
		(0.001)	(0.075)
Income		0.355	−0.178
		(0.630)	(0.861)
Tel		0.366	0.653*
		(0.160)	(0.067)
省份固定效应	未控制	未控制	控制
Constant	−15.81***	−32.17***	−31.717***
	(0.00)	(0.00)	(0.00)
Observations	221	217	217
Adj R-squared	0.4492	0.5148	0.6427

注：***、**、*分别表示在 0.1%、1%、5%的水平上显著；括号内为稳健标准误。

(来源：作者自制)

就地方政府信息公开与政务微博信息传播过程中公众参与的深度(包括信息转发行为和信息评论行为)之间的关系而言，其基准回归结果如表 7-5 所示，其中，模型 4 为仅纳入地方政府信息公开变量，地方政府信息公开对政务微博信息转发量的估计系数为 1.602(p<0.01)。在模型 4 的基础上，模型 5 纳入了组织特征和社会经济特征变量，此时地方政府信息公开对政务微博信息转发量的估计系数为 1.077(p<0.01)。此外，由模型 5 可知，政务微博注册机构的行政级别、政务微博运营时长、城市经济发展水平、居民教育水平以及城市的信息化基础与政

务微博信息传播过程中公众参与的深度(信息转发行为)均存在显著相关。模型 6 在模型 5 的基础上控制省份固定效应。结果表明,地方政府信息公开仍在 0.001 的显著性水平下正向影响政务微博信息的转发量,估计系数为 1.102。但值得注意的是,在控制省份固定效应时,居民教育水平和城市经济发展水平与政务微博信息传播过程中公众参与的深度不存在相关关系。

同理,模型 7 为仅纳入地方政府信息公开变量,地方政府信息公开对政务微博信息评论量的估计系数为 1.602($p<0.01$)。在模型 7 的基础上,模型 8 纳入了组织特征和社会经济特征变量,此时地方政府信息公开对政务微博信息评论量的估计系数为 1.073($p<0.01$)。此外,由模型 8 可知,政务微博注册机构的行政级别、政务微博的运营时长、城市经济发展水平以及居民教育水平与政务微博信息传播深度均存在显著相关。模型 9 在模型 8 的基础上控制省份固定效应,结果表明,地方政府信息公开仍在 0.001 的显著水平下正向影响政务微博信息的评论量。但值得注意的是,在控制省份固定效应时,城市经济发展水平与政务微博信息传播过程中公众参与的深度(信息评论行为)不存在相关关系,而城市信息化基础与政务微博信息传播过程中公众参与的深度(信息评论行为)存在显著的相关关系。

综上所述,地方政府信息公开水平越高,政务微博信息传播过程中公众参与的深度越大,故假设 H1(b)证明成立。

表 7-5　　地方政府信息公开对政务微博信息传播过程中公众参与深度
(CE_depth_1 和 CE_depth_2)的影响效应

变量类型	模型 4	模型 5	模型 6	模型 7	模型 8	模型 9
Infor_dis	1.602 *** (0.00)	1.077 *** (0.00)	1.102 *** (0.00)	1.620 *** (0.00)	1.073 *** (0.00)	0.923 *** (0.00)
Time		1.498 *** (0.001)	1.676 *** (0.002)		2.34 *** (0.00)	2.378 *** (0.00)
Level		0.389 ** (0.016)	0.371 ** (0.032)		0.318 * (0.069)	0.294 (0.117)
Education		0.211 ** (0.025)	0.072 (0.524)		0.392 *** (0.00)	0.247 * (0.046)

续表

变量类型	模型 4	模型 5	模型 6	模型 7	模型 8	模型 9
Income		0.897** (0.025)	0.692 (0.198)		0.42*** (0.332)	0.487 (0.405)
Tel		0.371*** (0.09)	0.712*** (0.00)		0.214 (0.161)	0.524** (0.011)
省份固定效应	未控制	未控制	控制	未控制	未控制	控制
Constant	−5.562*** (0.00)	−26.5** (0.00)	−25.846** (0.00)	−6.258*** (0.00)	−29.938*** (0.00)	−29.699*** (0.00)
Observations	226	222	222	226	222	222
Adj R-squared	0.5926	0.7293	0.7891	0.555	0.716	0.776

注：***、**、*分别表示在 0.1%、1%、5%的水平上显著；括号内为稳健标准误。
（来源：作者自制）

第六节　进一步分析

一、公众满意度的中介效应分析

（一）公众满意度在地方政府信息公开与公众参与政务微博信息传播之间的中介作用

为检验公众满意度在地方政府信息公开与公众参与政务微博信息传播之间的中介作用，本研究采用逐步检验法，在模型 3、模型 6 和模型 9 的基础上分别构建了模型 10—模型 16。具体结果如表 7-6、表 7-7 和表 7-8 所示。

就公众满意度在地方政府信息公开与政务微博信息传播过程中公众参与广度之间的中介作用而言，首先本研究通过模型 10 检验地方政府信息公开与公众满意度之间的关系，根据回归分析结果发现地方政府信息公开对公众满意度具有显著正向影响（r=1.108，P<0.01），表明地方政府信息公开的水平越高，公众对政务微博信息的满意度也就越高。其可能的原因在于地方政府通过政务微博平台第一时间发布各类政务信息，准确感知民众诉求，使得民众能够更好获取自己感兴趣的信息和回复，因此公众在此种情况下对政务微博信息会具有更高的满意度，

故研究假设 H2 得到证实。接着，将公众满意度纳入模型 11 以探究公众满意度与政务微博信息传播过程中公众参与广度之间的关系，结果显示公众满意度对政务微博信息传播过程中公众参与广度具有显著正向影响(r=0.976，P<0.01)，表明公众满意度越高，政务微博信息的传播范围也就越广。公众满意度作为政府信息公开绩效评估的重要指标，较高的公众满意度可以有效促进政务微博信息传播过程中公众的浏览行为，故而研究假设 H3(a)得到证实。最后，将地方政府信息公开、公众满意度以及政务微博信息传播过程中公众参与的广度同时纳入模型 12，结果显示公众满意度对政务微博信息传播过程中公众参与广度的估计系数为 0.84(p<0.01)，且地方政府信息公开对政务微博信息传播过程中公众参与广度的影响也具有显著的相关关系(r=0.411，P<0.1)，由此可以初步判断公众满意度在地方政府信息公开和政务微博信息传播过程中公众参与广度之间发挥部分中介作用。即地方政府信息公开部分通过公众满意度这一桥梁对政务微博信息传播过程中公众参与的广度产生影响。故而研究假设 H4(a)得到证实。

表 7-6　　　　　地方政府信息公开与政务微博信息传播过程中公众参
与的广度(CE_width)：公众满意度的中介作用检验

变量类型	SA	CE_width		
	模型 10	模型 11	模型 3	模型 12
Infor_dis	1.108 *** (0.00)		1.350 *** (0.00)	0.411 * (0.06)
SA		0.976 *** (0.00)		0.840 *** (0.00)
控制变量	控制	控制	控制	控制
省份固定效应	控制	控制	控制	控制
Constant	−20.67 *** (0.00)	−12.384 ** (0.025)	−31.717 *** (0.00)	−13.90 ** (0.013)
Observations	222	217	217	217
Adj R-squared	0.788	0.716	0.6427	0.7211

注：***、**、* 分别表示在 0.1%、1%、5%的水平上显著；括号内为稳健标准误。

（来源：作者自制）

　　就公众满意度在地方政府信息公开与政务微博信息传播过程中公众参与深度之间的中介作用而言，本研究将公众满意度纳入模型 13 以探究公众满意度与政务微博信息传播过程中公众参与深度(信息转发行为)之间的关系，结果显示公众满意度对政务微博信息传播过程中公众的转发行为具有显著正向影响($r = 0.74$，$P < 0.01$)，表明公众满意度越高，其越倾向于转发政务微博发布的信息，故而研究假设 H3(b1) 得到证实。此外，本研究进一步将地方政府信息公开、公众满意度以及政务微博信息传播过程中公众参与深度(信息转发行为)同时纳入模型 14，结果显示公众满意度对政务微博信息传播过程中公众转发行为的估计系数为 0.632($p < 0.01$)，且地方政府信息公开对政务微博信息传播过程中公众参与深度(信息转发行为)的影响也呈现出显著的正向关系($r = 0.323$，$P < 0.01$)，因此可以初步判断公众满意度在地方政府信息公开和政务微博信息传播过程中公众参与深度(信息转发行为)之间仅发挥部分中介作用。即地方政府信息公开部分通过公众满意度这一桥梁对政务微博信息传播过程中公众参与深度(信息转发行为)产生影响。故研究假设 H4(b1) 可以得到证实。

表 7-7　　　　地方政府信息公开与政务微博信息传播过程中公众参
与的深度(CE_depth_1)：公众满意度的中介作用检验

变量类型	SA		CE_depth_1	
	模型 10	模型 13	模型 6	模型 14
Infor_dis	1. 108 *** (0. 00)		1. 102 *** (0. 00)	0. 323 *** (0. 00)
SA		0. 74 *** (0. 00)		0. 632 *** (0. 00)
控制变量	控制	控制	控制	控制
省份固定效应	控制	控制	控制	控制
Constant	−20. 67 *** (0. 00)	−11. 711 *** (0. 00)	−25. 846 ** (0. 00)	−12. 773 *** (0. 00)
Observations	222	222	222	222
Adj R-squared	0. 788	0. 871	0. 7891	0. 878

　　注：***、**、*分别表示在 0.1%、1%、5%的水平上显著；括号内为稳健标准误。

（来源：作者自制）

此外，为实证检验公众满意度在地方政府信息公开与政务微博信息传播过程中公众参与深度（信息评论行为）之间的中介作用，本研究将公众满意度纳入模型15以探究公众满意度与政务微博信息传播过程中公众参与深度（信息评论行为）之间的关系，结果显示公众满意度对政务微博信息传播过程中公众的评论行为具有显著正向影响（$r=0.818$，$P<0.01$），表明公众满意度越高，其越倾向于评论政务微博发布的信息，故而研究假设 H3(b2) 得到证实。与此同时，本研究进一步将地方政府信息公开、公众满意度以及政务微博信息传播过程中公众参与深度（信息评论行为）同时纳入模型16，结果显示公众满意度对政务微博信息传播过程中公众评论行为的估计系数为 0.809（$p<0.01$），但地方政府信息公开对政务微博信息传播过程中公众参与广度（信息评论行为）的影响则不再显著（$r=0.027$，$P>0.05$），因此可以初步判断公众满意度在地方政府信息公开和政务微博信息传播过程中公众参与深度（信息评论行为）之间发挥完全中介作用。即地方政府信息公开通过公众满意度这一桥梁对政务微博信息传播过程中公众参与深度（信息评论行为）产生影响。故研究假设 H4(b2) 得到证实。

表 7-8　　　　　地方政府信息公开与政务微博信息传播过程中公众参
与广度（CE_depth_2）：公众满意度的中介作用检验

变量类型	SA		CE_depth_2	
	模型 10	模型 15	模型 9	模型 16
Infor_dis	1.108 *** (0.00)		0.923 *** (0.00)	0.027 (0.773)
SA		0.818 *** (0.00)		0.809 *** (0.00)
控制变量	控制	控制	控制	控制
省份固定效应	控制	控制	控制	控制
Constant	−20.67 *** (0.00)	−12.891 *** (0.00)	−29.699 *** (0.00)	−12.979 *** (0.00)
Observations	222	222	222	222
Adj R-squared	0.788	0.907	0.776	0.907

注：***、**、*分别表示在 0.1%、1%、5% 的水平上显著；括号内为稳健标准误。

（来源：作者自制）

(二) 基于 bootstrap 方法的中介作用检验

为进一步检验中介效应结果的可靠性，本研究采用 bootstrap 方法对公众满意度在地方政府信息公开与公众参与政务微博信息传播之间的中介效应进行稳健性检验，将 bootstrap 抽样次数设定为 500，将置信区间的置信度设定为 95%，具体分析结果如表 7-9 所示。在 95% 的置信区间下，"地方政府信息公开→公众满意度→政务微博信息传播过程中公众参与广度"间接路径均没有包含 0，且 "地方政府信息公开→政务微博信息传播过程中公众参与广度"直接路径也都没有包含 0，说明公众满意度在地方政府信息公开与政务微博信息传播过程中公众参与广度仅发挥着部分中介效应，故研究假设 H4(a) 得到证实。同理，在 95% 的置信区间下，"地方政府信息公开→公众满意度→政务微博信息传播过程中公众参与深度 (信息转发行为)"间接路径均没有包含 0，且 "地方政府信息公开→政务微博信息传播过程中公众参与深度 (信息转发行为)"直接路径也都没有包含 0，说明公众满意度在地方政府信息公开与政务微博信息传播过程中公众参与深度 (信息转发行为) 仅发挥着部分中介效应，故研究假设 H4(b1) 得到证实。

值得注意的是，在 95% 的置信区间下，"地方政府信息公开→公众满意度→政务微博信息传播过程中公众参与深度 (信息评论行为)"间接路径没有包含 0，说明公众满意度在地方政府信息公开和政务微博信息传播过程中公众参与深度之间存在中介效应，其效应估计值为 0.995。但鉴于此时 "地方政府信息公开→政务微博信息传播过程中公众参与深度 (信息评论行为)"直接路径的 P 值不显著。因此，可以判断公众满意度在地方政府信息公开与政务微博信息传播过程中公众参与深度 (信息评论行为) 之间发挥完全中介作用，故研究假设 H4(b2) 并未得到完全证实。

表 7-9　　　　　　　　　　中介效应估计及检验结果

变量关系	效应估计值	标准误	T 值	BC95%置信区间		P 值
				下限	上限	
Infor_dis—>CE_width （直接效应）	0.395	0.214	1.85	0.024	0.814	0.064

续表

变量关系	效应 估计值	标准误	T 值	BC95%置信区间		P 值
				下限	上限	
Infor_dis—>SA—>CE_width （间接效应）	1.057	0.175	6.04	0.714	1.400	0.000
Infor_dis—>CE_depth_1 （直接效应）	0.314	0.929	3.38	0.132	0.497	0.001
Infor_dis—>SA—>CE_depth_1 （间接效应）	0.763	0.084	9.03	0.597	0.928	0.000
Infor_dis—>CE_depth_2 （直接效应）	0.078	0.098	0.80	−0.114	0.270	0.426
Infor_dis—>SA—>CE_depth_2 （间接效应）	0.995	0.106	9.36	0.787	1.203	0.000

注：a. 中介效应检验使用的是 Hayes 的 process 程序，抽样次数设置为 500 次；b. ***、
**、* 分别表示在 0.1%、1%、5%的水平上显著，均为双尾检验。

（来源：作者自制）

二、粉丝质量的调节效应分析

本研究采用调节效应模型检验粉丝质量在地方政府信息公开与公众参与政务微博信息传播之间的调节作用。调节作用的检验结果如表 7-10 所示。具体来说，在模型 17 中，地方政府信息公开对政务微博信息传播过程中公众参与广度（信息浏览行为）的标准化回归系数为 1.215 且 p 值小于 0.01，表明地方政府信息公开对政务微博信息传播过程中公众参与广度具有显著的正向影响；粉丝质量对政务微博信息传播过程中公众参与广度的标准化回归系数为 0.228 且 p 值小于 0.01，表明粉丝质量对政务微博信息传播过程中公众参与广度也具有显著的正向影响。然而，将地方政府信息公开与粉丝质量的交互项纳入模型 18，结果显示交互项（地方政府信息公开×粉丝质量）对政务微博信息传播过程中公众参与广度的标准化回归系数为 −0.047 且 p 值大于 0.05，这表明粉丝质量在地方政府信息公开与政务微博信息传播过程中公众参与广度之间不存在调节作用，故研究假设 H5（a）

不成立。

　　此外，在模型 19 和模型 21 中，地方政府信息公开对政务微博信息传播过程中公众参与深度(信息转发行为和信息评论行为)的标准化回归系数分别为 0.837(p<0.01)和 0.708(p<0.01)，表明地方政府信息公开对政务微博信息传播过程中公众参与深度具有显著的正向影响；粉丝质量对政务微博信息传播过程中公众参与深度的标准化回归系数分别 0.337(p<0.01)和 0.389(p<0.01)，表明粉丝质量对政务微博信息传播过程中公众参与深度也具有显著的正向影响。进一步，由模型 20 和模型 22 可知，交互项(地方政府信息公开×粉丝质量)对政务微博信息传播过程中公众参与深度的标准化回归系数分别为 0.104(p<0.01)和 0.122(p<0.01)，这表明粉丝质量在地方政府信息公开与政务微博信息传播过程中公众参与深度之间存在显著的调节效应，即与粉丝质量差的城市政务微博相比，粉丝质量进一步强化了地方政府信息公开对政务微博信息传播过程中公众参与深度的影响。其原因可能是拥有高质量粉丝的城市政务微博，能够将其所发布的信息通过大 V 粉丝传递到社会公众，进而促进公众对政务微博信息的转发和评论行为，故研究假设 H5(b)成立。

表 7-10　政府信息公开与政务微博信息传播效果：粉丝质量的调节作用检验

变量类型	CE_width	CE_width	CE_depth_1	CE_depth_1	CE_depth_2	CE_depth_2
	模型 17	模型 18	模型 19	模型 20	模型 21	模型 22
Infor_dis	1.215 ***	1.199 ***	0.837 ***	0.873 ***	0.708 ***	0.75 ***
	(0.00)	(0.00)	(0.00)	(0.00)	(0.00)	(0.00)
Core_fans	0.228 *	0.216	0.337 ***	0.365 ***	0.389 ***	0.422 ***
	(0.096)	(0.118)	(0.00)	(0.00)	(0.00)	(0.00)
Infor_dis×Core_fans		−0.047		0.104 **		0.122 **
		(0.596)		(0.018)		(0.011)
控制变量	控制	控制	控制	控制	控制	控制
省份固定效应	控制	控制	控制	控制	控制	控制
Constant	−24.239 ***	−24.267 ***	−14.786 ***	−14.805 ***	−16.925 ***	−16.947 ***
	(0.001)	(0.001)	(0.00)	(0.00)	(0.00)	(0.00)

变量类型	CE_width	CE_width	CE_depth_1	CE_depth_1	CE_depth_2	CE_depth_2
	模型 17	模型 18	模型 19	模型 20	模型 21	模型 22
Observations	217	217	222	222	222	222
Adj R-squared	0.648	0.649	0.814	0.819	0.806	0.813

注：***、**、*分别表示在0.1%、1%、5%的水平上显著；括号内为稳健标准误。

（来源：作者自制）

本 章 小 结

本章基于我国地方政务微博的信息公开实践，试图实证评估数字时代下地方政府信息公开的传播效应及其中间机制。具体来说，本研究通过回顾已有关于政府信息公开和政务新媒体的文献，借鉴满意度理论和社会资本理论识别影响地方政府信息公开传播效应的影响因素，并构建出本研究的理论假设。其次，本研究选取我国227个城市政务微博(以"××发布"命名)作为研究对象，采用OLS回归模型实证评估地方政府信息公开的传播效应，并进一步采取中介效应模型和调节效应模型分析地方政府信息公开对政务微博信息传播过程中公众参与行为的中间机制。

第八章 结论与政策建议

第一节 主要内容及结论

一、主要内容

政府信息公开作为实现善治的重要方式，一直都是政府治理研究的关注焦点。目前，来自不同学科的研究者已经对政府信息公开问题进行充分的研究，但缺乏从多学科视角来深入探究地方政府信息公开背后的行为逻辑以及传播效应。此外，现有文献尽管已经关注数字技术与政府信息公开之间的关系，但对于数字时代下地方政府信息公开背后的行为逻辑及其传播效应还缺乏实证检验。因此，本研究立足于数字政府建设的战略背景，以我国地方政务微博为研究对象，综合公共管理学、公共经济学、组织行为学、新闻传播学、政策科学等多学科领域，运用案例分析法、定性比较分析法、统计分析法等多种方法，对数字时代下地方政府信息公开背后的行为逻辑及其传播效应进行了理论分析和实证研究。主要研究内容概括如下：

(1)着眼于我国地方政务微博的信息公开实践，以组织社会学中的新制度主义理论整合数字时代下地方政府信息公开行动背后所嵌入的"合法性"和"效率性"因素，构建出数字时代下地方政府信息公开的"合法性-效率性"分析框架，着重考察地方政务微博在合法性和效率性的双重约束下如何进行信息公开，以此对数字时代下地方政府信息公开背后的行为逻辑作一初探，为后续实证分析提供理论基础。

(2)在对地方政务微博信息公开效率测度的基础上，依据地方政府信息公开行动背后所呈现的合法性和效率性差异，将地方政府信息公开模式划分为高效型信息公开、保底型信息公开及中庸型信息公开三类，并运用多案例比较的方法，从时空维度上对比不同地方政府信息公开模式之间存在的差异性。进一步地，基于"合法性-效率性"的视角，运用模糊集定性比较分析方法(fsQCA)，深入分析影响数字时代下地方政府信息公开的核心因素及其驱动路径。

(3)为进一步了解数字时代下地方政府信息公开将产生怎样的传播效应，本书选取我国227个城市政务微博(以"××发布"命名)作为研究对象，采用OLS回归模型实证评估地方政府信息公开的传播效应；进一步，借鉴满意度理论和社会资本理论，以公众满意度和粉丝质量作为打开"地方政府信息公开—公众参与行为"作用黑箱的关键，采取中介效应模型和调节效应模型分析地方政府信息公开对政务微博信息传播过程中公众参与行为的中间机制。

(4)在理论分析和实证检验基础上，回归我国地方政务微博的信息公开实践，从地方政府信息公开背后所嵌入的合法性逻辑和效率性逻辑入手，加强对政府信息公开行动的制度设计和地方政府在信息公开过程中的能力建设，从合法性和效率性两个方面提出进一步优化数字时代下地方政府的信息公开机制的政策建议。

二、研究结论

基于以上研究内容，本书的主要结论包括以下几点：

(一)数字时代下地方政府信息公开效率测度

研究表明：①在省级政务微博平台中，2022年仅有山西、黑龙江、安徽、江西、广西、重庆、四川、云南8个省(自治区、直辖市)辖区内政务微博信息公开的综合技术效率为1，为DEA有效。②在非DEA有效的地区中，天津、江苏、福建、海南、新疆5个省(自治区、直辖市)辖区内政务微博信息公开的纯技术效率达到1，为纯技术有效，DEA无效主要是由规模效率较低导致的。③从时间趋势来看，我国地方政府政务微博信息公开综合效率总体呈波动上升趋势，其波动主要源于技术进步变化。④从地区差异性来看，以江苏、浙江、四川省为代表的地区，其政务微博的信息公开效率，与以吉林省为代表的地区拉开较大差距，进一步揭示出我国政务微博信息公开发展水平不均衡、不充分的问题。⑤上级政策压力、同级政府竞争压力、专利授权数量与信息公开效率呈正相关，而城镇居民可支配收入越高，反而会对信息公开效率产生一定削弱作用。

(二)数字时代下地方政府信息公开的模式分类

研究表明：①在数字时代，地方政府信息公开的模式依据合法性和效率性的双重逻辑可以划分为高效式公开、保底式公开和中庸式公开三类。②从时间维度来看，相比于平常时期而言，杭州、郑州和哈尔滨三个城市的政务微博在非常态时期(如疫情时期)和特殊时期(如两会、春节等时期)均能感知到更高的外部合法性压力，因此其往往会倾向于采取高效式公开以回应自上而下的制度压力和自下而上的诉求压力。③从空间维度来看，三个城市的政务微博的信息公开模式存在较大差异性，其中杭州囿于资源禀赋高更倾向于高效率地公开各类政务信息；哈尔滨政务微博囿于面临较为沉重的合法性压力(尤其是自下而上的公众信息诉求压力)往往会采取保底式公开来避免合法性危机；郑州市政务微博的信息公开具备明显的中庸式特征，即郑州市政务微博同时受到治理合法性和治理效率性的双重影响，因而其倾向于选择中庸式公开来权衡合法性和效率性之间的张力。

(三)数字时代下地方政府信息公开的驱动路径

研究表明：①信息化水平、平台运营时长以及财政资源供给作为数字时代下"高水平"政府信息公开的核心条件，在推动地方政府提升信息公开水平的过程中发挥着核心作用。②数字时代下地方政府的信息公开水平是合法性逻辑和效率性逻辑共同作用的结果，即合法性和效率层面的不同条件之间形成的"多重并发"，以"殊途同归"的方式达到高水平的政府信息公开。③不同经济发展水平的城市，高水平政务微博信息公开的驱动路径呈现出一定的差异性，其中经济发达城市更多受到效率性因素的影响，而经济欠发达城市则更多受到合法性因素的影响。

(四)数字时代下地方政府信息公开的传播效应

研究发现：①地方政府信息公开会显著影响政务微博信息传播中公众的浏览、转发以及评论行为。②公众对政务微博信息的满意度在地方政府信息公开和公众的浏览行为和转发行为之间发挥部分中介作用，在地方政府信息公开和公众评论行为之间则发挥完全中介作用。③粉丝质量对地方政府信息公开和政务微博

信息传播中公众的浏览行为不存在调节效应，但对地方政府信息公开和政务微博
信息传播中公众的转发和评论行为之间的关系有着显著的正向调节作用。

第二节　对现有研究的主要贡献

本书的研究贡献可以从原创性和实用性两个层面加以分析，其中原创性贡献
在于对数字时代下地方政府信息公开背后的行为逻辑提供一种新的理论解释，而
实用性贡献则在于研究成果有助于解决现实当前我国地方政府信息公开实践中存
在的现实问题。相较于已有研究成果，基于价值增加的判定标准，本书的边际贡
献主要在于：

第一，本书立足于数字政府建设的战略背景，着眼于我国地方政务微博的信
息公开实践，构建出数字时代下地方政府信息公开的"合法性-效率性"分析框架。
不同于已有文献从单一视角来关注地方政府信息公开背后的行为逻辑，本书以组
织社会学中的新制度主义理论整合数字时代下地方政府信息公开行动背后所嵌入
的"合法性"和"效率性"因素，着重考察地方政务微博在合法性和效率性的双重
约束下如何进行信息公开。

第二，建立了能够体现地方政府行为本质差异的信息公开模式划分标准。依
据政府信息公开行动背后所呈现的"合法性"和"效率性"差异，将地方政府信息
公开模式划分为高效式公开模式、保底式公开模式和中庸式公开模式三类，并进
一步运用多案例对比分析方法，理解不同地方政府信息公开模式在时空维度上的
差异化特征，有助于更好地理解数字时代下政府信息公开的行动逻辑。

第三，创新了数字时代下地方政府信息公开行为逻辑的理论视角，基于"合
法性-效率性"分析框架，提出了数字时代下地方政府信息公开水平的影响因素模
型，采用模糊集定性比较分析法（fsQCA）验证影响数字时代下政府信息公开的核
心因素，并提炼出数字时代下地方政府信息公开的驱动路径，有助于深入理解数
字时代下地方政府信息公开背后的行为逻辑。

第四，为数字时代下地方政府信息公开的传播效应提供了大样本的实证证
据，有助于客观、全面地把握数字时代下地方政府信息公开的传播效应，从而破
解当前地方政务微博信息公开传播效果不佳的困境。在此基础上，从公众满意度
和粉丝质量两个维度入手深入剖析"地方政府信息公开—公众参与行为"作用黑

箱，为地方政府信息公开对政务微博信息传播过程中公众参与行为的影响机制提供了中层理论，以实现自下而上"倒逼式"推动数字时代下地方政府信息公开的精准性。

第三节　政 策 启 示

根据前文的论述证实，数字时代下地方政府信息公开行动同时会受到合法性和效率性的双重约束。因此，本书立足于我国地方政务微博的信息公开实践，结合数字时代下地方政府信息公开背后嵌入的合法性和效率性因素，从合法性和效率性两个层面提出以下政策建议。

一、合法性逻辑下地方政府信息公开机制的优化路径

在合法性机制作用下，数字时代下地方政府信息公开往往会受到自上而下的制度压力、自下而上的诉求压力等合法性因素的制约。因此，在我国政务微博的信息公开实践中，地方政府不仅要完善各类与政府信息公开有关的制度规范，以促进政务信息工作规范化，同时也需要构建信息公开公众需求与政府供给反馈机制，以提升政府信息公开的精准性。

（一）完善和规范政务微博信息公开制度

2007 年国务院发布的《中华人民共和国政府信息公开条例》标志着我国政府信息公开制度的正式确立，其明确规定了政府信息公开的范围与主体、程度与内容以及监督和保障，但对于政府信息公开的范围、内容等规定仍有待进一步完善。具体到地方政务微博的信息公开，目前与政务微博有关的制度配套设施还不够完善，全国大部分城市并未出台政务微博信息公开管理办法。事实上，要想提升地方政务微博信息公开的效果，"制度化的保证"是必不可少的。因此，各地方政府有必要在新修订《政府信息公开条例》指导下，出台《政务微博信息公开管理办法》，规范政务微博信息发布流程、明确信息公开工作人员职责、完善政务微博信息公开监督和保障机制，规范政务微博信息公开工作，将信息公开贯彻到底。

(二)构建信息公开公众需求与政府供给反馈机制

上述实证结果表明,地方政府信息公开正向影响公众参与政务微博的信息传播。而从我国地方政务微博的信息公开实践来看,公众参与机制已然成为数字时代下政府信息公开制度的重要内容。因此,在数字时代下,地方政府要增强信息公开的主动意识,树立以"公开为原则、不公开为例外"的服务理念,从信息公开内容、公开时限、公开方式、公开主体等要素构建起地方政府信息供给机制,同时要及时回应公众的各类政务信息诉求,逐步提升政府信息公开的精准性。此外,激发社会公众主动参与政府信息公开的监督过程,及时反馈政府信息公开过程中存在的问题和建议,进而提升政府信息公开的效果。

二、效率性逻辑下地方政府信息公开机制的优化路径

在效率性机制作用下,数字时代下地方政府信息公开还会受到技术资源、人力资源以及时间资源等效率性因素的影响。因此,为提升我国政务微博的信息公开水平,地方政府要在提升政府技术应用创新能力,建立专业微博运营团队以及创新政府信息公开举措等方面下功夫。

(一)激发政府技术应用创新,完善政务微博信息公开功能

随着政府数字化转型的不断发展,大数据、云计算等各类信息化技术的应用能大大提升政务微博信息公开的精准性。从上述的研究结果可知,一个城市的信息化水平的高低,在一定程度上制约了政务微博信息公开的水平。因此,为完善政务微博信息公开功能,地方政府不仅要对信息数据进行公布,也要充分利用大数据、云计算等先进技术手段来提升其信息资源获取、数据处理、信息传播等方面的能力,进而精准满足数字时代下公众对于政务信息的需求。

(二)建立专业微博运营团队,定期开展素质与能力培训

一般来说,专业的运营团队和高素质的运营人员,是提升政务微博信息公开质量的保障。但从当前政务微博的信息公开实践来看,囿于政务微博运营人员专业技能缺乏、时间和精力难以兼顾等问题,这也造成政务微博在进行信息公开过

程中出现各种各样的问题,如"缺乏运营技巧,引起网民不满""微博评论无人回复、发布频率过低"等现象。因此,为了充分发挥政务微博的信息公开功能,提升政务微博的信息公开效果,需要挑选合适的人员建立专业的微博运营团队。此外,需要定期对政务微博团队成员开展素质和能力培训,包括发布内容、发布语言/形式、回复技巧等。

(三)立足自身特色,创新政府信息公开举措

从目前地方政务微博的信息公开实践来看,大多数的地方政务微博"同质化"现象明显,信息公开以信息转发为主,原创性信息发布较少,这背后反映的是我国各地政务微博资源匮乏,内容生产机制不畅通等问题。事实上,国务院办公厅在2017年出台的《关于进一步做好政务新媒体工作的通知》强调:"要紧密围绕政府部门职能定位,及时发布政务信息,尤其是与社会公众关系密切的政策信息、服务信息,不得发布与政府职能没有直接关联的信息。"这也是我国首次对政务公开列出"不得发布"的"信息黑名单"。因此,为更好地发挥政务微博的信息公开功能,各地政务微博平台应该明确信息发布的范围,突出政务特色,及时发布与信息公开相关的信息。

第四节 研究局限和未来研究方向

本研究旨在立足于数字政府建设的战略背景,基于我国地方政务微博的信息公开实践,对数字时代下地方政府信息公开的效率测度、模式分类、驱动路径以及传播效应进行深入、系统的阐释,以此对理论缺口做出稍许弥补。但是囿于时间和精力的限制,本研究还存在着众多不足之处,因为笔者在接下来的研究工作中将从如下几个方面予以拓展。

(1)在样本选取方面。首先,受样本数量的影响,本研究仅对省级行政区内的政务微博进行信息公开效率测度,未来的研究有必要进一步拓展到城市层面的政务机构微博,从而更全面地、更细致地展示出数字时代下地方政府信息公开的时空演变趋势。其次,本研究在对地方政府信息公开的模式分类展开分析时,其数据来源主要依赖于政务微博文本、新闻报告、政府统计数据等二手数据,尽管

本研究在挑选样本过程中考虑到不同地区政务微博之间的差异性、样本代表性以及材料丰富性等问题，但仍会存在案例文本与实践之间的偏差。再次，本研究仅对 32 个重点城市（包括副省级和省会城市）政务微博的信息公开的驱动路径进行了定性比较分析，尽管定性比较分析法可以较好地处理小样本的数据，然而未来如果能够收集到更多的政务微博样本和更为丰富的案例资料，则可以更大程度上获取科学性的理论发现。最后，在政府信息公开的传播效应评估上，本研究主要采用截面数据实证验证了政府信息公开与公众传播行为之间的关系，但缺乏面板数据对上述影响机制进行进一步的验证。因此，在今后的研究工作中，需要进一步拓展案例资料的收集来源，比如采取大数据采集和分析方法对地方政务微博的信息公开过程开展全面的调查研究，或者尽可能采取实地调研的形式获取地方政府在进行信息公开时背后的行为逻辑。

（2）在研究方法方面。本研究尝试采取定性和定量相结合的方式来探究数字时代下地方政府信息公开的效率测度、模式分类、影响因素、驱动路径及其传播效应，在一定程度上避免了单一研究方法对研究结论造成可能的偏误，但在研究方法方面仍存在些许不足。具体来说，本研究虽然通过三阶段 DEA 模型对数字时代下地方政府的信息公开效率进行测度，但在投入指标选取方面，只能以宏观的信息行业从业人员和财政支出值代替地方政府信息公开人力和资金投入，导致投入指标体系缺乏精确性；其次，数字时代下地方政府信息公开的驱动路径本身是充满复杂性和模糊性的机制，通过固定的关键变量和解释力强的条件组合来分析地方政府信息公开行为的驱动路径，容易使得样本中其他可能较为重要的信息被忽略掉，这本身也是多案例比较研究的缺陷。最后，在对数字时代下地方政府信息公开的传播效应进行定量评估时，并未考虑到政府信息公开与公众传播行为之间的内生性问题，未来的研究可以寻找合适的工具变量，来进一步定量评估政府信息公开对公众传播行为之间的影响效应。

（3）在模型建构方面。首先，本研究依据已有文献和实践经验，基于"合法性-效率性"的分析框架，提出了"数字时代下地方政府信息公开的驱动模型"，试图从结构化的视角将影响数字时代下地方政府信息公开的影响因子尽可能纳入模型框架，然而囿于研究时间、精力以及资源的有限性，难以将所有的影响因子纳入模型进行考虑，未来有必要对未纳入模型的影响因素展开进一步研究。其次，在对数字时代下地方政府信息公开的传播效应进行定量评估时，所采用政府信息公开指标简单地以政务微博信息发布量来测量，未来可以进一步关注到政务微博信息文本，分析信息发布的主题、频率、形式等微观层面的因素对公众参与的影响。

参 考 文 献

[1] Alcaraz-Quiles F J, Navarro-Galera A, Ortiz-Rodriguez D. Factors determining online sustainability reporting by local governments[J]. International Review of Administrative Sciences, 2014, 81(1): 79-109.

[2] Alcaide, M. L., Rodriguez, B. M. P., Lopez, H. A. M. Transparency in governments: A meta-analytic review of incentives for digital versus hard-copy public financial disclosures[J]. The American Review of Public Administration, 2017, 47(5): 550-573.

[3] Albalate, D. The institucional, economic and social determinants of local government transparency[J]. Journal of Economic Policy Reform, 2013, 16(1): 90-107.

[4] Asogwa B E. Electronic government as a paradigm shift for efficient public services: Opportunities and challenges for Nigerian government[J]. Library Hi Tech, 2013, 31(1): 141-159.

[5] Ahn M J, Bretschneider S. Politics of E-Government: E-Government and the Political Control of Bureaucracy[J]. Public Administration Review, 2011, 71(3): 414-424.

[6] Arnstein S R. A ladder of citizen participation[J]. Journal of the American Institute of Planners, 1969, 35(4): 216-224.

[7] Bonsón E, Royo S, Ratkai M. Citizens' engagement on local governments' Facebook sites[J]. Government Information Quarterly, 2015, 32(1): 52-62.

[8] Bolívar, M., Muñoz, L., Hernández, A. Determinants of financial transparency in government[J]. International Public Management Journal, 2013, 16(4).

[9] Birskyte L. Determinants of budget transparency in Lithuanian municipalities[J]. Public Performance & Management Review, 2019, 42(3): 707-731.

[10] Bearfield D A, Bowman A O M. Can you find it on the web? An assessment of municipal e-government transparency [J]. The American Review of Public Administration, 2017, 47(2): 172-188.

[11] Brusca I, Manes Rossi F, Aversano N. Online sustainability information in local governments in an austerity context: An empirical analysis in Italy and Spain[J]. Online Information Review, 2016, 40(4): 497-514.

[12] Bauhr, M., Grimes, M. Indignation or resignation: The implications of transparency for societal accountability[J]. Governance, 2014, 27(2): 291-320.

[13] Battese, G. E, Coeli. A model for technical inefficlency effects in a stochastic fronter production function for panel data[J]. Empirical Economics, 1995, 20(2): 325-332.

[14] Balaguer-Coll, M. T., Brun-Martos, M. I. The effects of the political environment on transparency: Evidence from Spanish local governments[J]. Policy Studies, 2021, 42(2): 152-172.

[15] Bery W. D., Baybeck B.. Using Geographic Information System to Study lnterstate Competition[J]. American Politcal Science Review, 2005(4): 505.

[16] Charnes A., Cooper W., Rhodes E. Measuring the efficiency of decision making units[J]. European Journal of Operational Research, 1978, 2(6): 429-444.

[17] Cucciniello, M., Porumbescu, G. A., Rimmelikhuijsen, S. 25 years of transparency research: Evidence and future directions[J]. Public Administration Review, 2017, 7(1), 32-44.

[18] Christensen, T., Lægreid, P. (2010). Civil servants' perceptions regarding ICT use in Norwegian central government [J]. Journal of Information Technology & Politics, 7(1), 3-21.

[19] Coursey D, Norris D F. Models of E-Government: Are they Correct? An Empirical Assessment[J]. Public Administration Review, 2008, 68(3): 523-536.

[20] Choi, J. M. Factors influencing public officials' responses to requests for

information disclosure [J]. Government Information Quarterly, 2018, 35 (1), 30-42.

[21] Cuadrado-Ballesteros B, Frías-Aceituno J, Martínez-Ferrero J. The role of media pressure on the disclosure of sustainability information by local governments [J]. Online Information Review, 2014, 38(1): 114-135.

[22] Chen C, Neshkova M I. The effect of fiscal transparency on corruption: A panel cross-country analysis [J]. Public Administration, 2020, 98(1): 226-243.

[23] Chen W Y, Cho F H T. Environmental information disclosure and societal preferences for urban river restoration: Latent class modelling of a discrete-choice experiment [J]. Journal of Cleaner Production, 2019(231): 1294-1306.

[24] Chen W Y, Cho F H T. Understanding China's transition to environmental information transparency: citizens' protest attitudes and choice behaviours [J]. Journal of Environmental Policy & Planning, 2021, 23(3): 275-301.

[25] de Boer N, Eshuis J, Klijn E H. Does disclosure of performance information influence street-level Bureaucrats' enforcement style? [J]. Public Administration Review, 2018, 78(5): 694-704.

[26] Davis. New media and fat democracy: The paradox of online participation [J]. New Media & Society, 2010, 12(5): 745-761.

[27] Eisenhardt, K. M. Agency theory: An assessment and review [J]. Academy of Management Review, 1989, 14(1): 57-74.

[28] Fan, B., Zhao, Y. The moderating effect of external pressure on the relationship between internal organizational factors and the quality of open government data [J]. Government Information Quarterly, 2017, 34(3): 396-405.

[29] Fu, Y., Ma, W., Wu, J. Fostering voluntary compliance in the COVID-19 pandemic: An analytical framework of information disclosure [J]. The American Review of Public Administration, 2020, 50(6): 685-691.

[30] Feiock R C, Krause R M, Hawkins C V. The impact of administrative structure on the ability of city governments to overcome functional collective action dilemmas: A climate and energy perspective [J]. Journal of Public Administration Research and Theory, 2017, 27(4): 615-628.

[31] Feng Y, He F. The effect of environmental information disclosure on environmental quality: Evidence from Chinese cities [J]. Journal of Cleaner Production, 2020, 276: 124027.

[32] Gao, S., Ling, S., Liu, X., et al. Understanding local government's information disclosure in China's environmental project construction from the dual-pressure perspective[J]. Journal of Cleaner Production, 2020, 263: 121311.

[33] Gil de Zúñiga H, Jung N, Valenzuela S. Social media use for news and individuals' social capital, civic engagement and political participation [J]. Journal of Computer-Mediated Communication, 2012, 17(3): 319-336.

[34] Gupta A. Transparency under scrutiny: Information disclosure in global environmental governance[J]. Global Environmental Politics, 2008, 8(2): 1-7.

[35] Gao, H., Guo, D., Yin, H., et al. Strategies and effectiveness of the Chinese government debunking COVID-19 rumors on Sina Weibo: Evaluating from emotions[J]. Journal of Applied Communication Research, 2022, 50(6): 632-654.

[36] Gilly M. C., Graham J. L., Wolfinbarger M. F. A. A dyadic study of interpersonal information search[J]. Journal of the Academy of Marketing Science, 1998(2).

[37] Garrido-Rodríguez, J. C., López-Hernández, A. M., Zafra-Gómez, J. L. The impact of explanatory factors on a bi-dimensional model of transparency in Spanish local government [J]. Government Information Quarterly, 2019, 36(1): 154-165.

[38] Gesuele, B., Metallo, C., Longobardi, S. The determinants of E-disclosure attitude: Empirical evidences from Italian and Spanish municipalities [J]. International Journal of Public Administration, 2018, 41(11): 921-934.

[39] Grigorescu A. International organizations and government transparency linking the int ernational and domestic realms[J]. International Studies Quarterly, 2003, 47(4): 643-667.

[40] Grimmelikhuijsen S G, Welch E W. Developing and testing a theoretical framework for computer-Mediated transparency of local governments [J]. Public Administration Review, 2012, 72(4): 562-571.

[41] Li, H., Zhou, L. A. Political turnover and economic performance: The incentive role of personnel control in China[J]. Journal of Public Economics, 2005, 89(9-10): 1743-1762.

[42] Li, X., Guo, X., Kim, S. K., Lee, H. Analysis of social media utilization based on big data-focusing on the Chinese Government Weibo [J]. KSII Transactions on Internet & Information Systems, 2022, 16(8).

[43] Liu, L., Zhao, Q., Bi, Y. Why rent-seeking behavior may exist in Chinese mining safety production inspection system and how to alleviate it: A tripartite game analysis[J]. Resources Policy, 2020, 69, 101841.

[44] Malmquist S. Index Numbers and indifference Surfaces [J]. Trabajos de Estadistica, 1953, 4(2): 209-242.

[45] Meier K, Favero N, Zhu L. Performance gaps and managerial decisions: A bayesian decision theory of managerial action[J]. Journal of Public Administration Research and Theory, 2015, 25(4): 1221-1246.

[46] Meijer A, Hart P, Worthy B. Assessing government transparency: An interpretive framework[J]. Administration & Society, 2018, 50(4): 501-526.

[47] Mergel I, Bretschneider S. A three-stage adoption process for social media use in government[J]. Public Administration Review, 2013, 73(3): 390-400.

[48] Moreno-Enguix M R, Gras-Gil E, Henández-Fernández J. Relation between internet financial information disclosure and internal control in Spanish local governments[J]. Aslib Journal of Information Management, 2019, 71(2): 176-194.

[49] Magro M J. A review of social media use in e-government [J]. Administrative Sciences Quarterly, 2012, 2(2): 148-161.

[50] Navarro-Galera A, Alcaraz-Quiles F J, Ortiz-Rodríguez D. Online dissemination of information on sustainability in regional governments: Effects of technological factors[J]. Government Information Quarterly, 2016, 33(1): 53-66.

[51] Nahapiet J, Ghoshal S. Social capital, intellectual capital, and the organizational advantage[J]. Academy of Management Review, 1998, 23(2): 242-266.

[52] Nohria N, Gulati R. Is slack good or bad for innovation? [J]. Academy of

Management Journal, 1996, 39(5): 1245-1264.

[53]Piña, G., Avellaneda, C. Central government strategies to promote local governments' transparency: Guidance or enforcement? [J] Public Performance & Management Review, 2019, 42(2), 357-382.

[54]Piotrowski, S. J., & Van Ryzin, G. G. Citizen attitudes toward transparency in local government[J]. The American Review of Public Administration, 2007, 37 (3).

[55]Porumbescu G A, Cucciniello M, Gil-Garcia J R. Accounting for citizens when explaining open government effectiveness[J]. Government Information Quarterly, 2020, 37(2): 101451.

[56]Powell, W. W., DiMaggio, P. J. (Eds.). The new institutionalism in organizational analysis[M]. Chicago: University of Chicago Press, 2012.

[57]Park H, Blenkinsopp J. The roles of transparency and trust in the relationship between corruption and citizen satisfaction [J]. International Review of Administrative Sciences, 2011, 77(2): 254-274.

[58]Reddick C G. The Adoption of Centralized Customer Service Systems: A survey of local governments[J]. Government Information Quarterly, 2009, 26(1): 219-226.

[59]Reynoso J. Satisfaction: A behavioral perspective on the consumer[J]. Journal of Service Management, 2010, 21(4): 549-551.

[60]Ruijer H J M. Proactive transparency in the United States and the Netherlands: The role of government communication officials [J]. The American Review of Public Administration, 2017, 47(3): 354-375.

[61]Singh J. V., Tucker D. J., House R. J. Organizational legitimacy and the liability of newness[J]. Administrative Science Quarterly, 1986, 31(2): 171-193.

[62]Hupp S D, Reitman D, Jewell J D. Cognitive-behavioral theory[J]. Handbook of clinical psychology, 2008(2): 263-287.

[63]Scott, W. R. Institutions and organizations: Ideas, interests, and identities[M]. New York: Sage Publications, 2013.

[64]Saez-Martin, A., Caba-Perez, C., Lopez-Hernandez, A. Freedom of information

in local government: Rhetoric or reality? [J]. Local Government Studies, 2017, 43(2), 245-273.

[65]Tavares A F, da Cruz N F. Explaining the transparency of local government websites through a political market framework [J]. Government Information Quarterly, 2020, 37(3): 101249.

[66]Tang Y, Yang R, Chen Y, et al. Greenwashing of local government: The human-caused risks in the process of environmental information disclosure in China [J]. Sustainability, 2020, 12(16): 6329.

[67]Tejedo-Romero, F., Araujo, J. F. F. E. E-government-enabled transparency: The effect of electoral aspects and citizen's access to internet on information disclosure [J]. Journal of Information Technology & Politics, 2020, 17(3): 268-290.

[68]Tolbert C J, Mossbercer Kmcneal R. Institutions, policy innovation, and E-goverment in the American States[J]. Public Administration Review, 2008, 68(3): 549-63.

[69]Tian, X. L., Guo, Q. G., Han, C., Ahmad, N. Different extent of environmental information disclosure across Chinese cities: Contributing factors and correlation with local pollution [J]. Global Environmental Change, 2016(39).

[70]Weaver, R. K. The politics of blame avoidance [J]. Journal of public policy, 1986.

[71]Welch E W, Pandey S K. E-government and bureaucracy toward a better under-standing of intranet implementation and its effect on red tape[J]. Journal of Public Administration Research and Theory, 2007, 17(3): 379-404.

[72]Weare C., Musso J. A., Hale M. L., Electronic democracy and the diffusion of municipal web pages in California[J]. Administration & Society, 1999, 31(1): 3-20.

[73]Walker, R. M. Innovation types and diffusion: An empirical analysis of local government[J]. Public Administration, 2006, 84(2): 311-335.

[74]Xiang, L. Study on the application of government affairs micro-blog in the disclosure of government emergency information in China[J]. Disaster Prevention

and Management: An International Journal, 2019, 28(5): 661-669.

[75] Yang, T. M., Lo, J., Shiang, J. To open or not to open? Determinants of open government data[J]. Journal of Information Science, 2015, 41(5).

[76] Yates D., Paquette S. Emergency knowledge management and social media technologies: A case study of the 2010 Haitian Earthquake [J]. International Journal of Information Management, 2011, 31 (1).

[77] Yu J. Does financial disclosure matter? GASB 45 and municipal borrowing costs [J]. Local Government Studies, 2022, 48(3): 534-555.

[78] Yang X., Li G. X. Factors influencing the popularity of customer generated content in a company-hosted online co-creation community: A social capital perspective [J]. Computers in Human Behavior, 2016, 64: 760-768.

[79] Ye Q., Fang B., He W., et al. Can social capital be transferred cross the boundary of the real and virtual worlds? An empirical investigation of Twitter[J]. Journal of Electronic Commerce Research, 2012, 13(2): 145-156.

[80] Zheng, L., Zheng, T. Innovation through social media in the public sector: information and interactions[J]. Government Information Quarterly, 2014, 31, S106-S117.

[81] Zhong Z., Duan Y. Empirical study on the evaluation model of public satisfaction with typhoon disaster information disclosure: A case from China[J]. Kybernetes, 2018, 47(9): 1704-1720.

[82] 安璐, 陈苗苗. 突发事件情境下政务微博信息发布有效性评估[J]. 情报学报, 2022, 41(7): 692-706.

[83] 白建磊, 张梦霞. 国内外政务微博研究的回顾与展望[J]. 图书情报知识, 2017, 177(3): 95-107.

[84] [比]伯努瓦·里豪克斯, [美]查尔斯·C. 拉金. QCA 设计原理与应用 [M]. 杜运周, 等译. 北京: 机械工业出版社, 2017: 25.

[85] 包明林, 刘蓉, 邹凯, 等. 政务微博服务质量评价指标体系研究[J]. 现代情报, 2015, 35(9): 93-97+110.

[86] 陈晶晶, 余明阳, 薛可. 政务微博十年的变与不变——基于发展态势和传播特征的观察[J]. 新闻与写作, 2019(6): 103-107.

[87]陈岚.基于结构方程的政务微博公众参与研究[J].现代情报,2015,35
(3):37-41.

[88]陈然."双微联动"模式下政务新媒体公众采纳的实证研究[J].电子政务,
2015(9):46-51.

[89]陈志斌,刘子怡.政府会计准则执行的驱动研究[J].会计研究,2016(6):
8-14.

[90]陈伯礼,杨道现.行政法学视角下中国政务微博的规范化管理[J].电子政
务,2013,128(8):56-62.

[91]陈岚.基于公众视角的地方政府微博信息服务质量评价及差距分析[J].现
代情报,2015,35(6):3-8.

[92]陈虹,郑广嘉,李明哲等.互联网使用、公共事件关注度、信息公开评价与
政府信任度研究[J].新闻大学,2015,131(3):24-29,23.

[93]陈世香,王芮.中国省级政府移动政务服务水平的影响因素与提升路径[J].
理论与改革,2022(2):85-98.

[94]陈强.我国政务微博研究的知识结构、议题逻辑与反思发展[J].电子政务,
2018(11):2-11.

[95]陈文波,黄丽华.组织信息技术采纳的影响因素研究述评[J].软科学,
2006(3):1-4.

[96]陈新.微博论政与政府回应模式变革[J].上海行政学院学报,2012,13
(1):22-27.

[97]陈强,张韦.中国政务微信管理的制度化探索:内容与影响因素[J].中国
行政管理,2019(10):62-68.

[98]陈岚.基于因子分析和 DEA 的电子政务效率评价[J].情报科学,2010,28
(8):1189-1193.

[99]陈小华,祝自强.中国省级数字政府发展水平的影响因素分析[J].中共宁
波市委党校学报,2022,44(4):96-106.

[100]曹慧琴,张廷君.城市政府数据开放平台发展的影响因素及提升建议[J].
城市问题,2020,305(12):100-109.

[101]陈强,张杨一,马晓悦等.政务 B 站号信息传播效果影响因素与实证研究
[J].图书情报工作,2020,64(22):126-134.

[102]陈强，高幸兴，陈爽，胡君岩．政务短视频公众参与的影响因素研究——以"共青团中央"政务抖音号为例[J]．电子政务，2019(10)：13-22.

[103]陈娟，刘燕平，邓胜利．政务微博辟谣信息传播效果的影响因素研究[J]．情报科学，2018，36(1)：91-95，117.

[104]窦小忱．政务微博的功能与社会价值分析[J]．传媒，2014(13)：54-56.

[105]董维维，庄贵军，王鹏．调节变量在中国管理学研究中的应用[J]．管理学报，2012，9(12)：1735-1743.

[106]丁依霞，徐倪妮，郭俊华．基于 TOE 框架的政府电子服务能力影响因素实证研究[J]．电子政务，2020，205(1)：103-113.

[107]杜中润．TOE 理论下我国重点城市网上政务服务能力影响因素研究[J]．行政与法，2021，280(12)：56-65.

[108]邓喆，孟庆国，黄子懿等．"和声共振"：政务微博在重大疫情防控中的舆论引导协同研究[J]．情报科学，2020，38(8)：79-87.

[109]冯小东，张会平．兴趣驱动的政务微博公众评论行为影响模型及实证研究[J]．电子政务，2018(11)：23-33.

[110]冯小东，马捷，蒋国银．社会信任、理性行为与政务微博传播：基于文本挖掘的实证研究[J]．情报学报，2019，38(9)：954-965.

[111]冯朝睿，徐宏宇．TOE 框架下电子政务服务效率及其影响因素研究——基于 DEA-Tobit 两步法模型[J]．云南财经大学学报，2021，37(7)：97-110.

[112]樊博，顾恒轩．政府资源基础、注意力分配与政务微博绩效[J]．公共管理与政策评论，2023，12(3)：4-15.

[113]方杰，张敏强，邱皓政．中介效应的检验方法和效果量测量：回顾与展望[J]．心理发展与教育，2012，28(1)：105-111.

[114]冯小东，马捷，蒋国银．社会信任、理性行为与政务微博传播：基于文本挖掘的实证研究[J]．情报学报，2019，38(9)：954-965.

[115]关成华，赵峥．中国城市科技创新发展报告 2017[M]．北京：科学出版社，2017.

[116]郭高晶．时空视角下省级政府政务微博运营效率评价[J]．现代情报，2016，36(11)：94-98，131.

[117]郭高晶，胡广伟．我国数字政府建设绩效的影响因素与生成路径——基于

31 省案例的模糊集定性比较分析[J]. 重庆社会科学，2022(3)：41-55.

[118] 郭蕾，黄郑恺. 中国数字政府建设影响因素的实证研究[J]. 湖南社会科学，2021(6)：64-75.

[119] 郭艳，吕高卓. 舆情传播自由与政府信息制度良性互动研究[J]. 情报杂志，2018，37(7)：88-94+126.

[120] 郭淑娟. 网络新闻发布的途径与传播特征探析[J]. 中国出版，2016(1)：63-65.

[121] 郭小聪，琚挺挺. 案例研究与理论建构：公共行政研究的视角[J]. 江苏行政学院学报，2014(4)：107-112.

[122] 高晓晶，喻梦倩，杨家燕，等. 图书馆短视频传播及互动效果影响因素模型及实证分析——基于"上瘾模型"的探索[J]. 图书情报工作，2021，65(10)：13-22.

[123] 高红，王佃利. 人力资本、社会资本与居民公共参与行为[J]. 山东大学学报(哲学社会科学版)，2021(6)：14-24.

[124] 胡吉明，李雨薇，谭必勇. 政务信息发布服务质量评价模型与实证研究[J]. 现代报，2019，39(10)：78-85.

[125] 黄膺旭，曾润喜. 官员政务微博传播效果影响因素研究——基于意见领袖的个案分析[J]. 情报杂志，2014，33(9)：135-140.

[126] 胡宗义，李毅. 环境信息披露的污染减排效应评估[J]. 统计研究，2020，37(4)：59-74.

[127] 黄学贤，杨红. 政府信息公开诉讼理论研究与实践发展的学术梳理[J]. 江苏社会科学，2018(3)：183-194.

[128] 黄河，刘琳琳. 试析政府微博的内容主题与发布方式——基于"广东省公安厅"与"平安北京"微博的内容分析[J]. 现代传播(中国传媒大学学报)，2012，34(3)：122-126.

[129] 侯锷. 政务新媒体在舆论治理中的新思维[J]. 新闻与写作，2017(3)：13-16.

[130] 胡洪彬. 社会管理创新背景下地方政府官方微博的现状与改进策略研究——以浙江省、市、县(区)三级 18 个"官博"为例[J]. 电子政务，2013(12)：54-63.

[131]韩啸，吴金鹏. 政府信息公开制度扩散的多重逻辑——面向中国省份的事件史分析[J]. 东北大学学报(社会科学版)，2019，21(5)：489-496.

[132]郝文强，孟雪. 应急情境下政府开放数据质量的影响因素与组态分析——基于新冠疫情期间省级数据的实证研究[J]. 情报杂志，2021，40(11)：121-128.

[133]韩万渠. 行政自我规制吸纳法治压力：地方政府信息公开绩效及其生成机理[J]. 中国行政管理，2020(7)：56-63.

[134]贺东航，孔繁斌. 中国公共政策执行中的政治势能——基于近20年农村林改政策的分析[J]. 中国社会科学，2019(4)：4-25，204.

[135]黄晗. 网络赋权与公民环境行动——以PM2.5公民环境异议为例[J]. 学习与探索，2014(4)：51-56.

[136]黄艳，王晓语，李卫东. 高校共青团抖音短视频传播效果影响因素实证研究——基于全国100所高校共青团抖音号的内容分析[J]. 中国青年社会科学，2022，41(2)：43-55.

[137]胡远珍，徐皞亮. 湖北省政务微博与政府深化信息公开[J]. 湖北社会科学，2016(3)：57-66.

[138]郝云宏，唐茂林，王淑贤. 企业社会责任的制度理性及行为逻辑：合法性视角[J]. 商业经济与管理，2012(7)：74-81.

[139]贾哲敏. 政务新媒体发展中存在的问题与对策——基于对16个运营机构的深度访谈[J]. 北京航空航天大学学报(社会科学版)，2022，35(1)：84-91.

[140]靖鸣，张孟军. 政务微博传播机理、影响因素及其对策[J]. 山西大学学报(哲学社会科学版)，2021，44(6)：60-68.

[141]蒋红珍. 知情权与信息获取权——以英美为比较法基础的概念界分[J]. 行政法学研究，2010(3)：102-110.

[142]姜秀敏，陈华燕. 我国政务微博的实践模式及发展路径[J]. 东北大学学报(社会科学版)，2014，16(1)：64-69.

[143]李明德，黄安，张宏邦. 互联网舆情政策文本量化研究：2009—2016[J]. 情报杂志，2017，36(3)：55-60，91.

[144]李勇，田晶晶. 基于UTAUT模型的政务微博接受度影响因素研究[J]. 电

子政务，2015(6)：39-48.

[145]李勇，龚小芳，田晶晶．微信平台政民交互的方式及其特点探析[J]．电子
政务，2015(11)：51-58.

[146]刘健，孙小明．新浪微博信息传播效果评价及实证研究——基于 DEA 方法
的分析[J]．现代情报，2016，36(9)：88-94.

[147]刘虹，孟凡赛，孙建军．基于 DEA 方法的政务微博信息交流效率研究[J]．
情报科学，2017，35(6)：9-13.

[148]李红艳，唐薇．政务微博高绩效实施何以实现——基于注意力视角的定性
比较分析[J]．甘肃行政学院学报，2021，144(2)：4-14，124.

[149]李萌，王振宇．创新扩散视角下地方政务新媒体建设水平影响因素探析
[J]．当代传播，2023，229(2)：86-91.

[150]刘淑妍，王湖葩．TOE 框架下地方政府数据开放制度绩效评价与路径生成
研究——基于 20 省数据的模糊集定性比较分析[J]．中国行政管理，2021
(9)：34-41.

[151]李永刚，苏榆贻．数字政府建设绩效的影响因素——基于 20 个地级市的组
态分析[J]．福建论坛(人文社会科学版)，2022(11)：26-36.

[152]李月，曹海军．省级政府数字治理影响因素与实施路径——基于 30 省健康
码应用的定性比较分析[J]．电子政务，2020(10)：39-48.

[153]刘红波，姚孟佳．公共服务数字化转型：驱动因素与路径选择——基于 31
个省份的定性比较分析[J]．领导科学，2023(4)：71-76.

[154]梁丽．政务微博助力推进政府信息深入公开探析[J]．情报资料工作，
2014，200(5)：69-73.

[155]李月琳，张泰瑞，李嗣婕．基于系统性综述的政府信息公开影响因素及实
践赋能[J]．图书情报工作，2022，66(18)：114-125.

[156]赖诗攀．问责、惯性与公开：基于 97 个公共危机事件的地方政府行为研究
[J]．公共管理学报，2013，10(2)：18-27.

[157]刘金东，薛一帆，管星华．财政信息公开为何陷入"低水平陷阱"？——基
于地方标杆竞争视角的研究[J]．公共行政评论，2019，12(5)：75-92+
213.

[158]罗贤春，赵兴，李伶思．政务信息资源价值实现研究领域与主题进展[J]．

图书馆理论与实践，2016，205（11）：34-40.

[159] 刘伯凡，赵玉兰，梁平汉等．政务新媒体与地方政府信任：来自开通政务微博的证据[J].世界经济，2023，46（5）：177-200.

[160] 刘晓娟，王昊贤，肖雪等．基于微博特征的政务微博影响因素研究[J].情报杂志，2013，32（12）：35-41.

[161] 刘金东、薛一帆、管星华．财政信息公开为何陷入"低水平陷阱"？——基于地方标杆竞争视角的研究[J].公共行政评论，2019（5）：75-92.

[162] 赖诗攀．问责、惯性与公开：基于97个公共危机事件的地方政府行为研究[J].公共管理学报，2013，10（2）：18-27.

[163] 凌双，李业梅．新媒体情境下邻避项目社会稳定风险的演化机理：一个"结构—行动"的分析框架[J].中国行政管理，2021，433（7）：126-134.

[164] 李政蓉，郭喜．信息技术赋能的政府治理创新——基于社会技术系统理论的要素框架[J].科学管理研究，2023，41（2）：111-116.

[165] 马占新．数据包络分析模型与方法[M].北京：科学出版社，2010：27-52.

[166] 卢谢峰，韩立敏．中介变量、调节变量与协变量——概念、统计检验及其比较[J].心理科学，2007（4）：934-936.

[167] 李友东，闫晨丽，赵云辉．TOE框架下智慧城市治理路径的前因组态研究——基于35个重点城市的模糊集定性比较分析[J].技术经济，2022，41（11）：140-151.

[168] 刘密霞，王益民，丁艺．政府信息公开推动电子政务环境下的公众参与[J].电子政务，2015（6）：76-82.

[169] 李新祥，李墨涵．政务类抖音号运营的价值、问题与策略[J].青年记者，2019（9）：75-76.

[170] 刘晓娟，王晨琳．基于政务微博的信息公开与舆情演化研究——以新冠肺炎病例信息为例[J].情报理论与实践，2021，44（2）：57-63.

[171] 李锐，毛寿龙．公共决策中公民的理性参与和非理性参与[J].现代管理科学，2014（12）：94-96.

[172] 李文健，张淇鑫．公安类政务微信信息采编和传播实证分析——以微信号"平安天津"和"天津交警"为例[J].传媒，2016（22）：81-85.

[173] 梁芷铭．政务微博群的网络结构对传播效果的影响研究——政务微博话语

权研究系列之十二[J]. 情报杂志，2014，33（11）：40-45.

[174]刘果，汪小伢. 标题特征对数字媒介内容传播效果的影响——基于新闻评论类微信公众号标题的实证研究[J]. 新闻与传播评论，2020，73（6）：29-39.

[175]刘小康. 政府信息公开的审视——基于行政决策公众参与的视角[J]. 中国行政管理，2015（8）：71-76.

[176]刘晓娟，王晨琳. 基于政务微博的信息公开与舆情演化研究——以新冠肺炎病例信息为例[J]. 情报理论与实践，2021，44（2）：57-63.

[177]孙振杰. 信息披露与非理性抢购行为：基于 COVID-19 疫情分析[J]. 科研管理，2020，41（6）：149-156.

[178]韩玮，陈樱花，陈安. 基于 KANO 模型的突发公共卫生事件信息公开的公众需求研究[J]. 情报理论与实践，2020，43（5）：9-16.

[179]李保臣，李德江. 生活满意感、政府满意度与群体性事件的关系探讨[J]. 中南民族大学学报（人文社会科学版），2013，33（2）：90-95.

[180]卢海阳，郑逸芳，黄靖洋. 公共政策满意度与中央政府信任——基于中国16个城市的实证分析[J]. 中国行政管理，2016（8）：92-99.

[181]刘伟，彭琪. 政府满意度、生活满意度与基层人大选举参与——基于2019年"中国民众政治心态调查"的分析[J]. 政治学研究，2021（2）：53-65＋188-189.

[182]林南. 社会资本：关于社会结构与行动的理论[M]. 上海：上海人民出版社，2005：3-126.

[183]罗雨宁，胡广伟，卢明欣. 政务微博影响力与粉丝特征关系研究[J]. 电子政务，2017（12）：82-89.

[184]李秀峰. 共青团抖音短视频传播效果与影响因素研究[J]. 中国青年社会科学，2022，41（2）：30.

[185]李志，郭孝阳. 政务微博影响力因素分析及优化途径——以三类政务微博为例[J]. 重庆社会科学，2022（4）：84-99.

[186]李函珂，何阳. 中国政府信息公开质量注意力研究——基于政策文本的分析[J]. 图书馆，2021，323（8）：25-32.

[187]马续补，李欢，赵捧未等. 生命周期视角下的我国公共信息资源开放政策

模式研究[J]. 现代情报, 2021, 41(2)：141-151.

[188]马亮. 政府信息技术创新的扩散机理研究[J]. 公共行政评论, 2012, 5 (5)：161-177.

[189]马语欧, 杨梅. 在发展中完善：政务新媒体十年考察[J]. 传媒, 2020 (22)：47-49.

[190]马茹, 罗晖, 王宏伟, 王铁成. 中国区域经济高质量发展评价指标体系及测度研究[J]. 中国软科学, 2019(7)：60-67.

[191]孟天广, 郑思尧. 信息、传播与影响：网络治理中的政府新媒体——结合大数据与小数据分析的探索[J]. 公共行政评论, 2017, 10(1)：29-52, 205-206.

[192]孟健, 刘阳. 基于 DEA 方法的省级公共图书馆微博运营效率研究[J]. 图书馆学研究, 2016, 377(6)：51-57.

[193]马语欧, 杨梅. 在发展中完善：政务新媒体十年考察[J]. 传媒, 2020 (22)：47-49.

[194]马亮. 政务微博的扩散：中国地级市的实证研究[J]. 复旦公共行政评论, 2013(2)：169-191.

[195]宁海林, 羊晚成. 重大突发公共卫生事件传播效果的影响因素实证分析——以卫健类抖音政务号为例[J]. 现代传播(中国传媒大学学报), 2021, 43(1)：147-151.

[196]彭强, 陈德敏. 政府信息公开中公众参与规范化水平的优化与提升——基于信息权的探索[J]. 中国行政管理, 2023, 451(1)：52-59.

[197]强月新, 孙志鹏. 政治沟通视野下政务微博辟谣效果研究[J]. 新闻大学, 2020(10)：1-15, 118.

[198]芮国强, 宋典. 信息公开影响政府信任的实证研究[J]. 中国行政管理, 2012(11)：96-101.

[199]荣毅虹, 刘乐, 徐尔玉. 面向"互联网+"的政务微博变革策略——基于北上广深政府官微的效用评估[J]. 电子政务, 2016, 164(8)：53-63.

[200]任宇东, 王毅杰. 指挥部的运作机制：基于"合法性-效率性"的视角[J]. 公共行政评论, 2019, 12(1)：151-168, 215.

[201]任雅丽. 中国公安微博现状研究[J]. 图书情报工作, 2012, 56(3)：18-

22.

[202]荣本."压力型体制"研究的回顾[J].经济社会体制比较,2013(6):1-3.

[203]施雪华,孟令轲.中国微博问政的兴起、问题与对策[J].理论探讨,
2013,172(3):22-25.

[204]史丽莉,谢梅.中国地方政务微博信息传播的效果研究[J].电子政务,
2013(3):27-38.

[205]孙宗锋,郑跃平.我国城市政务微博发展及影响因素探究——基于228个
城市的"大数据+小数据"分析(2011—2017)[J].公共管理学报,2021,18
(1):77-89+171.

[206]孙友晋,高乐.加强数字政府建设推进国家治理现代化——中国行政管理
学会2020年会会议综述[J].中国行政管理,2020,425(11):147-150.

[207]宋雪雁,管丹丹,张祥青,等.用户满意视角下政务微信知识服务能力评
价研究[J].情理论与实践,2019,42(3):120-126.

[208]孙帅,周毅.政务微博对突发事件的响应研究——以"7·21"北京特大暴
雨灾害事件中的"北京发布"响应表现为个案[J].电子政务,2013,125
(5):30-40.

[209]苏慧,冯小东,王瑶,等.公众参与、资源能力与政务微博信息发布——
基于新浪微博平台大数据及统计年鉴小数据的实证研究[J].西南交通大学
学报(社会科学版),2023,24(1):104-120.

[210]沈霄,王国华.网络直播+政务的发生机制、问题及其对策——基于参与
式治理的视角[J].情报杂志,2018,37(1):100-104.

[211]沈霄,叶文杰,付少雄.常态社会与危机情境下健康信息公众参与的差异
性研究——以国家卫健委官方微博为例[J].情报杂志,2021,40(11):
99-106,61.

[212]苏任刚,赵湘莲.制造业发展、创业活力与城市经济韧性[J].财经科学,
2020,390(9):79-92.

[213]徐琳.以微博为平台和载体的公民政治参与[J].甘肃社会科学,2015(1):
191-194.

[214]刁伟涛,任占尚.公众参与能否促进地方债务信息的主动公开——一项准
实验的实证研究[J].公共行政评论,2019,12(5):93-114.

[215]滕玉成，郭成玉．什么决定了地方政府的回应性水平？——基于模糊集定性比较分析[J]．西安交通大学学报（社会科学版），2022，42（6）：150-159．

[216]谭春辉，谢荣，刘倩．政策工具视角下的我国政府信息公开政策文本量化研究[J]．电子政务，2020（2）：111-124．

[217]同杨萍，高洁．公众视角的政府电子信息服务质量评价概念模型构建[J]．情报理论与实践，2017，40（8）：1-7．

[218]涂洪波．制度分析：对新制度主义的一种解读[J]．广东社会科学，2006（6）：95-100．

[219]谭海波，范梓腾，杜运周．技术管理能力、注意力分配与地方政府网站建设——一项基于 TOE 框架的组态分析[J]．管理世界，2019，35（9）：81-94．

[220]汤志伟，张龙鹏，李梅，张会平．地方政府互联网服务能力及其影响因素研究——基于全国 334 个地级行政区的调查分析[J]．电子政务，2019（7）：79-92．

[221]汤志伟，郭雨晖，顾金周，等．创新扩散视角下政府数据开放平台发展水平研究：基于全国 18 个地方政府的实证分析[J]．图书馆理论与实践，2018（6）：1-7．

[222]汤志伟，周维．地方政府政务微信服务能力的提升路径研究[J]．情报杂志，2020，39（12）：126-133，163．

[223]武元浩，巴雅尔满来，张文春．我国"一流大学"建设高校科研创新效率测度及影响因素分析——基于三阶段 DEA 模型的实证研究[J]．中国人民大学教育学刊，2023，52（3）：128-144．

[224]吴晓菁，郑磊．政务微博运营管理现状与对策研究[J]．电子政务，2012，114（6）：8-16．

[225]王芳．情报学视角下的政府信息公开、共享与数据开放研究：二十年回顾与未来展望[J]．图书与情报，2022（4）：51-65．

[226]王程伟，马亮．压力型体制下绩效差距何以促进政府绩效提升——北京市"接诉即办"的实证研究[J]．公共管理评论，2020，2（4）：82-109．

[227]王立华．如何促进政务微博公众参与：基于政府信息公开的视角[J]．电子

政务，2018(8)：53-60.

[228]王法硕，项佳囡.中国地方政府数据开放政策扩散影响因素研究——基于283个地级市数据的事件史分析[J].情报杂志，2021，40(11)：113-120.

[229]王文会，陈显中.关于提升政务微博效用的思考[J].河北学刊，2013，33(5)：185-187.

[230]王伟进.冲击与回应：突发事件中的治理现代化进程[J].政治学研究，2020(5)：101-113.

[231]吴进进，马卫红，符阳.信息公开是否影响公众政策遵从意愿？[J].公共行政评论，2020，13(3)：65-83.

[232]王国华，陈飞，曾润喜等.重大社会安全事件的微博传播特征研究——以昆明"3·1"暴恐事件中的@人民日报新浪微博为例[J].情报杂志，2014，33(8)：139-144.

[233]威廉姆森.资本主义经济制度：论企业签约与市场签约[M].段毅才，王伟译.北京：商务印书馆，2012.

[234]王峰，余伟，李石君.新浪微博平台上的用户可信度评估[J].计算机科学与探索，2013，7(12)：1125-1134.

[235]王惠娜，郭慧.环境信息公开的生成逻辑及组态模式——120个城市数据的模糊集定性比较[J].华侨大学学报(哲学社会科学版)，2021，146(5)：92-101.

[236]王芳，王向女，周平平.地方政府网站信息公开能力评价指标体系的构建与应用[J].情报科学，2011，29(3)：406-411.

[237]温忠麟，张雷，侯杰泰等.中介效应检验程序及其应用[J].心理学报，2004(5)：614-620.

[238]党雷.微博环境下公共领域的建构与规范[J].青海社会科学，2012(1)：88-93.

[239]王益民，刘密霞.电子政务环境下的政府信息公开与电子参与的相关性研究！[J].情报理论与实践，2016，39(10)：31-35.

[240]王周户.公众参与的理论与实践[M].北京：法律出版社，2011：345.

[241]王喆，韩广富.新媒体时代公民网络参与的引导理路分析[J].行政论坛，2019，26(6)：129-132.

[242]徐威.政务微博在危机传播中的沟通作用——以"@上海发布"播发防控禽
　　　流感信息为例[J].新闻记者,2013,367(9):86-90.

[243]肖博,刘宇明,段尧清.主体能动差异情境下的政府信息公开模式构建
　　　[J].情报科学,2016,34(9):23-26,35.

[244]向东.在数字政府建设中深化政务公开 助力推动国家治理体系和治理能力
　　　现代化[J].中国行政管理,2020,425(11):15-16.

[245]肖登辉.行政法学视角下的我国个人信息保护立法初探[J].武汉大学学报
　　　(哲学社会科学版),2011,64(3):41-44.

[246]夏倩芳,原永涛.从群体极化到公众极化:极化研究的进路与转向[J].新
　　　闻与传播研究,2017,24(6):5-32,126.

[247]萧鸣政,郭晟豪.国家治理现代化建设中网络民意与政务微博的作用[J].
　　　行政论坛,2014(4):5-10.

[248]徐理响,许张琨琦,江楠.地方治理中的府际学习现象探析——以安徽省
　　　为例[J].中北大学学报(社会科学版),2022(4):89-94.

[249]夏淑梅,丁先存.政府信息公开中的隐私权探析[J].中国行政管理,2004
　　　(9):33-37.

[250]严炜炜.用户满意度视角下微博客服务质量评价模型研究[J].图书情报工
　　　作,2011,55(18):53-56.

[251]杨伟国,韩轶之,王静宜.制度变迁动因研究:一个基于新制度主义的整
　　　合性分析框架[J].北京行政学院学报,2023(3):26-36.

[252]姚鹏,柳圆圆.政务微博在突发公共卫生事件中的传播——以河南省新冠
　　　肺炎疫情应对实践为例[J].青年记者,2021,714(22):77-79.

[253]闫奕文,张海涛,孙思阳等.基于BP神经网络的政务微信公众号信息传
　　　播效果评价研究[J].图书情报工作,2017,61(20):53-62.

[254]杨畅,张彩.政务微信视角政府公信力塑造困境与提升路径[J].湘潭大学
　　　学报(哲学社会科学版),2020,44(4):67-71.

[255]易明,张雪,李梓奇.社交网络中辟谣信息传播效果的影响因素研究[J].
　　　情报科学,2022,40(5):3-10,18.

[256]杨长春,王睿.基于H指数的政务微博影响力研究[J].现代情报,2018
　　　(3):110-123.

［257］伊士国. 论"微博问政"的法治化［J］. 中国社会科学院研究生院学报，2016
（3）：88-92.

［258］于文超，梁平汉，高楠. 公开能带来效率吗？——政府信息公开影响企业
投资效率的经验研究［J］. 经济学（季刊），2020，19（3）：1041-1058.

［259］章剑生. 知情权及其保障——以《政府信息公开条例》为例［J］. 中国法学，
2008，144（4）：145-156.

［260］赵宏. 从信息公开到信息保护：公法上信息权保护研究的风向流转与核心
问题［J］. 比较法研究，2017，150（2）：31-46.

［261］张晓文. 政府信息公开中隐私权与知情权的博弈及平衡［J］. 情报理论与实
践，2009，32（8）：36-39.

［262］张爱军. 重大突发公共卫生事件信息的传播特点与治理策略［J］. 探索，
2020，214（4）：169-181.

［263］周毅. 政府信息资源管理研究的视域及其主题深化［J］. 情报资料工作，
2012（4）：46-52.

［264］周晓英，刘莎，张萍，等. 情报学视角的政府信息公开——面向使用的政
府信息公开［J］. 情报资料工作，2013（2）：5-10.

［265］周付军，胡春艳. 政府信息公开政策工具：结构、选择与优化［J］. 图书
馆，2020（9）：14-21.

［266］邹凯，包明林. 政务微博服务公众满意度指数模型及实证研究［J］. 湘潭大
学学报（哲学社会科学版），2016，40（1）：75-79，121.

［267］周毅. 公共信息服务质量问题研究——基于建立政府与公民信任关系的目
标［J］. 情报理论与实践，2014，37（1）：17-21.

［268］周黎安. 晋升博弈中政府官员的激励与合作——兼论我国地方保护主义和
重复建设问题长期存在的原因［J］. 经济研究，2004（6）：33-40.

［269］张琦，吕敏康. 政府预算公开中媒体问责有效吗？［J］. 管理世界，2015
（6）：72-84.

［270］张学府. 作为规制工具的处罚决定公开：规制机理与效果优化［J］. 中国行
政管理，2021（1）：29-35.

［271］周华林，李雪松. Tobit 模型估计方法与应用［J］. 经济学动态，2012（5）：
105-119.

[272]张礼才，佘廉．网络突发事件政府信息发布研究[J]．现代情报，2013，33
(4)：3-6.

[273]张志安，贾佳．中国政务微博研究报告[J]．新闻记者，2011(6)：34-39.

[274]张楠迪扬，郑旭扬，赵乾翔．政府回应性：作为日常治理的"全回应"模
式——基于 LDA 主题建模的地方政务服务"接诉即办"实证分析[J]．中国
行政管理，2023(3)：68-78.

[275]张佳慧．中国政府网络舆情治理政策研究：态势与走向[J]．情报杂志，
2015，34(5)：123-127+133.

[276]赵阿敏，曹桂全．政务微博影响力评价与比较实证研究——基于因子分析
和聚类分析[J]．情报杂志，2014，33(3)：107-112.

[277]赵国洪，黎小兰．中国政府信息公开的有效性及驱力模型分析：基于相关
性的分析[J]．电子政务，2012(12)：2-14.

[278]张雪梅，王友翠．基于投入产出分析的政务微博舆情信息传播效率评价研
究[J]．情报科学，2020，38(5)：43-48.

[279]张敏，吴郁松，霍朝光．我国省级政务微博运营绩效测评与改进路径选择
[J]．图书馆学研究，2015，364(17)：22-28.

[280]周雪光．基层政府间的"共谋现象"——一个政府行为的制度逻辑[J]．社
会学研究，2008，138(6)：1-21+243.

[281]张志安，贾佳．中国政务微博研究报告[J]．当代传播，2011，158(3)：
58.

[282]张曾莲，张敏．基于门槛效应的财政分权与政府治理能力提升研究[J]．现
代财经(天津财经大学学报)，2017，37(7)：58-70.

[283]张楠，王璟，魏莹．数字政府建设情境下的绩效差距影响——基于政府网
站绩效评估面板数据的研究[J]．中国行政管理，2022(12)：57-65.

[284]朱凌．绩效差距和管理决策：前沿理论与定量研究评论[J]．公共管理与政
策评论，2019，8(6)：3-13.

[285]郑思尧，孟天广．公共危机治理中的政府信息公开与治理效度——基于一
项调查实验[J]．公共管理与政策评论，2022，11(1)：88-103.

[286]邹煜，张茹淇，程南昌，等．政务微博话语与服务型政府形象建构研究
[J]．语言文字应用，2020(2)：109-118.

[287]周鑫，魏玖长.危机状态下个体抢购行为决策的影响因素研究[J].中国应
    急管理，2011(7)：17-23.

[288]张志安，贾佳.中国政务微博研究报告[J].新闻记者，2011(6)：34-39.

[289]张千帆.政府公开的原则与例外——论美国信息自由制度[J].当代法学，
    2008(5)：21-29.